Wolfgang Bittner

Deutschland – verraten und verkauft

Hintergründe und Analysen

Wolfgang Bittner

DEUTSCHLAND - VERRATEN UND VERKAUFT

Hintergründe und Analysen

2. Auflage Mai 2021
© Verlag zeitgeist Print & Online, Höhr-Grenzhausen 2021
© Wolfgang Bittner 2021
Alle Rechte vorbehalten

Redaktionsschluss: Januar 2021
Übersetzungen, wenn nicht anders angegeben, durch den Autor
Satz: Hoos Mediendienstleistung, Landau
Coverdesign: Grafikfee GmbH, Bingen
Druck und Bindearbeiten: CPI books GmbH, Leck

Printed in Germany
ISBN 978-3-943007-34-3 (Buch)
ISBN 978-3-943007-37-4 (E-Book)

www.zeitgeist-online.de

Kollektivschuld

Wir haben es nicht gewusst,
Keiner hat es gewusst,
Keiner hat es wissen wollen,
Keiner wollte es wissen.
Selbst wer es hätte wissen können,
Hat es nicht wissen wollen,
Selbst wer es wissen konnte,
Wollte es nicht wissen.

So ist das gewesen,
Was hätten wir denn tun können,
Wenn wir nichts wussten?
Wir haben uns nichts vorzuwerfen,
Wir lassen uns auch nichts vorwerfen!

Keiner hat es gewollt,
Und keiner hat es gewusst,
Manche haben es zwar geahnt,
Aber gewusst hat es in Wirklichkeit keiner,
Alle haben es nicht gewusst,
Alle haben es nicht gewollt,
Wer etwas hätte wissen können,
Hätte es auch nicht gewollt,
Wenn er etwas gewusst hätte,
Uns kann keiner etwas wollen.

Wolfgang Bittner

Inhaltsverzeichnis

Vorbemerkung.. 11

Die geopolitische Bedeutung Eurasiens 15
    Die Herzland-Theorie 15
    Chinesisch-russisches Infrastrukturprojekt
    One Belt, One Road 17
USA vs. China und Russland 23
    Das fatale Aggressionsbündnis soll erweitert werden..... 23
    Konfrontationskurs der USA und
    Großbritanniens gegen China 28
    Die militärische Ausrichtung 31
    Globalpolitische Strategien im Sinne der USA 34
Das Schreckgespenst der russischen Bedrohung 41
    US-Propaganda auf der Münchner
    Sicherheitskonferenz 2020 41
    Russland sichert seine Zweitschlagfähigkeit 46
    Die NATO-Osterweiterung 49
    Die Kriegsgefahr rückt immer näher 55
    Vorbereitung auf den »Ernstfall« 62
Deutsche Politik unter Missachtung deutscher Interessen ... 67
    US- und NATO-affine Politiker 67
    Völkerrechtswidrige Eingriffe der USA
    in deutsche Angelegenheiten 69
    Sanktionskrieg der USA 72
    Vorgaben aus Washington 75
    Die Last der »deutschen Schuld« 77

Deutschland, USA, Russland 81

Das nordatlantische Bündnis vor St. Petersburg 82

Aufrüstung – gegen wen? 84

Die Berliner Blase 87

Sogenannte Volksvertreter 87

Missachtung des Grundgesetzes durch die Regierung 91

Hegemonialpolitik der USA 95

Die gesteuerte Krise 95

Der Hegemon pfeift, und der Vasall spurt 99

Umkehrung der Fakten 101

Das Gewaltmonopol der USA und ihre Komplizen 105

Weitere Brennpunkte US-amerikanischer

Einflussnahme 108

Frontstaat und Brückenkopf Deutschland 114

Wie die Bevölkerung zum Narren gehalten wird 117

Nord Stream 2 – Musterbeispiel für

mangelnde deutsche Souveränität 117

Die Pipeline und der Fall Nawalny 121

Verdeckte Operationen und ihre Propagandisten 124

Zweifel werden ignoriert 128

Wie weiter? 131

Die Selbsteinschätzung der Supermächte 135

USA: Die Arroganz der Macht und

praktizierter Größenwahn 135

Russland sieht sich bedroht 138

Obama und Putin auf den

UN-Vollversammlungen 2014 und 2015 141

Erster Weltkrieg, Versailler Vertrag,

Hitler und Zweiter Weltkrieg 149

Intrigenspiel gegen das Deutsche Reich

und Österreich-Ungarn 150

Die Destabilisierung der Weimarer Republik 153

Das EU-Parlament provozierte Russland,
und Putin antwortete 159
    Stalin und Hitler – Verursacher
    des Zweiten Weltkriegs? 159
    Das Münchner Abkommen 162
    Der Hitler-Stalin-Pakt 166
    Bewahrung des historischen Gedächtnisses 167
    Putin setzt auf die »Großen Fünf« 170
Permanente Propaganda gegen Russland 173
    Kampagnenpolitik 174
    Meinungsmache und Deutungshoheit 178
    Diffamierung, Lüge, Aggression 183
Die russische Position 2019/2020 187
Die Systemfrage 195
US-Präsidentschaft 199
    Donald Trump und das Establishment 199
    Joe Biden – ein korrupter Bellizist 203
    Regierungswechsel 2021 207
Corona-Krise – eine Entwicklung 211
    Die Pandemie und die Folgen 212
    Eine irreale, unbegrenzte Ausnahmesituation 216
    Kritik und Gegenkritik 220
    Panikmache und Aktionismus 231
    Kontrolle und Überwachung 237
    Widerstand gegen die Corona-Maßnahmen 242
    Ein Zwischenruf aus dem Umfeld des Bundestages 250
    Expertenmeinungen 254
    Warnung vor der Dominanz der Kapitaleliten 259
    Parlamentarier, Medien und Ärzteschaft
    formieren sich neu 266
    Corona in Permanenz 274
    Offene Fragen 277
    Lockdown-Strategie und Sterblichkeit 281

Teile und herrsche 287

Letzte Meldungen 293

Resümee und Schlussfolgerungen 305

Bildquellen 311

Vorbemerkung

Die Menschheitsgeschichte ist voller Tragödien, kleiner und großer, und vor unseren Augen spielt sich – abgesehen von den Folgeerscheinungen der Corona-Krise – eine der größten ab: der wieder neu entflammte Ost-West-Konflikt (richtiger: West-Ost-Konflikt), der sich nach der Vereinigung der beiden deutschen Staaten, als der 1945 von den USA angefachte Kalte Krieg schon fast beendet schien, zu einer existenziellen Gefahr für ganz Europa und inzwischen auch für China entwickelt hat.

Angeblich wollen alle Frieden, und es ist wohl nicht übertrieben, zu sagen, dass in Frieden und Wohlstand zu leben ein uralter Menschheitswunsch ist. Dennoch herrschen auch noch im 21. Jahrhundert weltweit Chaos, Konflikte und Kriege. Doch Kriege fallen nicht vom Himmel, Konflikte werden zumeist inszeniert, und chaotisierte Staaten lassen sich leicht vereinnahmen. Insofern erscheint es sinnvoll, der Frage nachzugehen, warum das so ist, wer ein Interesse daran hat, wer die Fäden zieht und dadurch profitiert.

Westeuropa in den Blick nehmend, ist festzuhalten und inzwischen auch wissenschaftlich belegbar, dass der zentrale Staat Deutschland – eines der wichtigsten Kulturländer der westlichen Hemisphäre – seit mehr als einem Jahrhundert immer wieder erneut destabilisiert und niedergehalten wurde, und zwar von missgünstigen, intriganten Drahtziehern aus dem britisch-amerikanischen Establishment mithilfe derer Dienste sowie willfähriger Individuen im eigenen Land. Das gilt nach wie vor, denn de jure herrscht immer noch Waffenstillstand, weil ein Friedensvertrag nach Beendigung des Zweiten Weltkrieges bis zur Gegenwart nicht zustande gekommen ist beziehungsweise verweigert wurde.

Das Deutsche Reich, nach dem provozierten Ersten Weltkrieg und dem Versailler Vertrag gedemütigt und ausgeplündert, nach dem Zweiten Weltkrieg und der bedingungslosen Kapitulation von den Siegermächten besetzt, wurde durch den Torso Bundesrepublik Deutschland als Einflussgebiet und europäischer Brückenkopf der USA abgelöst. Die Hintergründe dieses Dramas werden erst ganz allmählich und nach Öffnung der Archive sichtbar. Das wird eingehender, differenzierter Betrachtung bedürfen.

In aller Kürze kann jedoch festgestellt werden: Nach dem Ersten Weltkrieg, an dem Deutschland unzutreffend eine »Alleinschuld« zugewiesen wurde, musste es insbesondere an Polen weite Gebiete abgeben, es verlor seine Handels- und Kriegsflotte, seine Industriegebiete wurden besetzt und die vorhandenen Ressourcen ausgebeutet. Nach dem Zweiten Weltkrieg war Deutschland vollends ruiniert, es wurde geteilt, hatte seit 1918 etwa ein Drittel seines Staatsgebietes verloren und wurde de facto nicht wieder vollständig souverän. Die damaligen Siegermächte sind immer noch präsent, die Bundesrepublik Deutschland steht unter Kuratel der USA sowie unter latenter Beobachtung Großbritanniens und Frankreichs, wie der sogenannten »Feindstaatenklausel«[1] der Charta der Vereinten Nationen zu entnehmen ist, auch wenn das bemäntelt wird und viele es nicht wahrhaben wollen.

Analysiert man die Geschehnisse aus heutiger Sicht unter Kenntnis des seit Kurzem zugänglichen Archivmaterials, ging und geht es den Imperialmächten England, USA und Frankreich darum, zu verhindern, dass sich auf dem eurasischen Kontinent eine konkurrierende Macht entwickelt. Deshalb boykottierten sie nicht nur eine Kooperation Deutschlands mit Russland, son-

---

[1] »Feindstaatenklausel« in den Artikeln 53 und 107 der Charta der Vereinten Nationen. Weiter in Kraft trotz Art. 7 des Zwei-plus-Vier-Vertrages vom 12.9.1990.

dern brachten beide Länder in zwei Weltkriegen gegeneinander in Stellung, was Millionen Menschenopfer gekostet und fast zum Ruin geführt hat.

Darauf einzugehen kann selbstverständlich nicht bedeuten, eine deutsche Schuld an den unmenschlichen Geschehnissen während der Zeit des Nationalsozialismus in Zweifel zu ziehen oder zu relativieren. Lagen die Ursachen für den Ersten Weltkrieg noch weitgehend außerhalb des Wirkungsbereichs deutscher Politik, stellten die Ereignisse in den Jahren 1933 bis 1945 unzweifelhaft einen zivilisatorischen Bruch dar, den ein großer Teil der Bevölkerung zu verantworten hatte.

Und es ist auch nicht in Abrede zu stellen, dass zuvor schon deutsche Überheblichkeit, eine in der elitären Führungsschicht verbreitete Mischung aus Hochmut und Naivität, zu den Auseinandersetzungen mit den Nachbarländern beigetragen hat. Aber im Vergleich mit den sich seit dem 18. Jahrhundert gewaltsam über die ganze Welt ausbreitenden Kolonialmächten waren das Deutsche Reich und auch Österreich-Ungarn bis zum Ersten Weltkrieg eher auf sich und die eigene Prosperität bezogene, nahezu friedfertige Staaten.

Diese Friedfertigkeit sollte nach den beiden Kriegskatastrophen und der Nazidiktatur durch das 1949 erlassene Grundgesetz festgeschrieben werden. Aber das am 23. Mai 1949 als Bundesrepublik gegründete Restdeutschland wurde in die Aggressions- und Sanktionspolitik der USA mit der von ihr dominierten NATO eingebunden und steht als NATO-Mitglied in einem sogenannten Bündnisfall erneut im Krieg, gegen wen auch immer, aller Wahrscheinlichkeit nach gegen Russland.

Die Positionierung der NATO (mit Deutschland) gegen Russland ermöglicht es den USA, im pazifischen Raum weiter gegen China vorzugehen. Grund ist das stetig wachsende Potenzial des bislang noch global agierenden Landes. China ist dabei, mit seiner Wirtschaftskraft die USA zu überholen, und inzwischen die zweitgrößte Militärmacht der Welt. Hinzu kommt das von China und Russland auf den Weg gebrachte One-Belt-One-Road-Projekt, auch Neue Seidenstraße oder Belt-and-Road-Initiative (BRI) genannt, als größtes Infrastrukturprogramm der neueren Geschichte.

Die USA sehen also ihren unipolaren Anspruch ernsthaft infrage gestellt und unternehmen alles, um sich als weltbeherrschende Macht zu behaupten. Die von China für seinen Aufstieg genutzte Globalisierung des Handels, die bisher vor allem den USA zugutegekommen ist, soll beendet und China ebenso wie Russland isoliert werden. Das ist die Zielrichtung, die sich abzeichnet. Diese globale Situation bedeutet, wenn sich nichts Grundlegendes ändert, keine gute Perspektive für Deutschland. Um zu erfassen, warum dem so ist, bedarf es nicht nur einer Analyse der gegenwärtigen Politik, sondern darüber hinaus eines Blickes in die Weltgeschichte sowie auf den Zustand Deutschlands in den letzten 150 Jahren.

Die geopolitische Bedeutung Eurasiens

Die Herzland-Theorie

Die britisch-amerikanischen geopolitischen Vorstellungen seit Anfang des 20. Jahrhunderts – ohne zu übertreiben, lässt sich sagen: zur Beherrschung der Welt – hat eindrucksvoll der britische Geograf und Präsident der Königlich Geografischen Gesellschaft Halford Mackinder (1861–1947) dargestellt. Seine vorübergehend in Vergessenheit geratene Herzland-Theorie als »Schlüssel zur Weltherrschaft« kann als grundlegend für die britisch-amerikanische Imperialpolitik gelten. 1904 ging er in seinem programmatischen Vortrag »The Geographical Pivot of History« von einer »Weltinsel« aus, der größten zusammenhängenden Landmasse der Welt, bestehend aus den Kontinenten Europa, Asien und Afrika, mit einer »Drehpunktregion« (»Pivot Area«) in Eurasien.[2] Dem folgte 1919 die Studie »Democratic Ideals and Reality« mit seiner »Heartland Theory«, wonach die Welt beherrscht, wer das Zentrum Eurasiens, die »Pivot Area« kontrolliert.[3]

---

[2] Halford Mackinder: The geographical pivot of history, 1904. In: Democratic Ideals and Reality, web.archive.org/web/20090305174521/www.ndu.edu/inss/books/Books%20-%201979%20and%20earlier/Democratic%20Ideals%20and%20Reality%20-%201942/DIR.pdf. Vgl. auch: Halford John Mackinder: Der Schlüssel zur Weltherrschaft. Die Heartland-Theorie. Mit einem Lagebericht von Willy Wimmer. Frankfurt am Main 2019
[3] Halford Mackinder: Democratic Ideals and Reality. Washington 1919, Neuausgabe 2015, S. 106

Mackinder sah durch eine sich aus diesem Zentrum des eurasischen Kontinents entfaltende Landmacht, die unabhängig von den Weltmeeren wäre, die universale Hegemonie Englands gefährdet, welche auf ihrem Status als vorherrschender Seemacht basierte. In diese Richtung wies die fortschreitende technische Entwicklung, die eine wirtschaftliche und verkehrsmäßige Erschließung weiter Teile des Kontinents ermöglichte, zum Beispiel durch die Transsibirische Eisenbahn oder auch die Bagdad-Bahn bis in die Ölfelder des Iraks. Mackinders »Herzland« war das Gebiet des Russischen Reiches und der späteren Sowjetunion, und seine Theorie stellte seinerzeit eine Warnung vor dem Verlust der britischen Dominanz dar.[4]

Die Aufteilung der Welt nach der Herzland-Theorie von Halford Mackinder

Die USA haben in diesem Konstrukt keine herausragende, großartige Bedeutung, die sie jedoch beanspruchten und durchsetzten. Spätestens im Zweiten Weltkrieg übernahmen sie die unangefochtene Kontrolle der Weltmeere und lösten damit Großbritannien als führende Seemacht ab. Daraus erklärt sich, warum sie – in Fortsetzung der britischen Imperialpolitik – eine

---

[4] Dazu in größerem Zusammenhang: Wolfgang Bittner: Der neue West-Ost-Konflikt – Inszenierung einer Krise. Höhr-Grenzhausen 2019, S. 197 f.

Kooperation Deutschlands mit Russland seit mehr als einem Jahrhundert verhindern und seit dem Ende der Sowjetunion auf einen Regimewechsel in der Ukraine hingearbeitet haben, was in Russland mit der Regierung Jelzin nicht ganz gelungen war, in Kiew aber 2014 schließlich zum Erfolg führte. Mackinders Grundidee hat sich später der polnisch-US-amerikanische Politologe und langjährige Präsidentenberater Zbigniew Brzezinski (1928–2017) in seinem Buch »Die einzige Weltmacht« (1997) zu eigen gemacht und damit Einfluss auf die US-amerikanische Politik ausgeübt.

Chinesisch-russisches Infrastrukturprojekt One Belt, One Road

In jüngster Zeit hat die Mackinder'sche Herzland-Theorie erneut, wenn auch in anderer Weise, spektakuläre Bedeutung erlangt, nachdem China und Russland zur Erschließung des eurasischen Doppelkontinents das One-Belt-One-Road-Projekt in die Wege geleitet haben. Namhafte Wirtschaftsanalysten beklagten schon vor mehreren Jahren, dass sich die deutsche Wirtschaft nicht an diesem *»größten Wachstumsprojekt der neueren Geschichte«* beteilige.[5] Das hat jedoch erst mit großer Verzögerung in die Berliner Politik Eingang gefunden, nachdem sich die Mitglieder der Shanghai Cooperation Organization im Juni 2018 in Qingdao/China getroffen und sich ihrer Zusammenarbeit versichert haben, insbesondere Wladimir Putin und Xi Jinping. Worum geht es dabei?

Peking und Moskau planen im Rahmen der 2001 gegründeten Shanghai Cooperation Organization unter Einbeziehung der

---

[5] Vgl. Folker Hellmeyer, interviewt von Thorsten Küfner. Der Aktionär, 5.4.2017; www.deraktionaer.de/aktie/chinas-mega-projekt---das-groesste-wirtschaftspro gramm-in-der-geschichte-der-menschheit--310350.htm

übrigen BRICS-Länder und weiterer Staaten den Aufbau eines gigantischen interkontinentalen Infrastrukturnetzes von China über Wladiwostok und Sibirien bis Moskau und Westeuropa, an das auch Indien, Afrika und der arabische Raum angeschlossen sind.[6] Dazu gehört die verkehrsmäßige und wirtschaftliche Erschließung bisher peripherer Regionen mit ihren Ressourcen. Gelingt dies, würde unabhängig von den Flugzeugträgern der USA ein riesiger Binnenmarkt auf der größten zusammenhängenden Landfläche der Welt entstehen mit der Folge, dass die Vereinigten Staaten nur noch eine übermäßig hochgerüstete Regionalmacht zwischen Pazifik und Atlantik wären. Von China wurden für dieses Vorhaben, das auch den Ausbau der ursprünglichen Seidenstraße umfasst, mehr als 1000 Milliarden Dollar zur Verfügung gestellt.

Die USA versuchen das Megaprojekt mit allen Mitteln zu hintertreiben, unter anderem durch die allein dem eigenen Vorteil dienende Abspaltung Westeuropas von Russland sowie durch Entziehung von Wirtschaftskraft. Die Wirtschafts- und Finanzeliten befürchten den Untergang ihres Imperiums, wenn die Vereinigten Staaten den Einfluss als Weltmacht Nr. 1 verlieren sollten. Die Sanktionen, unter denen die deutsche Wirtschaft besonders leidet, sind eine von zahlreichen Maßnahmen, die auch während der Corona-Krise fortgesetzt wurden.

Trotz aller Warnungen schlug Italien selbstbewusst einen eigenen Weg ein, indem es als erstes Mitglied der führenden sieben Industriestaaten aus dem von den USA vorgegebenen Boykott des Projekts ausscherte. Am 23. März 2019 unterzeichneten der italienische Ministerpräsident Giuseppe Conte und der chinesische Präsident Xi Jinping einen Vertrag über die Beteiligung Italiens

---

[6] Das One-Belt-One-Road-Projekt ist bereits seit Jahren unter Wirtschafts- und Finanzanalysten sowie in alternativen Medien im Gespräch. Vgl. hierzu Wolfgang Bittner: Die Eroberung Europas durch die USA. Frankfurt am Main 2017, S. 133 f.

an dem »Infrastruktur- und Handelsprojekt Neue Seidenstraße«.[7] Einwendungen dagegen erhob im Sinne der USA unverzüglich der deutsche Außenminister Heiko Maas. Mit scharfen Worten kritisierte er den Alleingang Italiens. China verfolge die eigenen wirtschaftlichen Interessen *»global beinhart«,* so Maas, und das könne für Italien bald zu einem *»bitteren Beigeschmack«* führen.[8]

Aber die deutsche Regierung wird sich umorientieren müssen, denn Ende April 2019 reisten zum »Seidenstraßen-Gipfel« in Peking Vertreter aus mehr als hundert Staaten an, darunter 38 Staats- und Regierungschefs, Verträge über etwa 64 Milliarden Dollar wurden abgeschlossen.[9] Die USA schickten keinen Delegierten, und der deutsche Wirtschaftsminister, der in der zweiten Reihe saß, warnte *»vor der Gefahr, dass diese Investitionen politische Entscheidungen beeinflussen«*[10].

Wie die *Süddeutsche Zeitung* am 26. April 2019 berichtete, befürchten Kritiker, dass finanziell schwache Länder in eine Schuldenfalle und wachsende Abhängigkeit von China geraten könnten. Ein weiterer Vorwurf lautete, dass China Sozial-, Umwelt- und Menschenrechtsstandards nicht einhalte. Auch wurde kritisiert, es kämen vor allem chinesische Staatsfirmen beim Bau von Brücken oder Straßen zum Zug. Die Initiative, die eigentlich verbinden solle, dürfe keine Einbahnstraße sein, so die deutsche Industrie,[11] die eine Teilhabe an den ökonomischen Vorteilen anstrebt, während sich die deutsche Regierung inzwischen abwartend verhält.

---

[7] Vgl. Zeit Online, 23.3.2019; www.zeit.de/wirtschaft/2019-03/italien-china-neue-seidenstrasse-vertrag

[8] Zit. wie ARD-Tagesschau, 24.3.2019; www.tagesschau.de/inland/maas-china-italien-seidenstrasse-101.html

[9] Vgl. Zeit Online, 27.4.2019; www.zeit.de/wirtschaft/2019-04/neue-seidenstrasse-milliardenabschluesse-gipfel-xi-jinping

[10] Zit. wie Spiegel Online, 26.4.2019; www.spiegel.de/wirtschaft/soziales/seidenstrassen-gipfel-altmaier-reagiert-vorsichtig-auf-chinas-transparenzversprechen-a-1264702.html

[11] Vgl. www.sueddeutsche.de/politik/china-handelswege-seidenstrasse.1.4421982

Die neue Seidenstraße: Chinas weltweites Infrastruktur-
Häfen, Bahnlinien und Energieleitungen sind Teil der „Belt and

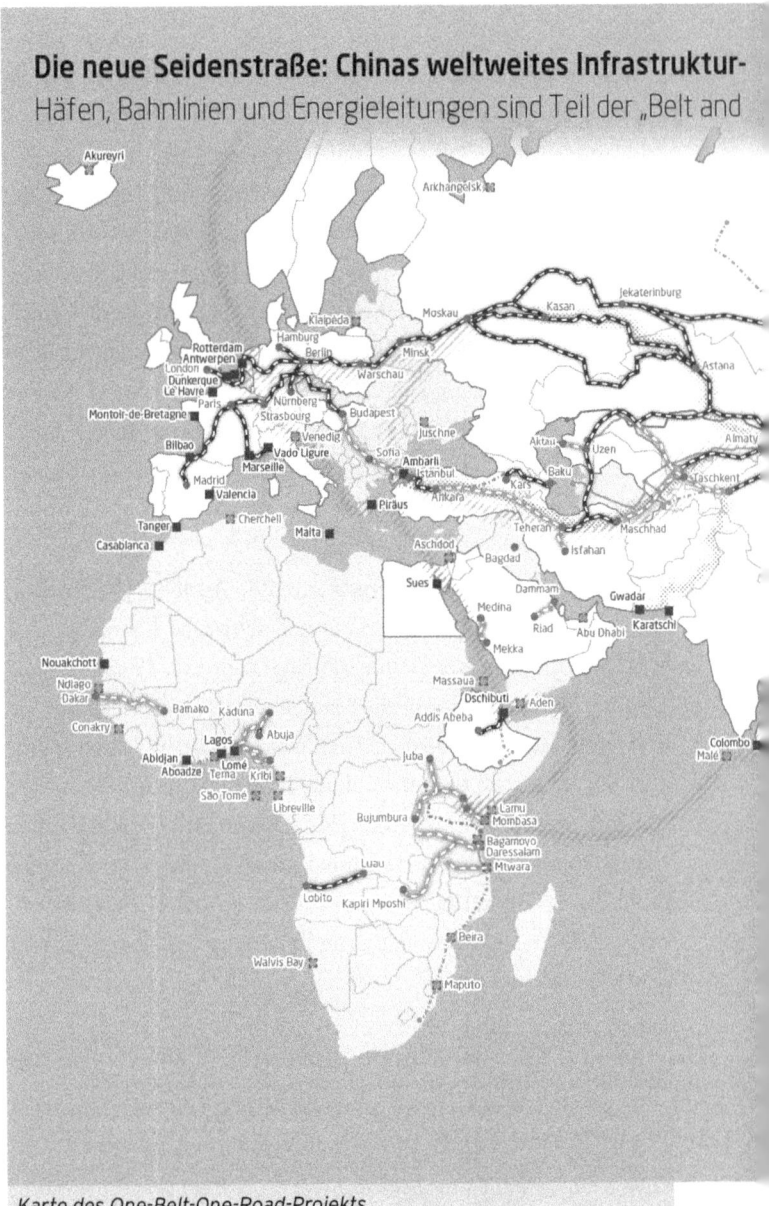

Karte des One-Belt-One-Road-Projekts

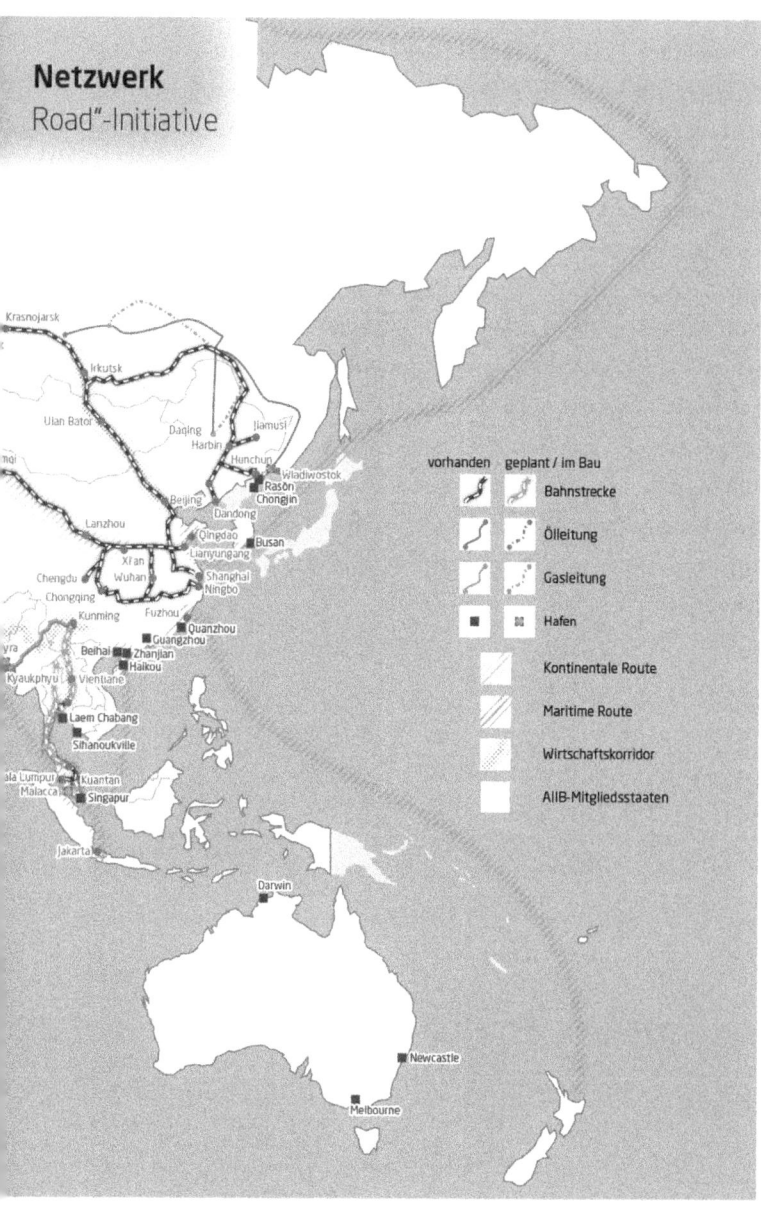

Netzwerk

Road"-Initiative

Krasnojarsk

Irkutsk

Ulan Bator

Daqing
Jiamusi
Harbin
Hunchun
Wladiwostok
Rasön
Beijing
Chongjin
Dandong
Lanzhou
Qingdao
Busan
Lianyungang
Xi'an
Chengdu
Wuhan
Shanghai
Chongqing
Ningbo
Kunming
Fuzhou
Quanzhou
Guangzhou
yra
Beihai
Zhanjiang
Haikou
Kyaukphyu
Vientiane

Laem Chabang

Sihanoukville

ala Lumpur
Kuantan
Malacca
Singapur

Jakarta

Darwin

Newcastle

Melbourne

vorhanden	geplant / im Bau	
		Bahnstrecke
		Ölleitung
		Gasleitung
		Hafen
		Kontinentale Route
		Maritime Route
		Wirtschaftskorridor
		AIIB-Mitgliedsstaaten

Natürlich ist die Dominanz der Chinesen mit ihrer Überproduktion, für die immer weitere Absatzmärkte benötigt werden, zu berücksichtigen, ebenso der militärisch-strategische Aspekt. Für Russland, das an dem Projekt beteiligt ist, dürfte es nach der Trennung von Westeuropa schwer sein, dem chinesischen Übergewicht standzuhalten. Damit könnte im Osten Russlands eine – von den USA offenbar angestrebte – konfrontative Situation entstehen. Dem müsste eine Neuorientierung der europäischen Politik Rechnung tragen, was jedoch sträflicherweise nicht geschieht. Insofern steht Wladimir Putin mit dem Rücken zur Wand. Da die Außenpolitik Deutschlands und der EU von Washington mitbestimmt wird, fehlt es an einer eigenen wirtschaftspolitischen Strategie. Das gilt nicht nur für die Beziehungen zu Russland, sondern auch hinsichtlich des Neue-Seidenstraße-Projekts.

USA vs. China und Russland

Das fatale Aggressionsbündnis soll erweitert werden

Heute gilt es zu bedenken, dass die wachsende Wirtschaftskraft Deutschlands Anfang des 20. Jahrhunderts und die damals beginnende Erschließung Eurasiens für die Weltmacht Großbritannien ein wesentlicher Anlass für die Planung des Ersten Weltkriegs war. Eine Parallele zur damaligen Situation stellt jetzt der chinesische Aufstieg in die Riege der bedeutendsten Wirtschaftsnationen dar sowie die erweiterte Erschießung Eurasiens durch das One-Belt-One-Road-Projekt.

Von der Corona-Krise zeitweise völlig überlagert und währenddessen in den Medien nur beiläufig erwähnt, hat sich die Rivalität zwischen den USA und China unter Einbeziehung Europas seit dem Frühjahr 2020 gefährlich zugespitzt. Wie dem Berliner *Tagesspiegel* am 5. Mai 2020 zu entnehmen war, könnte es einem Bericht des chinesischen Geheimdienstes zufolge zu einer militärischen Auseinandersetzung kommen.[12] Und es sieht danach aus, dass den Europäern eine gravierende Entscheidung aufgezwungen werden soll: USA oder China, das ist das erpresserische Entweder-oder, das die Führung der USA, wer immer dahintersteht, Deutschland und Europa zumuten will.

---

[12] Vgl. www.tagesspiegel.de/politik/zunehmende-spannungen-in-der-coronakrise-chinas-geheimdienst-warnt-vor-krieg-mit-usa/25800118.html

Dazu gab Matthias Döpfner, der Vorstandsvorsitzende der Axel Springer Verlagsgruppe, zu der *Bild* und *Welt* gehören, die Parole aus, Europa müsse die wirtschaftliche Kooperation mit China beenden und sich eindeutig gegen die Volksrepublik aufseiten der USA positionieren. Döpfner, der Mitglied der Atlantik-Brücke und des US-Thinktanks Council on Foreign Relations ist, sagte: »*Wenn die Corona-Krise überstanden ist, müssen sich die Europäer in der Bündnisfrage entscheiden: Amerika oder China? Ein Dazwischen gibt es nicht mehr.*«[13] Wirtschaftliche Verflechtungen mit China führten unweigerlich zu politischer Abhängigkeit, so Döpfner. Daraus ergebe sich, dass die Freiheit Europas und die langjährige transatlantische Partnerschaft bei einer Weiterführung der Beziehungen zu China auf dem Spiel stehe. Ein existenzbedrohendes Szenario mitten in der schwierigsten Krisensituation seit Ende des Zweiten Weltkriegs!

Auf die Spitze treiben die USA die Auseinandersetzungen, indem sie China willkürlich für die Corona-Pandemie verantwortlich machen und ihre Schulden von etwa einer Billion Dollar gegen die ihnen entstandenen Schäden aufrechnen wollen. US-Präsident Donald Trump hatte im Mai 2020 erklärt, es sei noch kein finaler Betrag ermittelt worden, doch der werde erheblich sein.[14] Außerdem befeuern die USA den Streit in Hongkong und um die Separationsbewegung der Uiguren, wobei auch hier wieder das Prinzip »Teile und herrsche« zur Anwendung kommt.

Um sich wirtschaftliche und strategische Autonomie zu erhalten, müsste sich Europa endlich dazu aufraffen, dem monopolaren Machtanspruch der USA entgegenzutreten. Dazu bedürfte es jedoch einer gemeinsamen geopolitischen Linie, die derzeit nicht

[13] Welt Online, 3.5.2020; www.welt.de/debatte/kommentare/plus207687477/Mathias-Doepfner-Wir-muessen-uns-zwischen-Amerika-und-China-entscheiden.html

[14] Vgl. Focus Money Online, 11.5.2020; www.focus.de/finanzen/boerse/konjunktur/nach-schadensersatzforderungen-chinesische-zeitung-wenn-wir-fuer-covid-19-zahlen-zahlen-auch-die-usa_id_11977739.html

erkennbar ist, im Gegenteil: Auf Betreiben des in verschiedenen US-Netzwerken aktiven Grünen-Europapolitikers Reinhard Büti-kofer[15] – offenbar als Strohmann – wurde von einem parteiübergreifenden Bündnis von Abgeordneten aus acht Parlamenten die »Interparlamentarische Allianz zu China« (IPAC) gegründet. Dazu erklärte Bütikofer, die IPAC wolle »*auf eine stärkere europäische Zusammenarbeit in der China-Politik*« drängen. Denn das heutige China sei »*ein systemischer Rivale unserer Demokratien und stellt für uns eine geopolitische Herausforderung dar, die wir nicht ignorieren können*«.[16] Hier sammeln sich also Politiker, die im Sinne der USA Propaganda gegen China betreiben und Einfluss auf die Außenpolitik der Europäischen Union auszuüben beabsichtigen.

Neben Bütikofer wurde die konservative slowakische EU-Abgeordnete Miriam Lexmann Co-Vorsitzende der Allianz. Sie tritt für eine »*wertebasierte*« Außenpolitik der EU gegenüber China ein, »*um den Risiken zu begegnen, die von Chinas autoritärer und durchsetzungsstarker Politik ausgehen*«.[17] In einer Erklärung der IPAC heißt es: »*China unter der Herrschaft der Kommunistischen Partei Chinas stellt eine globale Herausforderung dar. ... Wenn sich Länder für die Werte und Menschenrechte eingesetzt haben, haben sie dies manchmal allein und zu hohen Kosten getan. Kein Land sollte diese Last alleine tragen müssen.*«[18]

Bütikofer, der zum Beispiel gemeinsam mit dem russophoben Vorsitzenden des Auswärtigen Ausschusses des Deutschen

---

[15] Bütikofer, seit 2009 Mitglied des Europäischen Parlaments, ist u. a. Mitglied des US-Thinktanks Aspen-Institut Berlin, im Advisory Board des AJC Ramer Center Berlin, in der Delegation für die Beziehungen zu den Vereinigten Staaten sowie seit Juni 2020 IPAC-Co-Vorsitzender. Er unterhält Büros in Brüssel, Straßburg, Berlin und Schwerin.

[16] Zit. wie RT Deutsch, 12.6.2020; https://deutsch.rt.com/international/103 439-fur-menschenrechte-neue-transatlantische-parlamentarierallianz/

[17] Zit. wie ebd.

[18] Zit. wie DE24.news, 6.6.2020; https://m.de24.news/2020/06/globale-allianz-zur-bekaempfung-der-bedrohung-durch-china-angesichts-zunehmender-spannungen-weltnachrichten.html

Bundestages, Norbert Röttgen, der auch Vorstandsmitglied der Atlantik-Brücke ist, gegen den Weiterbau von Nord Stream 2 opponiert hat, hält nicht nur Russland, sondern auch China – nicht jedoch die USA – für eine Gefahr für den Weltfrieden. Seit Jahren bieten er und Röttgen ein beschämendes Beispiel für eine Interessenpolitik im Sinne und zum Vorteil der USA. Sie sind nicht die Einzigen, und diese Haltung wird offenbar belohnt. So fragt man sich, wie Röttgen im Frühjahr 2020 plötzlich für die Kanzlerkandidatur auf der Agenda erscheinen konnte und warum er hochgespielt wurde.

Ebenso wie beim Bau der Ostseepipeline ließen die USA in der Chinafrage nicht locker. Am 14. Juli 2020 unterzeichnete Donald Trump ein Sanktionsgesetz, um China für *»repressive Aktionen«* gegen die Menschen in Hongkong zu bestrafen. Damit könne die US-Regierung, so Trump, wirksam gegen Personen und Institutionen vorgehen, *»die Hongkongs Freiheit auslöschen«*.[19] Außerdem entzogen die USA Hongkong den Sonderstatus. Peking kündigte Gegenmaßnahmen an.

Anlass für das »Hongkong-Autonomiegesetz«, das vom US-Repräsentantenhaus und dem Senat ohne Gegenstimmen verabschiedet wurde, war ein von China erlassenes »Gesetz zum Schutz der nationalen Sicherheit in Hongkong«.[20] China betrachtet den Vorstoß Washingtons als Eingriff in die inneren Angelegenheiten und die in Unruhen ausgearteten Demonstrationen als subversive und separatistische Terroraktionen.

Der ehemalige Parlamentarische Staatssekretär im Verteidigungsministerium und Vizepräsident der Parlamentarischen Versammlung der KSZE/OSZE (1994–2000), Willy Wimmer, stellt die Frage, welche Faktoren dazu beigetragen haben, die Lage in Hongkong eskalieren zu lassen: *»War es der Einsatz für die Rechtsregeln, die*

---

[19] Zit. wie Deutsche Welle, 15.7.2020; www.dw.com/de/wegen-hongkong-donald-trump-verf%C3%BCgt-sanktionen/a-54180223 (20.7.2020)
[20] Vgl. http://de.china-embassy.org/det/sgyw/t1796171.htm (20.7.2020)

beim Übergang Hongkongs in die letztendliche Jurisdiktion Chinas als Gebiet weitestgehender Selbstverwaltung vereinbart worden sind und zwar zwischen London und Beijing? Oder drohte über Forderungen auf den Straßen eine Abspaltung Hongkongs von China und damit die Zerstörung der mit London ausgehandelten Bestimmungen?«[21]

Unruhen in Hongkong

Wimmer ist sich nicht schlüssig. Die Kernfrage sei gegenwärtig, so meint er, was eine Gesellschaft zusammenhält, *»nicht nur in den Vereinigten Staaten, wie die ganze Welt beobachten kann«.* Der Zugriff Pekings auf Hongkong mache auch deutlich, *»dass China keine Antwort auf die Herausforderungen von heute findet, es sei denn, die der puren Macht«.* Doch es bleibt die Frage, wie sich souveräne Staaten gegen die ständigen Übergriffe der USA, die im Zweifelsfall brutal militärisch vorgehen, letztlich schützen können.

Dass die chinesische Regierung einen Krieg mit den USA auf jeden Fall vermeiden will, ist offensichtlich. Dennoch verfolgt sie unbeirrt ihre Politik des eigenen Weges. Eine wirkungsvolle Ant-

---

[21] World Economy, 4.7.2020; www.world-economy.eu/nachrichten/detail/trump-zum-4-juli-2020-statt-independence-day-ausloeschung-der-geschichte/

wort auf die US-Sanktionen ist beispielsweise das Freihandelsprojekt »Regional Comprehensive Economic Partnership« (RCEP) vom November 2020 für den Asien-Pazifik-Raum. An dem von China initiierten Abkommen sind 15 Staaten aus der Pazifikregion beteiligt – mit 2,2 Milliarden Menschen sowie etwa einem Drittel der globalen Wirtschaftsleistungen –, einschließlich der US-Alliierten Japan, Südkorea, Australien und Neuseeland.[22] Es ist die größte Freihandelszone der Welt und wird nach Prognosen von Wirtschaftsanalysten das Handelsvolumen der EU übersteigen.

Konfrontationskurs der USA und Großbritanniens gegen China

Eine weitere US-Intervention mit dem Ziel, die chinesische Wirtschaft zu schädigen, ist das Vorgehen gegen den Konzern Huawei. Die deutsche Regierung sperrte sich gegen Forderungen aus Washington, das Telekommunikationsunternehmen von der Ausrüstung des deutschen Mobilfunknetzes (5G-Ausbau) mit Huawei-Technik auszuschließen, um nicht ins technologische Abseits zu geraten. Daraufhin drohte US-Botschafter Richard Grenell (2018–2020), die Weiterleitung von Geheimdienstinformationen an die deutschen Dienste zu begrenzen. Angeblich gefährdet der seit März 2014 von der NSA bespitzelte Telekommunikationsausrüster, dem Trump Spionage und eine zu große Nähe zur »kommunistischen« Regierung Chinas vorwirft, die Sicherheit der USA und »befreundeter« Staaten.[23] Wie immer fehlt es an Beweisen.

Nachdem Präsident Trump am 15. Mai 2019 per Dekret den »nationalen Notstand« für die Telekommunikation erklärt hatte,

---

[22] Vgl. ARD-Tagesschau, 15.11.2020; www.tagesschau.de/wirtschaft/handelspakt-china-asien-pazifik-101.html

[23] Vgl. ARD-Tagesschau, 17.2.2020; www.tagesschau.de/investigativ/ndr-wdr/huawai-hintertuer-china-101.html

konnte die US-Regierung Geschäfte von amerikanischen Unternehmen mit »gegnerischen« Staaten unterbinden, um die USA vor »ausländischen« Feinden zu schützen. Auf Anweisung des US-Handelsministeriums musste Google im Mai 2019 einen Teil seiner Zusammenarbeit mit Huawei beenden.

Als London im Juli 2020 den Vorgaben aus Washington nicht folgen wollte, reiste unverzüglich Außenminister Mike Pompeo an, woraufhin die britische Regierung umschwenkte.[24] Ab 2027 darf das britische 5G-Netz keine Huawei-Technik mehr benutzen, wie Digitalminister Oliver Dowden ankündigte (ob Huawei auf dem Klageweg Erfolg haben wird, ist äußerst fraglich). Damit folgt London dem Konfrontationskurs der USA gegen China. Aber Pompeo kam nicht mit leeren Händen. Einer Mitteilung seines Büros zufolge sprach er mit dem britischen Premierminister Boris Johnson ebenfalls über ein Freihandelsabkommen und über die künftige Stärkung der bilateralen Beziehungen, was eine vermehrte Abkehr von der Europäischen Union bedeutet.

Während Pompeo, der die »kommunistische« Partei Chinas als *die zentrale Bedrohung unserer Zeit* für die westliche Wertegemeinschaft bezeichnet hat,[25] unter den Augen der Weltöffentlichkeit massiven Einfluss auf das Verhalten der britischen Regierung hinsichtlich Huawei nahm, wurde zugleich Russland ohne jegliche Beweise vorgeworfen, 2019 Einfluss auf die Wahlen in Großbritannien genommen zu haben.[26] Unsere Medien übernahmen diese Vermutungen unreflektiert, und die westlichen Regierungen schauen zu oder beteiligen sich, wenn das Unrechtsregime der USA – und das ist die »Nebenregierung«, auch Tiefer

---

[24] Vgl. Deutsche Welle, 14.7.2020; www.dw.com/de/gro%C3%9Fbritannien-schlie%C3%9Ft-huawei-vom-5g-ausbau-aus/a-54172018

[25] Vgl. Deutsche Welle, 30.1.2020; www.dw.com/de/us-außenminister-pompeo-chinas-führung-ist-zentrale-bedrohung-unserer-zeit/a-52207610

[26] Vgl. t-online.de, 16.7.2020; www.t-online.de/nachrichten/ausland/internationale-politik/id_88241940/schwere-vorwuerfe-aus-london-russische-akteure-wollten-wahl-2019-stoeren.html

US-Außenminister Mike Pompeo und der britische Premierminister Boris Johnson bei ihrem Treffen im Juli 2020

Staat genannt, – die ganze Welt erpresst, Staaten chaotisiert und mit Krieg überzieht.

Derweil schwelte in den Vereinigten Staaten die Lunte, denn die parteiübergreifenden, hochkriminellen Kräfte im Hintergrund, die neokonservativen Bellizisten und Profiteure, die Trump mit Unterstützung aus Europa von vornherein zum Staatsfeind Nr. 1 erklärt hatten, bliesen zur Attacke. Spätestens seit dem Amtsantritt von Donald Trump, der ursprünglich Frieden mit Russland, keine Interventionskriege mehr und Wohlstand für das amerikanische Volk erreichen wollte, ist die amerikanische Gesellschaft zutiefst gespalten.

Die Situation ist auch in Deutschland in jeder Hinsicht bedrückend. Wer die Zeitung aufschlägt, das Radio oder den Fernseher anschaltet, wird mit negativen Berichten über Russland, China, Venezuela, den Iran, Weißrussland usw. überhäuft. Verschleierung der eigenen aggressiven Politik, Fehlinformationen und Hetze auf allen Kanälen. Hinzu kommt, dass fast alle basisdemokratischen Organisationen der letzten Zeit systematisch unterwandert wurden und neu entstehende Gruppierungen sofort infiltriert werden. Als Beispiele sind die einst mächtige Friedensbewegung sowie »Occupy Wall Street« oder die Anti-Atomkraft-Bewegung zu nennen. Andere Initiativen, wie die Montagsmahnwachen für den Frieden, wurden von den Medien so lange als antiamerikanisch, antisemitisch, rechtsextrem und verschwörungsideologisch diskreditiert, bis sie sich in internen Auseinandersetzungen verstrickten und kaum mehr Zulauf erhielten.

Die Welt steht kopf – nicht erst seit der Corona-Krise, aber immer mehr –, und das ist ohne jeden Zweifel die Schuld der amtierenden Politiker mit den angepassten Massenmedien. In deren Hintergrund agieren die einflussreichsten elitären Kreise, für die nicht das Wohl der Menschen, sondern ihre eigenen Interessen und – so fantastisch und »verschwörungstheoretisch« das auf den ersten Blick erscheint – ihre Vorstellungen von einer neuen Weltordnung ausschlaggebend sind.[27] Wie sich gezeigt hat, gehen ihre Marionetten dafür über Leichen.

Die militärische Ausrichtung

Während Deutschland mit Europa immer deutlicher auf eine Konfrontation mit China sowie auf Wirtschafts- und Finanzprobleme monströsen Ausmaßes zusteuerte, plante Verteidigungsministerin Annegret Kramp-Karrenbauer Anfang 2020 klammheimlich unter Umgehung des Parlaments den milliardenschweren Kauf von 45 amerikanischen F-18-Kampfjets, die in Deutschland gelagerte US-Nuklearwaffen transportieren könnten und dadurch die »nukleare Teilhabe« innerhalb der NATO sichern sollten.[28] Damit folgte Kramp-Karrenbauer den Vorgaben der vorherigen Verteidigungsministerin Ursula von der

---

27 Stichwort: »The Great Reset«. Dazu mehr in den folgenden Kapiteln.
28 Vgl. www.tagesschau.de/inland/bundeswehr-eurofighter-f18-101.html

Leyen, seit dem 1. Dezember 2019 (nicht demokratisch legitimierte) EU-Kommissionspräsidentin.[29] Es handelte sich hierbei nicht nur um eine maßlose Verschwendung von Steuergeldern (was immer üblicher geworden ist), sondern um eine höchst gefährliche Positionierung Deutschlands als militärisch-atomarer Brückenkopf der USA gegen Russland.

Darüber, wie auch über die Anschaffung von Drohnen für die Bundeswehr, wird seit Längerem im Bundestag unter weitgehendem Ausschluss der Öffentlichkeit gestritten,[30] wobei offensichtlich ignoriert wird, dass eine nukleare Teilhabe in Wirklichkeit gar nicht mehr existiert. Denn die US-Militärs machen ohnehin, was sie wollen, und sie werden die deutsche Regierung nicht fragen, wenn sie einen atomaren Erstschlag gegen Russland oder China planen, vielmehr in gewohnter Weise dazu einen NATO-Bündnisfall inszenieren.

Informationen über die in Deutschland an mehreren Standorten, unter anderem in Büchel/Pfalz, gelagerten Atomwaffen der USA fließen nur spärlich. Es sind Gefechtsköpfe für Raketen, Minen und Artilleriegeschosse. Und obwohl die große Mehrheit der Bevölkerung gegen Massenvernichtungswaffen auf deutschem Boden ist, wurde das Arsenal noch erweitert. Bei der Abstimmung über das Verbot von Kernwaffen 2017 in der UN-Generalversammlung enthielt sich Deutschland – offenbar nach Ermahnung aus Washington – der Stimme.[31] Regierungssprecher Steffen Seibert betonte Anfang Mai 2020 nochmals ausdrücklich die Notwendigkeit nuklearer Abschreckung für Deutschland im Rahmen der NATO.[32]

Ein friedenspolitischer Lichtblick war die von SPD-Fraktionschef Rolf Mützenich erhobene Forderung nach Abzug

---

[29] Vgl. www.pressenza.com/de/2018/12/keine-neuen-traegersysteme-fuer-atomwaffen-kaufen/

[30] Vgl. www.tagesschau.de/inland/kampfjets-103.html

[31] Dem Vertrag vom 7. Juli 2017 stimmten 122 Staaten zu.

[32] Vgl. Deutsche Welle, 4.5.2020; www.dw.com/de/maas-steht-zu-us-atomwaffen-in-deutschland/a-53328941

aller Atomwaffen aus Deutschland. Mützenich, der vom SPD-Vorsitzenden Norbert Walter-Borjans unterstützt wurde, sagte zu Recht: »*Atomwaffen auf deutschem Gebiet erhöhen unsere Sicherheit nicht, im Gegenteil. ... Es wird Zeit, dass Deutschland die Stationierung zukünftig ausschließt.*«[33] Damit forderte Mützenich eine seit Jahrzehnten von friedenspolitischen Kreisen angestrebte Einrichtung einer atomwaffenfreien Zone in Mitteleuropa.

Doch die Reaktionen sowohl aus SPD- als auch aus CDU-Kreisen ließen nicht auf sich warten. Widerspruch kam unverzüglich vom verteidigungspolitischen Sprecher der SPD-Fraktion, Fritz Felgentreu, dem Vorsitzende des Unterausschusses Abrüstung, Karl-Heinz Brunner, sowie von Außenminister Heiko Maas, die sich für Abschreckung durch »nukleare Teilhabe« einsetzten. Maas erklärte: »*Unsere Außen- und Sicherheitspolitik darf nie ein deutscher Sonderweg sein. ... Einseitige Schritte, die das Vertrauen unserer engsten Partner und europäischen Nachbarn untergraben, bringen uns dem Ziel einer atomwaffenfreien Welt nicht näher.*«[34]

Der stellvertretende Vorsitzende der CDU/CSU-Bundestagsfraktion und Major d. R., Johann Wadephul, sprach sogar von einer Gefährdung der »Bündnisfähigkeit« Deutschlands in der NATO. Er hielt Mützenich entgegen, die nukleare Abschreckung sei für die Sicherheit Europas unverzichtbar: »*Wenn Spitzenvertreter von Partei und Fraktion der SPD dies infrage stellen, ist es ein verheerendes Signal für Deutschlands Sicherheitspolitik. Damit untergräbt man Deutschlands bündnispolitische Verlässlichkeit und Solidarität.*«[35]

Aufgrund der Mehrheitsverhältnisse im Deutschen Bundestag ist davon auszugehen, dass die bisherige »Sicherheitspolitik«

---

[33] Zit. wie www.tagesschau.de/inland/nukleare-teilhabe-streit-101.html

[34] Zit. wie www.tagesspiegel.de/politik/maas-reagiert-auf-muetzenichs-atomwaffen-forderung-unsere-aussen-und-sicherheitspolitik-darf-nie-ein-deutscher-sonderweg-sein/25794166.html

[35] Zit. wie ebd.

Deutschlands, also »Abschreckung« unter Einbeziehung der auf deutschem Boden stationierten US-Nuklearwaffen, beibehalten wird. Der Vorstoß aus der SPD-Führungsspitze im Mai 2020 war zwar bemerkenswert und sinnvoll, aber er war aufgrund des manifesten Einflusses der USA auf Deutschland aussichtslos, wie sich bis dato zeigt.

Währenddessen wird die militärische Mobilisierung der NATO, die ihre Beziehungen zur Ukraine und zu globalen Partnern wie Australien, Japan, Südkorea und Kolumbien ausbaut, Schritt für Schritt fortgesetzt. Dennoch steht die deutsche Regierung fest an der Seite des von den USA gesteuerten Bündnisses, das 1949 als friedenssichernder Nordatlantikpakt gegründet wurde und schon lange seine eigenen Statuten nicht mehr einhält.

Globalpolitische Strategien im Sinne der USA

Die USA verfolgten trotz der bis zu panikartigen Zuständen hochgespielten Corona-Krise ihre wirtschaftlichen und geostrategischen Ziele unbeeindruckt weiter. Die Konfrontationspolitik gegenüber der aufstrebenden Wirtschafts- und Militärmacht China, die sich zu einem ernstzunehmenden Konkurrenten entwickelt hat, wurde vorangetrieben. Ausdrücklich wiederholte NATO-Generalsekretär Jens Stoltenberg Mitte Juni 2020 seine Warnung vor einer möglichen Bedrohung durch China.[36] Und die Aggressions- und Sanktionspolitik gegen Russland (wie auch gegen den Iran, Venezuela, Syrien etc.) wurde – begleitet von Medienhetze – im Schatten der Pandemie ebenfalls weitergeführt. Außerdem drangen US-affine Politikerinnen wie Annegret Kramp-Karrenbauer und Ursula von der Leyen im Einvernehmen mit Kanzlerin

---

[36] Vgl. ARD-Tagesschau, 13.6.2020; www.tagesschau.de/ausland/stoltenberg-china-nato-101.html

Angela Merkel auf eine Erhöhung des deutschen Militäretats.[37] Hinzu kommt ein kaum beachteter Aspekt von enormer Brisanz: Der von der Weltgesundheitsorganisation (WHO) ausgerufene weltweite Corona-Ausnahmezustand bot den USA den lange gesuchten Vorwand, das von China und Russland betriebene One-Belt-One-Road-Projekt zu torpedieren, indem China die Schuld an der weltweiten Ausbreitung des Virus gegeben und Schadensersatz in Billionenhöhe geltend gemacht wurde.

Die europäischen Politiker sollen sich also zum Nachteil ihrer Länder zwischen China und Russland auf der einen Seite und den USA auf der anderen Seite entscheiden. Es bleibt abzuwarten, ob sie sich aus dieser Zwickmühle herauslavieren können. Dass sie Größe zeigen und sich widersetzen, ist kaum zu erwarten. Die USA verfügen immer noch über genügend Druckmittel, Gefolgschaft zu erzwingen. Zwar hat Donald Trump keine neuen Kriege begonnen, aber immer weitere Sanktionen verhängt und vermehrte Aufrüstung gefordert. Das wird unter seinem militanten Nachfolger Joe Biden eher noch forciert werden, was Schlimmes befürchten lässt.

Der australische Dokumentarfilmer und ehemalige Leiter der Auslandsredaktion des britischen *Daily Mirror,* John Pilger, warnte sogar vor einem zweiten Hiroshima in China. In der Tat ist für die Bellizisten in den USA der Einsatz von Atomwaffen eine Option. In einem Washingtoner Report heißt es, begrenzte Atomschläge seien möglich, ohne *»die amerikanische Heimat«* zu gefährden.[38] Danach ist ein »begrenzter Atomkrieg« in Europa,

---

[37] Nach Angaben des Stockholm International Peace Research Institute (SIPRI) stand Deutschland 2019 mit 49,3 Milliarden US-Dollar an siebenter Stelle der weltweiten Rüstungsausgaben. Vgl. www.sipri.org/media/press-release/2020/global-military-expenditure-sees-largest-annual-increase-decade-says-sipri-reaching-1917-billion

[38] Vgl. Clark Murdock u. a.: CSIS, Project Atom, May 2015; http://csis.org/files/publication/150601_Murdock_ProjectAtom_Web.pdf, 16.8.2015. Dazu auch: Ulrich Gellermann, Rationalgalerie, 27.7.2015; www.rationalgalerie.de/home/die-irren-in-washington.html

dem Nahen Osten oder in China – jedenfalls fern der amerikanischen Heimat – nicht auszuschließen.

John Pilger, der US-Außenminister Mike Pompeo[39] für den gefährlichsten Mann in der Regierung Trump hielt, schrieb: *»Es ist nicht erwünscht, dass wir die tägliche Flut anti-chinesischer Rhetorik hinterfragen, die dabei ist, die Flut antirussischer Rhetorik noch zu toppen. Alles Chinesische ist schlecht, ein Fluch, eine Bedrohung: Wuhan … Huawei. Sehr verwirrend, wenn ›unser‹ am meisten verunglimpfter Chef das sagt. Die aktuelle Phase dieser Kampagne begann aber nicht mit Trump, sondern mit Barack Obama, der 2011 nach Australien flog, um die größte Konzentration US-amerikanischer Marine-Truppen in der asiatisch-pazifischen Region seit dem Zweiten Weltkrieg zu verkünden.«*

Pilger ist überzeugt: *»Das Angriffsziel ist China. Heute schließen China mehr als 400 amerikanische Militärbasen samt ihren Raketen, Bombern, Kriegsschiffen und Atomwaffen nahezu vollständig ein. Die Basen reichen von Australien nach Norden über den Pazifik, Richtung Südostasien, Japan, Korea und über Eurasien bis nach Afghanistan und Indien und sie bilden, wie mir ein US-Stratege sagte, ›die perfekte Schlinge‹.«*[40] Der Westen ignoriere bewusst *»die gewaltigen Errungenschaften des modernen China«*, so Pilger, das die Massenarmut überwunden habe und dessen Volk stolz auf seine Regierung und zufrieden mit ihr sei. Dass darüber in den westlichen Medien nicht aufrichtig berichtet, sondern ständig gehetzt werde, sei ein bedauerlicher Zustand des westlichen Journalismus.

---

[39] US-Außenminister Mike Pompeo, ehemaliger CIA-Direktor (und Diakon der Presbyterianischen Kirche), ist Präsident von Sentry International, einem Unternehmen von Koch Industries, das Geräte für die Ölförderung bereitstellt. In den 1980er-Jahren war er als Soldat in Deutschland stationiert. Er unterstützt die israelische Siedlungspolitik, ist Mitglied der Waffenlobby, Leugner des Klimawandels, Gegner einer Gesundheitsreform, Abtreibungsgegner, Befürworter von Folter sowie der Todesstrafe für Edward Snowden und Julian Assange usw. Er steht sozusagen in der Nachfolge von Staatsterroristen wie Henry Kissinger, Paul Wolfowitz, Dick Cheney, Robert Kagan u. a.

[40] Zit. wie www.nachdenkseiten.de/?p=63623, übers. von Susanne Hofmann

Wie Pilger berichtet, hielten die USA 2019 unter strenger Geheimhaltung *»ihre größte militärische Einzelübung seit dem Kalten Krieg ab«*, eine Erprobung des »AirSea-Battle Concept« (Luft-See-Gefechtskonzepts) für China. Damit sollen Seewege blockiert und Chinas Zugang zu Öl, Gas und anderen Rohstoffen aus dem Mittleren Osten und Afrika abgeschnitten werden.

Im Februar 2018 hatte Trump angekündigt, die Atomwaffen der USA umfassend zu modernisieren. Alle strategischen Systeme würden nach und nach ersetzt und Gefechtsköpfe mit geringerer Zerstörungskraft bereitgestellt, um die atomare Abschreckung zu verstärken und damit der angeblichen Bedrohung durch Russland, China, Nordkorea und den Iran zu begegnen.[41] Inzwischen verfügt das US-Militär über eine größere Anzahl von Nuklearwaffen mit geringerer Sprengkraft, sogenannten Mini-Nukes, wie sie verharmlosend genannt werden.

Mitte März 2018 erklärte dann Außenminister Pompeo: *»Wir müssen jede Minute darauf konzentriert sein, unsere Feinde zu zerstören.«[42]* Wie er während einer Reise im August 2020 in die Staaten der Visegrád-Gruppe (Polen, Tschechien, Slowakei und Ungarn) bekräftigte, sind die Hauptfeinde Russland und China. Dass bei dieser Gelegenheit betont wurde, Europa sei nicht nur Deutschland und Frankreich, vielmehr gehörten dazu auch *»die V4-Gruppe und andere Länder, die zwar kleiner sind, aber gute Einfälle haben«,* lieferte einen weiteren Beweis für den Versuch, die Europäische Union zu entzweien.[43]

2018 hat Trump das Atomabkommen mit dem Iran gekündigt, 2019 den INF-Vertrag mit Russland zur Abrüstung von Mittelstreckenraketen, und im Mai 2020 wurde die Luftraumkontrolle

---

[41] Vgl. FAZ/AFP/dpa, 3.2.2018; www.faz.net/aktuell/politik/trumps-praesidentschaft/mini-nukes-amerika-will-mehr-kleine-atombomben-15430483.html

[42] Zit. wie Süddeutsche Zeitung, 14.3.2018; www.sueddeutsche.de/politik/pompeo-aussenminister-trump-1.3905206

[43] Vgl. Deutsche Welle, 12.8.2020; www.dw.com/de/pompeo-warnt-in-prag-vor-china-und-russland/a-54544364

der Vertragsmitgliedsstaaten, das Open-Skies-Abkommen, aufgekündigt. Nachdem 2017 das europäische Militärbündnis für »permanente strukturierte Zusammenarbeit« (PESCO) gegründet wurde, können die USA mit der von ihr dirigierten NATO grenzüberschreitend bis an ihre »Ostfront« operieren.

Unabhängige westliche Experten für Außen- und Sicherheitspolitik, die das immer aggressivere Agieren der USA und der NATO kritisch beobachten, sprechen ebenso wie von John Pilger zitierte US-Wissenschaftler und Militärstrategen von Kriegsvorbereitungen gegen China, aber auch gegen Russland, so der Ex-Staatssekretär im Verteidigungsministerium Willy Wimmer.[44] Er erinnerte in einem Interview vom 7. Juli 2020 an die angelsächsischen Überlegungen, Russland in 40 und China in acht voneinander unabhängige Staaten aufzugliedern.[45] Die zerstörerischen Planungen der westlichen Strategen kennen keine Grenzen, was natürlich auch in China und Russland registriert wird.

Dass die USA mit ihrem übermächtigen Waffenarsenal Mitte 2020 zu trilateralen Rüstungskontrollgesprächen einluden, bezeichnete der Generaldirektor der chinesischen Rüstungskontrollabteilung Fu Cong als »*Schwindel*«. Er sagte: »*Die USA erweitern nicht nur ihr Atomwaffenarsenal oder rüsten es auf, sondern bauen und stationieren gleichzeitig alle diese Raketenabwehrsysteme in Chinas Nachbarschaft. Und sie entwickeln Waffen im Weltraum. Sie sind aus dem INF-Vertrag... ausgetreten, und sie haben ausdrücklich klargestellt, dass sie die Stationierung landgestützter Mittelstreckenraketen in der Nachbarschaft Chinas, vor der Haustür Chinas, wie ich sagen würde, planen... All dies stellt eine strategische Bedrohung für die chinesische Sicherheit dar. Und ich denke,*

---

[44] Vgl. World Economy, 26.5.2020; www.world-economy.eu/nachrichten/detail/atlantischer-paukenschlag-huawei-fliegt-aus-grossbritannien-raus/
[45] Vgl. www.world-economy.eu/nachrichten/detail/scham-und-schweigen-der-deutschen-politik/

die Menschen sollten nicht überrascht sein, dass China die Notwen-
digkeit sieht, seine militärischen Fähigkeiten zu verstärken.«[46]

Der Regierungswechsel von Trump zu Biden hat an dieser bri-
santen Situation nichts geändert. Es sieht nicht gut aus, weder in
Europa noch in Ostasien. Im Gegensatz zu den führenden europäischen Politikern haben das der russische Präsident Wladimir
Putin und der chinesische Präsident Xi Jinping erkannt, und sie
beugen vor. Dass es tatsächlich zu einer militärischen Auseinandersetzung mit unkalkulierbaren Folgen kommt, möge ein vielleicht noch verbliebener Rest von Vernunft auf westlicher Seite
verhindern.

---

[46]   Zit. wie https://deutsch.rt.com/kurzclips/104297-china-falsches-spiel-waffen
kontrolle-trump/

Das Schreckgespenst der russischen Bedrohung

Die Politik – und damit die ganze Welt – befindet sich im Taumel. Jeden Tag eine neue Schreckensmeldung, beständig kreist der Habicht über dem Hühnerhof. Die Menschen werden in Atem gehalten, damit sie nicht auf andere als die vermittelten Gedanken kommen. Und fast alles ging in der jüngeren Vergangenheit von den USA aus, dem untergehenden Schlachtschiff mit hochexplosiver Fracht, auf dem auch wir mitfahren und das in nächster Zeit alles in die Tiefe zu reißen droht. Ist das zu defätistisch? Nicht wenn wir die inneren Spannungen des Landes und das Selbstverständnis der US-amerikanischen Eliten betrachten, die sich für auserwählt halten, die ganze Welt zu beherrschen und die Weltdominanz beanspruchen.

US-Propaganda auf der Münchner Sicherheitskonferenz 2020

Zweifellos ist das größte Konfliktpotenzial des vergangenen und des gegenwärtigen Jahrhunderts aus den Auseinandersetzungen zwischen den Großmächten USA und Russland (bis 1991 UdSSR) entstanden, wozu in jüngster Zeit die angebliche Bedrohung durch das aufstrebende China gekommen ist. Auf der Münchner Sicherheitskonferenz 2020, einem Netzwerk der USA, rief US-Außenminister Mike Pompeo die »westlichen Partner« zur Geschlossenheit gegen Russland und China auf, betonte die »*Führungsrolle Amerikas in der freien Welt*« und erklärte wiederholt: »*Der Westen gewinnt, zusammen gewinnen wir.*«[47]

Pompeo lieferte ein Musterbeispiel für die Selbstinszenierung der US-Regierung. Obwohl die Vereinigten Staaten den gesamten Orient in Brand gesteckt, die Ukraine destabilisiert, Süd- und Mittelamerika wie auch den Iran im Visier haben, scheute sich der US-Außenminister nicht, zu behaupten: »*Achtung der Souveränität anderer Länder, das ist das Geheimnis und zugleich der Grundstein unseres Erfolges.*« Und er setzte hinzu: »*Aber es gibt immer noch Länder, die unsere Souveränität bedrohen.*« Russland zum Beispiel missachte die territoriale Integrität anderer Staaten, aber auch China und der Iran seien aggressiv.

Die hochrangigen Konferenzteilnehmer der europäischen Staaten, darunter aus Deutschland Bundespräsident Frank-Walter Steinmeier, Außenminister Heiko Maas und Verteidigungsmi-

Eröffnung der Münchener Sicherheitskonferenz 2020 durch ihren Vorsitzenden Wolfgang Ischinger

47 U.S. Department of State, 15.2.2020; www.state.gov/the-west-is-winning/ (20.2.2020). Nachzuhören auf www.youtube.com/watch?v=yDY0FsUNKWo

nisterin Annegret Kramp-Karrenbauer, zollten Pompeo Beifall. Steinmeier hatte in seiner Eröffnungsrede auf die *»zunehmend destruktive Dynamik der Weltpolitik«* hingewiesen, die er Russland anlastete, und Deutschlands *»außenpolitische Verantwortung«* hervorgehoben, die sich *»konkret bewähren«* müsse.[48] Bereits zuvor hatte er im Einvernehmen mit Bundeskanzlerin Angela Merkel eine *»Ausweitung des deutschen Bundeswehr-Engagements«* gefordert und das Hauptbetätigungsfeld für die Bundeswehr im Osten Europas gesehen.[49]

Nachdem er – offenbar unvermeidlich – in Demut auf die »deutsche Schuld« hingewiesen hatte, sprach Steinmeier über China, das natürlich wie Russland dem Ziel einer *»internationalen Zusammenarbeit zur Schaffung einer friedlicheren Welt«* entgegenstehe, indem es *»im Zuge seines eindrucksvollen Aufstiegs«* das Völkerrecht nur selektiv akzeptiere, *»wo es den eigenen Interessen nicht zuwiderläuft«*: *»Sein Vorgehen im Südchinesischen Meer verstört die Nachbarn in der Region. Sein Vorgehen gegen Minderheiten im eigenen Land verstört uns alle.«* Dass die USA den gesamten Orient in Brand gesteckt, die Ukraine destabilisiert und Südamerika im Visier haben, verstörte von den sich gegenseitig ihre Friedfertigkeit bestätigenden westlichen Teilnehmern dieser Kriegskonferenz niemanden.

Schließlich kam Steinmeier zu den Vereinigten Staaten von Amerika, nach wie vor *»unser engster Verbündeter«* – allerdings von 2017 bis Anfang 2021 unter Trump, den Steinmeier, an der Seite der kriegslüsternen Hillary Clinton, schon Ende 2016 schwer beleidigt hatte[50] (was in Berliner Politikerkreisen legitim und kein Anti-

---

[48] Vgl. www.bundespraesident.de/SharedDocs/Reden/DE/Frank-Walter-Stein meier/Reden/2020/02/200214-MueSiKo.html?nn=9042544

[49] Vgl. welt.de, 16.6.2014; www.welt.de/politik/deutschland/article1655958 58/Steinmeier-fordert-staerkeres-Engagement-der-Bundeswehr.html

[50] Steinmeier nannte Trump einen »Hassprediger«. Vgl. FAZ, 4.8.2016; www. faz.net/aktuell/politik/von-trump-zu-biden/aussenminister-steinmeier-nennt-trump-hassprediger-14372495.html

amerikanismus war).[51] Frank-Walter Steinmeier empfindet sich als Humanist und Friedensfreund. Denn er forderte auf der Münchner Konferenz, *»unser elementares Verständnis von der Würde eines jeden Menschen zu verteidigen und für unsere offenen Gesellschaften zu kämpfen«*, für *»das normative Projekt einer Welt, das die Würde des Menschen zum Maßstab staatlichen Handelns macht«.*[52] Dabei berief er sich auf die Präambel der Charta der Vereinten Nationen, wonach Krieg geächtet ist. Das klang gut und wäre eine echte Perspektive, würde die deutsche Regierung diese Charta respektieren. Doch das ist bekanntlich nicht der Fall, wie sich bereits 1999 bei der Teilnahme am Angriffskrieg gegen die Republik Jugoslawien und an anderen Kriegen gezeigt hat, an denen Deutschland im Gefolge der USA beteiligt ist. Was sich der deutsche Bundespräsident Steinmeier, der sich – wie schon sein erhabener Vorgänger Joachim Gauck – mit ideologischer Verve in die aktuelle Politik einbringt, in München herausgenommen hat, ist also Schall und Rauch.

Friedensbekundungen waren nicht Sache des US-Vizepräsidenten Mike Pence, der noch einmal deutlich konkreter wurde. Unter dem Beifall der Konferenzteilnehmer erklärte er: *»Amerika führt wieder einmal auf der Weltbühne.«*[53] Präsident Trump habe die stärksten Streitkräfte in der Welt noch stärker gemacht, die Modernisierung des Atomwaffenarsenals veranlasst und die europäischen Staaten dazu gebracht, ihre Militärausgaben zu erhöhen. Nach Pence erwarten die USA, dass sämtliche NATO-Bündnispartner das 2-Prozent-Ziel bis 2024 erreichen und 20 Prozent der Verteidigungsausgaben in Beschaffung investieren. Der Westen werde *»niemals gebrochen«*, betonte Pence abschließend, und dass *»unsere Werte überdauern«* und *»unsere Zivilisation triumphiert«*.

---

[51] Vgl. n-tv, Liveticker zur US-Wahl 2016, 10.11.2016; www.n-tv.de/politik/18-58-Trump-aeussert-grossen-Respekt-gegenueber-Obama-article19021831.html (11.11.2016)

[52] Vgl. www.bundespraesident.de/SharedDocs/Reden/DE/Frank-Walter-Steinmeier/Reden/2020/02/200214-MueSiKo.html?nn=9042544

[53] Zit. wie www.youtube.com/watch?v=zoGI7jMwNk0 (16.2.2020)

Da mochte Verteidigungsministerin Annegret Kramp-Karrenbauer nicht zurückstehen. Russland bedränge europäische Staaten, sagte sie. Deutschland bleibe *»der nuklearen Teilhabe der NATO verpflichtet, deren Schutzschirm für uns ein wesentliches Element europäischer Sicherheit«* sei. Die Einsatzbereitschaft der Bundeswehr, ihre Ausrüstung und Kampfkraft, werde spürbar verbessert, der Verteidigungshaushalt kontinuierlich auf 2 Prozent des Bruttoinlandproduktes erhöht. Kramp-Karrenbauer bekräftigte, Deutschland werde *»mehr leisten und sich beispielsweise in der Sahelzone und in der Straße von Hormus mehr einbringen«.*[54]

Wenige Wochen später legte sie dann in einem Webinar des Atlantic Council, eines der NATO nahestehenden Thinktanks, nach: Von Russland gehe eine Bedrohung aus, und die NATO müsse ein *»sehr, sehr starkes Signal«* an Moskau senden, Russland sei kein Freund Deutschlands. Nach der Wiedervereinigung habe man die Verteidigung vernachlässigt, diese verlorenen Jahre müsse man aufholen. Besonders wichtig sei das *»Konzept der Abschreckung«,* damit *»Russland versteht, dass wir stark sind in Europa«.*[55] Der Nachrichtenagentur Reuters hatte sie gesagt: *»Es liegt an der russischen Führung, ob sie unsere ausgestreckte Hand ergreifen will.«*[56]

Damit sind die Fronten abgesteckt. Der ebenfalls auf der Münchner Sicherheitskonferenz 2020 vertretene russische Außenminister Sergej Lawrow hatte den westlichen Politikern entgegengehalten, man müsse damit aufhören, das Schreckgespenst der russischen Bedrohung heraufzubeschwören, und sich darauf besinnen, *»was uns verbindet«.* Er sprach von einer *»Barbarisierung der internationalen Beziehungen«* wie auch von der *»Unberechenbarkeit«* der Situation in Europa und forderte, die Grundsätze der UN-Charta zu

---

[54] Zit. wie www.youtube.com/watch?v=gctNIp-EYo0 (15.2.2020)

[55] RT Deutsch, 25.6.2020; https://deutsch.rt.com/inland/103850-kramp-karrenbauer-russland-ist-kein/

[56] Zit. wie N-tv, 7.5.2020; www.n-tv.de/ticker/CDU-Chefin-Kramp-Karrenbauer-oeffnet-Moeglichkeit-fuer-enges-Buendnis-article21765035.html (1.7.2020)

befolgen, einschließlich der souveränen Gleichheit von Staaten und der Nichteinmischung. Wesentlich sei der Grundsatz der gleichen Sicherheit. Lawrow warnte, ein Nuklearkrieg könne aus einem konventionellen Krieg erwachsen, und der konventionelle Krieg erwachse aus Politik. Er rief dazu auf, für den Frieden einzustehen, und berief sich auf die die Initiative des russischen Präsidenten Putin, *»einen großen europäischen Partnerschaftsraum zu gestalten«*, der offen wäre für alle Staaten *»unseres immensen Kontinents«*.[57]

Russland sichert seine Zweitschlagfähigkeit

Wladimir Putin war bereits 2001 in seiner Rede vor dem Deutschen Bundestag für einen gemeinsamen Wirtschafts- und Kulturraum von Wladiwostok bis Lissabon eingetreten, ohne die Beziehungen Europas zu den USA infrage zu stellen.[58] Doch sein Vorschlag wurde auf Betreiben der USA ignoriert. Seit dem Umbruch Anfang der 1990er-Jahre wurde Putin von einer Clique aus den USA und von dort gesteuerten Vasallen in seinen Friedensbemühungen boykottiert, gedemütigt und beleidigt.

Bis 2018 hatte Putin immer noch von den »Partnern im Westen« und von einer Kooperation mit Westeuropa, insbesondere mit Deutschland, gesprochen. Aber nach den fortschreitenden Aggressionen und der Kündigung des Atomwaffensperrvertrages[59] durch die Amerikaner änderte sich das. Am 1. März 2018 sagte

---

[57] Vgl. www.youtube.com/watch?v=6wi8esJi81M (18.2.2020)

[58] Wortprotokoll der Rede Wladimir Putins im Deutschen Bundestag am 25.9. 2001; www.bundestag.de/kulturundgeschichte/geschichte/gastredner/putin/putin_wort/244966

[59] Nach dem sog. INF-Vertrag war es den USA und Russland verboten, landgestützte Raketen und Marschflugkörper mit einer Reichweite zwischen 500 und 5500 Kilometern, die Atomsprengköpfe tragen können, zu entwickeln, zu bauen und zu stationieren. Der Vertrag wurde auf Betreiben Trumps mit Wirkung vom 2. August 2019 außer Kraft gesetzt. Allerdings hat Joe Biden im Februar 2021 einer Verlängerung des New-Start-Abkommens über die Begrenzung der Nukleararsenale um fünf Jahre zugestimmt.

er in einer Rede an die Nation: »*Obwohl wir die zweitgrößte Nuklearmacht geblieben sind, wollte niemand uns hören. Mit uns wollte niemand sprechen. Hören Sie uns jetzt zu!... Das ist kein Bluff.*«[60]

Eingeblendete Videoaufnahmen zeigten neu entwickelte Nuklearwaffen, darunter die mehr als 200 Tonnen schwere Interkontinentalrakete Sarmat und die Hyperschallrakete Kinschal sowie ein nuklear bestückbarer Torpedo. Die von einem Trägerflugzeug zu startende Hyperschallrakete, die nach russischen Angaben mit einer Geschwindigkeit von Mach 10 (zehnfacher Überschallgeschwindigkeit) bis auf eine Höhe von 20 Kilometer steigen kann und nicht abfangbar ist, soll eine Reichweite von über 2000 Kilometern haben. Auch ein Awangard-Raketensystem mit Stratosphären-Gleitkörpern, die bei interkontinentaler Reichweite Fluggeschwindigkeiten bis zu Mach 27 entwickeln können, dient nach den Worten Putins der nuklearen Abwehrbereitschaft.

Abrüstungsverträge seit 1972

		'70	'80	'90	'00	'10	'20
ABM 1972–2002	Anti-Ballistic Missile Treaty						
INF 1988–2019	Intermediate Range Nuclear Forces Treaty						
START I 1994–2009	Strategic Arms Reduction Treaty						
SORT 2003–2011	Strategic Offensive Reductions Treaty						
New START seit 2011 (Gültigkeit 2021 verlängert)							

Übersicht über die Abrüstungsverträge zwischen den USA und Russland bzw. der Sowjetunion (seit 1972)

60 Zit. wie Spiegel Online, 2.3.2018; www.spiegel.de/politik/ausland/russland-wahlrede-von-wladimir-putin-mit-versprechen-und-atomwaffen-a-1196057.html

Russland fühlt sich bereits seit der einseitigen Kündigung des ABM-Vertrages[61] durch die USA am 13. Juni 2002 von den an seinen Grenzen stationierten amerikanischen Raketen bedroht und beabsichtigt mit den neu entwickelten Raketensystemen seine Zweitschlagfähigkeit zu sichern. Die Bedrohung Russlands ist jedoch nicht allein aus militärischer Sicht real. Die USA haben die Konflikteskalation auch wirtschaftlich ständig vorangetrieben.

Das bestätigte am 2. Oktober 2014 der damalige Vizepräsident Joe Biden, der sich in der Übernahme der Ukraine hervorgetan hat, in einer Rede an der Harvard Kennedy School in Cambridge/Massachusetts. Darin geht er auf die gegen Russland verhängten Sanktionen ein: »*Wir haben Putin vor die einfache Wahl gestellt: Respektieren Sie die Souveränität der Ukraine oder Sie werden sich zunehmenden Konsequenzen gegenübersehen. Dadurch waren wir in der Lage, die größten entwickelten Staaten der Welt dazu zu bringen, Russland echte Kosten aufzuerlegen. Es ist wahr, dass sie [die EU] das nicht tun wollten. Aber wiederum war es die Führungsrolle Amerikas und die Tatsache, dass der Präsident der Vereinigten Staaten darauf bestanden hat, ja, Europa des Öfteren in Verlegenheit bringen musste, um es dazu zu zwingen, sich aufzuraffen und wirtschaftliche Nachteile einzustecken, um Kosten [für Russland] verursachen zu können. Und die Folgen waren eine massive Kapitalflucht aus Russland, ein regelrechtes Einfrieren von ausländischen Direktinvestitionen, der Rubel auf einem historischen Tiefststand gegenüber dem Dollar, und die russische Wirtschaft an der Kippe zu einer Rezession.*«[62]

Wie verlogen die Begründung für die Sanktionen ist, wird daran deutlich, dass die USA jahrelang den Regimewechsel in

---

[61] ABM-Vertrag = unbefristeter Rüstungskontrollvertrag zur Begrenzung antiballistischer Raketenabwehrsysteme, der 1972 zwischen den USA und der Sowjetunion abgeschlossen wurde

[62] Zit. wie www.youtube.com/watch?v=JLO7uKVarB8 (5.1.2015)

der Ukraine von 2014 vorbereitet und das Land sozusagen auf kaltem Wege übernommen haben.[63] Kiew sollte die Blaupause für das sein, was man mit Moskau beabsichtigt, das geht aus mehreren Reden US-amerikanischer Politiker eindeutig hervor.[64] Russland soll durch massive Wirtschaftssanktionen, Erpressung, Propaganda und gegebenenfalls durch Krieg gezwungen werden, sich den Kapitalinteressen der USA zu unterwerfen.

Dass die NATO die Ukraine im Juni 2020 in das »Enhanced Opportunities Program« aufnahm, war eine weitere schwerwiegende Provokation Russlands durch die westliche Allianz. Damit erhielt das Land *»erweiterte Beteiligungsmöglichkeiten an Nato-Manövern und Kooperationsprojekten sowie Zugriff auf ausgewählte geheime Bündnisinformationen«* – ein *»Schritt in Richtung einer Nato-Mitgliedschaft«.*[65] Die Einkreisung Russlands wird in aller Stille fortgesetzt.

Die NATO-Osterweiterung

Nach Angaben des ehemaligen Staatspräsidenten der Sowjetunion, Michail Gorbatschow, war im Frühjahr 1990 vereinbart worden, dass sich die NATO nicht nach Osten erweitern sollte. Das ist in den vergangenen Jahren aus US- und EU-Kreisen immer wieder abgestritten worden: Es gebe keine vertraglichen Vereinbarungen darüber oder sonstige beweiskräftige Unterlagen. Doch das ist widerlegt. Aus kürzlich freigegebenen Dokumenten des

---

[63] Dazu: Victoria Nuland, der Freitag, 22.4.2014; www.freitag.de/autoren/hans-springstein/5-milliarden-dollar-fuer-den-staatsstreich

[64] So z. B. Henry Kissinger: Neue Rheinische Zeitung Online; 26.2.2014, www.nrhz.de/flyer/beitrag.php?id=20079; vgl. auch antikriegTV; 5.2.2014, www.youtube.com/watch?v=yo5_ct7R6Ng

[65] Vgl. FAZ, 12.6.2020; www.faz.net/aktuell/politik/ausland/nato-geht-noch-engere-partnerschaft-mit-ukraine-ein-16812626.html

Nationalen Sicherheitsrates der USA ist ersichtlich, dass es sehr wohl solche Willenserklärungen gab.[66]

So ist dem Protokoll eines Gesprächs zwischen Gorbatschow und dem damaligen US-Außenminister James Baker unter der Präsidentschaft von George Bush vom Frühjahr 1990 zu entnehmen, dass Gorbatschow zugesagt wurde, die NATO nicht nach Osten zu erweitern. Damit sollte den Sicherheitsbedürfnissen der Sowjetunion Rechnung getragen werden.

Baker sagte: »*Wir schlagen vor, dass es keine NATO-Truppen in der DDR für eine vereinbarte Übergangszeit geben soll.*«[67] Es ging also darum, die NATO für eine Übergangszeit aus den sogenannten neuen Bundesländern fernzuhalten, auf die Dauer aber aus den Gebieten östlich der Oder. Denn die Sicherheitsinteressen der Sowjetunion – wovon mehrmals die Rede war – wären bei einem Vorrücken der NATO nicht gewahrt geblieben, und sie sind demnach bis heute nicht gewahrt. Die Verhandlungspartner gingen offensichtlich davon aus, dass es nach der Wiedervereinigung ein friedliches Europa und eine NATO als friedenserhaltende Kraft geben würde.

Aus einem ebenfalls freigegebenen Protokoll eines Telefonats zwischen US-Präsident George Bush und dem damaligen Bundeskanzler Helmut Kohl geht hervor, dass das vereinigte Deutschland in der NATO bleiben sollte, um nicht isoliert zu werden und damit bei den europäischen Nachbarn nicht der Eindruck entstand, Deutschland wolle durch einen Austritt einen Sonderweg in Europa beschreiten.[68] Bush sah seinerzeit – ebenso wie Kohl – in der NATO, die im Gegensatz zum Warschauer Pakt nicht auf-

---

[66] Vgl. National Security Archive; https://nsarchive.gwu.edu/briefing-book/russia-programs/2020-06-02/washington-camp-david-summit-30-years-ago?eType=EmailBlastContent&eId=dc5759f2-89be-446b-954e-520b00fd68e9

[67] National Security Archive; https://nsarchive.gwu.edu/dc.html?doc=6935339-National-Security-Archive-Doc-07-U-S-Department

[68] Vgl. National Security Archive; https://nsarchive.gwu.edu/dc.html?doc=6935350-National-Security-Archive-Doc-18-Memorandum-of

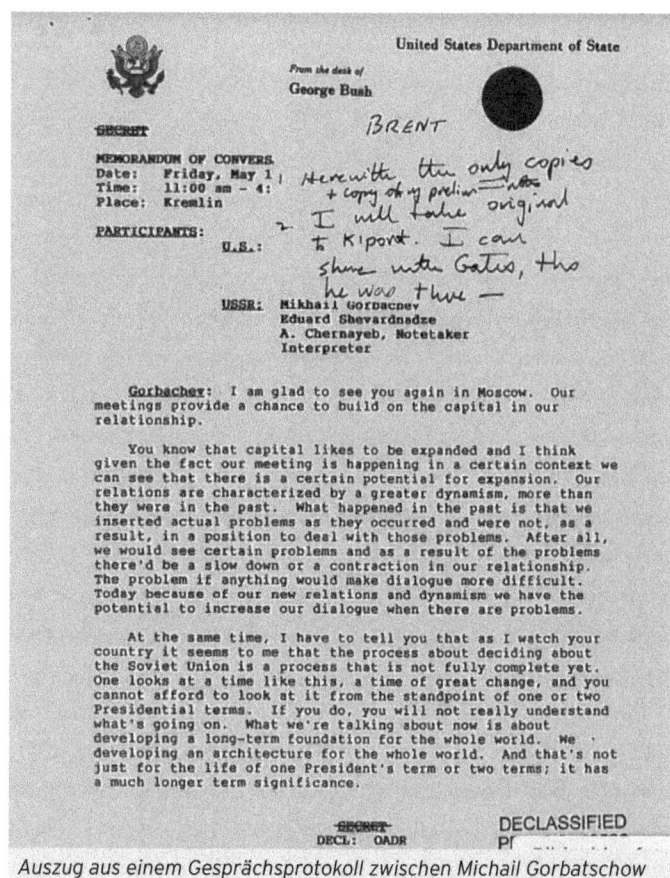

United States Department of State

From the desk of
George Bush

BRENT

SECRET

MEMORANDUM OF CONVERS.
Date: Friday, May 1
Time: 11:00 am – 4:
Place: Kremlin

*Herewith the only copies
+ copy of my prelim notes
— I will take original
to Kiport. I can
share with Gates, tho
he was there —*

PARTICIPANTS:
        U.S.:

        USSR: Mikhail Gorbachev
                Eduard Shevardnadze
                A. Chernayeb, Notetaker
                Interpreter

Gorbachev: I am glad to see you again in Moscow. Our meetings provide a chance to build on the capital in our relationship.

You know that capital likes to be expanded and I think given the fact our meeting is happening in a certain context we can see that there is a certain potential for expansion. Our relations are characterized by a greater dynamism, more than they were in the past. What happened in the past is that we inserted actual problems as they occurred and were not, as a result, in a position to deal with those problems. After all, we would see certain problems and as a result of the problems there'd be a slow down or a contraction in our relationship. The problem if anything would make dialogue more difficult. Today because of our new relations and dynamism we have the potential to increase our dialogue when there are problems.

At the same time, I have to tell you that as I watch your country it seems to me that the process about deciding about the Soviet Union is a process that is not fully complete yet. One looks at a time like this, a time of great change, and you cannot afford to look at it from the standpoint of one or two Presidential terms. If you do, you will not really understand what's going on. What we're talking about now is about developing a long-term foundation for the whole world. We developing an architecture for the whole world. And that's not just for the life of one President's term or two terms; it has a much longer term significance.

SECRET
DECL: OADR

DECLASSIFIED
PI

Auszug aus einem Gesprächsprotokoll zwischen Michail Gorbatschow und dem damaligen US-Außenminister James Baker

gelöst wurde, eine Organisation mit politischer Ausrichtung und nicht mit einem militärischen Schwerpunkt,[69] der dann jedoch entgegen allen Absprachen immer mehr Gestalt annahm.

Entsprechend den damaligen Verhandlungen sollten in den neuen Bundesländern nur deutsche Truppen stationiert sein, wie es kurz darauf im Zwei-plus-Vier-Vertrag vom 12. September

---

[69] Vgl. Jochen Scholz in www.world-economy.eu/nachrichten/detail/das-telefo-nat-zwischen-bundeskanzler-kohl-und-praesident-bush-vom-juni-1990/

1990 festgeschrieben wurde.[70] Daraus folgt, dass die NATO nicht über die Oder hinaus erweitert werden sollte.[71] Andernfalls wäre die Sicherheit der Sowjetunion gefährdet worden – so sah man das damals. Bush sagte, man müsse Gorbatschow davon überzeugen, »*dass die NATO sich in einer Weise verändere, die nicht die sowjetische Sicherheit bedrohe*«.[72] Zur Bekräftigung des Friedenswillens der USA mit ihrer NATO hatte er Gorbatschow den Artikel 2 des Nordatlantikvertrages vom 4. April 1949 vorgelesen, in dem es heißt: »*Durch Stärkung ihrer freien Institutionen, Herbeiführung eines besseren Verständnisses für die diesen Institutionen zugrunde liegenden Prinzipien und durch Förderung der Voraussetzungen für Stabilität und Wohlfahrt werden die vertragschließenden Staaten zu einer weiteren Entwicklung friedlicher und freundschaftlicher internationaler Beziehungen beitragen. Sie werden bestrebt sein, Konflikte in ihrer internationalen Wirtschaftspolitik zu beseitigen, und werden die wirtschaftliche Zusammenarbeit zwischen einzelnen oder allen Vertragsstaaten fördern.*«[73]

Die Entwicklung ging in die entgegengesetzte Richtung. Nachdem George Bush nicht wiedergewählt worden war, schlugen seine Nachfolger nach einer kurzen Zeit der Entspannung den Kurs der Aggressions- und Sanktionspolitik gegen Russland ein. Die NATO breitete sich absprachewidrig innerhalb weniger Jahre nach Osten aus, und in den Anrainerstaaten zu Russland wurde eine gewaltige Militärmaschinerie mit Raketen, Panzerdivisionen, Kampfflugzeugen, Artillerie und Tausenden Soldaten errichtet. Zugleich wurde Deutschland zu einer Drehscheibe globaler US-amerikanischer Kriegspolitik.

---

[70] Art. 5, Abs. 3 des Zwei-plus-Vier-Vertrage; www.documentarchiv.de/brd/2p4.html
[71] Diese Intentionen belegt eine Denkschrift Willy Wimmers vom 20.12.1989. In: Wolfgang Effenberger/Willy Wimmer: Wiederkehr der Hasardeure. Höhr-Grenzhausen 2017, S. 539 ff.
[72] Vgl. National Security Archive; https://nsarchive.gwu.edu/dc.html?doc= 6935350-National-Security-Archive-Doc-18-Memorandum-of
[73] Ebd.

Ex-Staatssekretär Willy Wimmer hat das wie folgt analysiert: *» ... wir haben mit der Entwicklung nach dem Ende des Kalten Krieges gesehen, dass es offensichtlich eine Konstante für die Kriegsentwicklung des gesamten vergangenen Jahrhunderts gibt. Und diese Konstante besteht darin, dass es den angelsächsischen Mächten nur möglich ist mit anderen Staaten zusammen zu arbeiten, wenn sie diese zuvor unterworfen haben und an einer eigenständigen Entwicklung hindern. Und das ist unser heutiges Problem in Zusammenhang mit der Russischen Föderation – Russland will mit uns zusammenarbeiten, darf es aber nicht, weil es auf diesen grundsätzlichen angelsächsischen Widerstand in der Kooperation stößt. Die Angelsachsen können sich eine Zusammenarbeit mit Russland nur vorstellen, wenn sie die Entwicklungen in Moskau bestimmen.«*[74]

Letzteres lässt die Führung der Russischen Föderation mit ihrem Präsidenten Wladimir Putin nicht zu, weswegen gegen sie gehetzt, Putin diffamiert und in einer beispiellosen Weise verteufelt wird. Zum Verhältnis zu Polen, das nach der von der Regierung Schröder forcierten Aufnahme in die Europäische Union zunehmend schwieriger geworden ist, fährt Wimmer in *World Economy* unter Bezugnahme auf eine bemerkenswerte Rede Wladimir Putins vom 20. Dezember 2019 in St. Petersburg[75] fort: *»Wir wollten bei der Entwicklung der Europäischen Gemeinschaft mit Polen und den anderen Ländern auf dem Post-Sowjetischen Raum eng zusammenarbeiten. Das war aber nicht im angelsächsischen Interesse. Deswegen wurde, deckungsgleich mit dem Ausscheiden von Hans-Dietrich Genscher als Bundesaußenminister 1992 in Bonn, die Politik gegen-*

World Economy, 4.6.2020; www.world-economy.eu/nachrichten/detail/wie-ist-es-denn-zum-zweiten-weltkrieg-gekommen/

[75] Vgl. http://en.kremlin.ru/events/president/news/62376. Diese Rede, in der Putin auf historische Fakten hinsichtlich der aktiven Beteiligung Polens am Ausbruch des Zweiten Weltkriegs eingeht, hat in Polen Stürme der Entrüstung hervorgerufen. Zuvor hatte es jedoch auf Druck Polens und der baltischen Staaten eine EU-Resolution vom 19. September 2019 gegeben, in der der Sowjetunion eine Mitschuld am Ausbruch des Zweiten Weltkriegs unterstellt worden war. Vgl. www.europarl.europa.eu/doceo/document/RC-9-2019-0097_DE.html

über Polen geändert. Es sollte nicht mehr die europäische Wirtschafts-gemeinschaft sein, sondern, im amerikanischen Interesse, die NATO. Und zwar vor dem Hintergrund folgender Überlegung: Polen sollte darüber entscheiden, ob es der NATO beitreten kann. Wie die baltischen und auch andere Staaten. Das hat völlig ausgeblendet, dass wir, als Bundesrepublik Deutschland, darüber hätten entscheiden müssen, ob diese Staaten, mit ihrer antirussischen Einstellung – die uns ja den nächsten Krieg bescheren kann –, überhaupt Mitglied der NATO hätten werden können. Diese Fragestellung ist in Deutschland, in West-europa völlig unterdrückt worden, weil man sie nicht haben wollte.«

Als Anfang Juni 2020 bekannt wurde, dass US-Präsident Donald Trump einen Abzug von 9500 der insgesamt 34 500 in Deutschland stationierten Soldaten plante (angeblich wegen einer zu geringen Aufrüstung Deutschlands),[76] öffnete sich für die Bundesregierung ein Zeitfenster, das es unverzüglich zu nutzen gegolten hätte. Unter Berufung auf die gerade freigegebenen Dokumente des Nationalen Sicherheitsrates der USA zur deutschen Vereinigung hätte die Chance bestanden, den seit 1990 überfälligen Abzug sämtlicher ausländischer Streitkräfte einschließlich der auf deutschem Boden stationierten Atomwaffen zu verlangen und in die Wege zu leiten. Doch wie gewohnt kümmerte sich von den US-affinen Berliner Politikern zunächst niemand um die neue Sachlage, vielmehr kamen aus CDU, SPD und von den Grünen Warnungen vor einer Schwächung der NATO, obwohl diese sich schon lange von einem Verteidigungs- zu einem Aggressionsbündnis entwickelt hat. Darüber hinaus war wieder die Rede von der »atomaren Teilhabe«.

Dass sich die Bedrohung Russlands zugleich gegen Deutschland wendet, liegt auf der Hand, aber Bundeskanzlerin Angela Merkel und ihr Stab ignorierten zum wiederholten Mal ihren Eid, mit dem sie geschworen hatten, Schaden vom deutschen Volk zu wenden.

---

[76] Vgl. ARD-Tagesschau, 6.6.2020; www.tagesschau.de/ausland/us-truppenab zug-101.html

Die Kriegsgefahr rückt immer näher

Wie weit die USA zu gehen bereit sind, wird evident in der massiven Aufrüstung der NATO-Staaten Polen, Estland, Lettland, Litauen, Rumänien und Bulgarien sowie der ins westliche antirussische Lager integrierten Ukraine. Von Lettland bis Moskau sind es 600 Kilometer, von der Ukraine nur 500 Kilometer, die Flugzeit grenznah stationierter amerikanischer Raketen beträgt etwa fünf bis zehn Minuten.

Hinzu kommen die Manöver der US-Kriegsflotte. Im Ostpazifik kreuzen Flugzeugträger und Kampfschiffe, Anfang 2020 wurde ein Flugzeugträger ins Mittelmeer verlegt, und vor der Küste des Irans liegt die *Abraham Lincoln* mit Begleitschiffen und einer Bomberstaffel. Auch vor die Küste Venezuelas wurde ein Flottenverband geschickt. Diese Manöver und die Einkreisung Russlands sind eine ernste Gefahr für den Weltfrieden und können schon bei Fehlhandlungen jederzeit einen großen Krieg auslösen. Für Deutschland als unsinkbarem Flugzeugträger der USA würde das die totale Vernichtung bedeuten.

Obwohl seit Jahren ein Abzug der US-Streitkräfte aus Deutschland gefordert wird, gibt es noch elf Hauptstützpunkte und einige kleinere Standorte. Der Truppenübungsplatz Grafenwöhr in der Oberpfalz umfasst beispielsweise eine Fläche von 233 Quadratkilometern, der Truppenübungsplatz Hohenfels bei Regensburg 160 Quadratkilometer (zum Vergleich: Auch Liechtenstein ist 160 Quadratkilometer groß). In Büchel in Rheinland-Pfalz sind Atomwaffen stationiert; von Ramstein aus (Ramstein Air Base), dem Hauptquartier der US-Luftwaffe in Europa, werden die Einsätze von Kampfdrohnen in Afghanistan, Pakistan, Somalia und im Jemen gesteuert. In Landstuhl bei Kaiserslautern befindet sich das größte US-Militärkrankenhaus außerhalb der USA. Außerdem ist Deutschland ein Zentrum der US-Spionage.

Ramstein Air Base 2019: mit 1400 Hektar größte Einrichtung der US-Luftwaffe außerhalb der Vereinigten Staaten. 50 000 Amerikaner leben in und um die Basis, darunter rund 8000 Soldaten

Weitere wichtige Einrichtungen des US-Militärs in Deutschland sind die Kommandozentralen in Stuttgart für Europa und Afrika, das Hauptquartier der US-Heeresstreitkräfte für Europa in Wiesbaden, das NATO-Kommandozentrum für schnelle Truppen- und Materialtransporte in Ulm sowie das Hauptquartier der Sondereinsatzkräfte in Stuttgart-Vaihingen.[77]

Die Kosten für die Stationierung der US-Streitkräfte beliefen sich nach Angaben der Bundesregierung in den vergangenen zehn Jahren für Deutschland auf etwa eine Milliarde Euro.[78] Für das Militär und dessen Aufrüstung war und ist immer genug Geld da, gespart wird im »Land der Dichter und Denker« seit Jahren – und schon vor der Corona-Krise – an Ausgaben für Soziales, Bildung, Kunst, Kultur usw.

---

[77] Vgl. Ausländische Militärbasen in Deutschland; https://de.wikipedia.org/wiki/Ausl%C3%A4ndische_Milit%C3%A4rbasen_in_Deutschland#Grafenwöhr (7.7.2020)

[78] ARD-Tagesschau, 6.7.2020; www.tagesschau.de/inland/us-truppen-kosten-101.html

Im Jahre 2019 belief sich der Militäretat Deutschlands auf 49,3 Milliarden US-Dollar, die Militärausgaben der NATO-Staaten betrugen insgesamt etwa eine Billion Dollar, wovon 732 Milliarden auf die Vereinigten Staaten entfielen. Demgegenüber gab Russland für sein Militär 65,1 Milliarden aus, China 261 Milliarden.[79] Der Vergleich zeigt, wie heuchlerisch die Diskussion um die Aufrüstung verläuft. Warum muss aufgerüstet werden, wenn der potenzielle Gegner in seiner militärischen Schlagkraft derart unterlegen ist? Die Gefahr eines Krieges gegen Russland ist nicht nur nicht auszuschließen, sie wird unter diesen Umständen immer wahrscheinlicher.

Deutschland befindet sich mit den US-Stützpunkten im Falle des Falles im Fadenkreuz der russischen Abwehr. Das scheint jedoch den deutschen Politikern und Militärs nicht klar zu sein. Verteidigungsministerin Annegret Kramp-Karrenbauer will mit Russland »aus einer Position der Stärke« heraus verhandeln.[80] Und in einer Verlautbarung des Bundesministeriums der Verteidigung wird eine Äußerung des Generalinspekteurs der Bundeswehr, Eberhard Zorn, wie folgt zusammengefasst: »Deutschland sei kein Frontstaat mehr. Aber durch die geographische Lage mitten im europäischen NATO-Gebiet sei Deutschland Drehscheibe alliierter Truppenbewegungen, Aufmarschgebiet und auch zu großen Teilen rückwärtiger Operationsraum... Auch wenn in diesem Gebiet im Vergleich zu den Zeiten des Kalten Kriegs nicht mit großen Panzerschlachten zu rechnen sei – ausgeschlossen seien dynamische Panzergefechte nicht. Vor allem aber sei heute mit hybriden Aktivitäten und schwer zuzuordnenden Angriffen aus dem Cyberraum zu rechnen.«[81]

---

[79] Vgl. www.sipri.org/media/press-release/2020/global-military-expenditure-sees-largest-annual-increase-decade-says-sipri-reaching-1917-billion
[80] Vgl. Zeit Online, 27.11.2020; www.zeit.de/politik/ausland/2020-11/russland-annegret-kramp-karrenbauer-moskau-igor-konaschenkow-unfaehigkeit-vorwurf
[81] Bundesministerium der Verteidigung, 22.9.2020; www.bmvg.de/de/aktuelles/generalinspekteur-mindset-landes-und-buendnisverteidigung-2670918

Eine derartig unreflektierte Aussage spiegelt allgemein die Mentalität der für das Wohl der deutschen Bevölkerung zuständigen Verantwortungsträger wider. Die Frage wird immer drängender: Was sind das für Menschen, die über das Schicksal anderer, womöglich über den Fortbestand der Welt bestimmen? Sind sie noch bei Trost, oder haben wir es mit Geistesgestörten zu tun? Dieser Eindruck verfestigt sich, nachdem Einzelheiten über Bewusstseinsmanipulation und die Möglichkeit des Einsatzes von Kampfrobotern bekannt geworden sind.[82]

Über die Kriegsgefahr lässt sich nicht mehr hinwegtäuschen. In den USA werden mittlerweile Strategien entwickelt, Kriege in den Grenzen der von ihnen angegriffenen Länder auszutragen. Am 19. Februar 2019 informierte der Vier-Sterne-General der US-Luftwaffe, David Goldfein, anlässlich eines Gesprächs in der Brookings Institution über ein neues Kriegsführungskonzept des unbemerkten Eindringens in fremde Territorien (»Penetrating Capability«).[83] Danach soll die gegnerische Abwehr im Zusammenwirken verschiedener Streitkräfte in der Luft, zu Wasser und zu Lande ausgeschaltet und Krieg unmittelbar im gegnerischen Gebiet geführt werden. Die Kosten der Weiterentwicklung dieses Angriffskonzepts werden nach einem Bericht der *South China Morning Post* mit 135 Milliarden US-Dollar veranschlagt.[84]

Wie rücksichtslos das Militär selbst in Friedenszeiten mit Natur, Umwelt und nicht zuletzt mit dem Wohl der eigenen Bevölkerung umgeht, zeigte sich im Herbst 2018 bei einem Waffentest auf dem größten, voll instrumentierten Landschießplatz Westeuropas.

---

[82] Dazu ein hochinformatives und erschreckendes Interview mit dem Physiologen und Gehirnforscher Prof. Karl Hecht (Jahrgang 1924) vom 8.2.2021: https://uncut-news.ch/die-gedanken-sind-frei-aber-mit-der-globalen-digitalisierung-ist-es-damit-vorbei/

[83] Vgl. Brookings, 19.2.2019; www.brookings.edu/events/a-conversation-with-the-chief-of-staff-of-the-air-force/

[84] Vgl. South China Morning Post, 20.2.2019; www.scmp.com/news/china/diplomacy/article/2187006/us-military-plans-new-war-fighting-concept-response-threat

Er befindet sich im Emsland, in der Nähe der niedersächsischen Stadt Meppen, inmitten eines Naturschutzgebietes und umfasst eine Fläche von etwa 200 Quadratkilometern. Dort hat die Wehrtechnische Dienststelle für Waffen und Munition (WTD 91) ihren Sitz, und sie führte am 3. September 2018 Schießübungen mit Luft-Boden-Raketen durch. Unterstützt wurden diese Tests, mit denen die Bundeswehr vom Bundesamt für Ausrüstung, Informationstechnik und Nutzung der Bundeswehr beauftragt war, von der Firma Airbus Helicopters. Dabei kam es zu einem Großbrand.

Verursacht wurde die Katastrophe von einem Kampfhubschrauber (»Tiger«), der eine Rakete ins Moor abgeschossen hatte. Um das Feuer zu löschen, rückte ein Spezialfahrzeug der Bundeswehr aus, blieb jedoch wegen eines Defekts liegen. Obwohl ein zweites Löschfahrzeug nicht einsatzbereit war, versuchte die Bundeswehr das Feuer selber unter Kontrolle zu bringen. Erst als sich der Moorbrand immer weiter ausbreitete, wurden das Technische Hilfswerk und die Feuerwehren der umliegenden Ortschaften informiert. Am 21. September, also 18 Tage nach dem Waffentest, rief der Landkreis Emsland den Katastrophenfall aus.[85]

Da die Informationen durch die Bundeswehr von vornherein unzureichend waren, eine wirksame Brandbekämpfung zu spät eingesetzt hatte und Blindgänger explodierten, gestaltete sich die Eingrenzung des Feuers äußerst schwierig. Hatte zunächst eine Fläche von 800 Hektar gebrannt, breitete sich nach wenigen Tagen im Moor und dem angrenzenden Gebiet ein Flammeninferno aus. Und obwohl schließlich mehr als eintausend Einsatzkräfte den weitflächigen Brand zu löschen versuchten, wobei auch Hubschrauber eingesetzt wurden, entstanden in der Umgebung unzählige Glutnester, die sich in unterirdischen Torfschichten weiterfraßen.[86]

[85] Vgl. FAZ, 20.9.2018; www.faz.net/aktuell/gesellschaft/ungluecke/moorbrand-in-meppen-strafanzeige-gegen-verantwortliche-der-bundeswehr-15798230.html
[86] Vgl. Neue Osnabrücker Zeitung, 27.9.2020; www.noz.de/lokales/meppen/artikel/1538421/moorbrand-bei-meppen-wer-kommt-im-emsland-fuer-schaeden-auf

Zwar konnten die Feuerwehren eine Evakuierung der Bevölkerung verhindern, aber die Menschen litten wochenlang unter dem Rauch, der bis ins 100 Kilometer entfernte Bremen zog. Der Brandgeruch konnte sogar in Schleswig-Holstein wahrgenommen werden. Wie intensiv die Rauchentwicklung über der ganzen Region war, zeigte das Bild eines Wettersatelliten aus dem All. Und noch Ende September waren auf Fotos eines Tornadoaufklärungsflugzeugs Hunderte Wärmenester zu erkennen. Ein Lebensraum für viele Tiere und seltene Pflanzen war verloren gegangen, das Zutrauen der Menschen in die Zuverlässigkeit der in der WTD 91 tätigen Waffenexperten schon lange. Denn in der Vergangenheit war es bei Schießübungen und Waffentests immer wieder zu heftigen Moorbränden gekommen, die verharmlost wurden.[87]

Zeitungen und Rundfunk berichteten wochenlang über den Skandal. Der niedersächsische Ministerpräsident Stephan Weil sagte: »*Ich wäre gar nicht auf die Idee gekommen, nach diesem trockenen Sommer ausgerechnet im Moor Schießübungen zu veranstalten.*«[88] Als das Ausmaß des Schadens bekannt wurde, stellten Politiker Strafanzeige gegen Verantwortliche der Bundeswehr. Deren Sprecher äußerte kaltschnäuzig, so etwas könne bei der Hitze schon mal passieren, und ein Vertreter der WTD 91 ließ sich zu der Erklärung herab: »*Dass das Moor in Brand geschossen wird beziehungsweise in Brand gerät, erprobungsbedingt, ist eigentlich tägliches Geschäft unserer Bundeswehrfeuerwehr hier in Meppen.*«[89]

Wer trotz der eindeutig erkennbaren Brandgefahr den Befehl für den Raketenabschuss ins Moor gegeben hat, ließ sich nicht feststellen, denn die Befehlsstruktur wurde ganz offensichtlich

---

[87] Vgl. Süddeutsche Zeitung, 19.9.2018; www.sueddeutsche.de/panorama/meppen-wenn-die-bundeswehr-ein-moor-in-brand-steckt-1.4136132
[88] Zit. wie www.youtube.com/watch?v=YssuRH0rQgE (6.7.2020)
[89] Zit. wie ebd.

Moorbrand bei Meppen im Herbst 2018

verschleiert. So blieb für die Öffentlichkeit ungeklärt, ob eventuell US-NATO-Militär maßgeblich beteiligt war. Fast drei Wochen nach Ausbruch des Brandes erschien dann die damalige Verteidigungsministerin Ursula von der Leyen und entschuldigte sich im Namen der Bundeswehr bei den Menschen in der Region. Auf die Frage, warum derartig gefährliche und auch kostspielige Waffenexperimente auf einem Truppenübungsplatz mitten in einem Naturschutzgebiet überhaupt nötig sind, gab es keine Antwort. Sie hätte wahrscheinlich gelautet: Die Bundeswehr muss im Falle eines Angriffs des russischen Feindes gewappnet sein und an der Seite der NATO-»Waffenbrüder« über die modernste Waffentechnik verfügen.

Eine weitaus wichtigere Frage bleibt: Gibt es einen Erkenntnisprozess in der Bevölkerung? Für die Führung bei Militär und Regierung ist das von vornherein auszuschließen.

Vorbereitung auf den »Ernstfall«

Dass die USA es mit ihrer Bedrohung ernst meinen, erweist sich zum Beispiel bei einem Rückblick ins Jahr 1949, als unter der Bezeichnung »Dropshot« der Plan entwickelt wurde, die Sowjetunion 1957 atomar anzugreifen. Danach *»sollten 300 Atombomben und 29 000 hochexplosive Bomben auf 200 Ziele in einhundert Städten abgeworfen werden, um 85 Prozent der industriellen Kapazität der Sowjetunion mit einem einzigen Schlag zu vernichten«.*[90]

Der Angriffskrieg sollte üblicherweise unter Vortäuschung eines gegnerischen Aggressionsakts als Defensivmaßnahme begonnen werden, doch er wurde seinerzeit vertagt. Denn inzwischen verfügte die UdSSR ebenfalls über die Atombombe, der Aufbau der Bundeswehr hatte sich um einige Jahre verzögert, und die französische Nationalversammlung lehnte 1954 die Verträge über die sogenannte »Europäische Verteidigungsgemeinschaft« ab. Dennoch gab und gibt es beim US-Militär immer wieder Pläne für einen Präventivkrieg gegen Russland, die Rede ist bezeichnenderweise von einem vorsorglichen atomaren »Enthauptungsschlag«.[91]

Wie US-Militärstrategen zugeben, dient die Entwicklung neuer Waffensysteme und deren Stationierung in Europa nicht der Verteidigung, vielmehr könnte es dem Präsidenten die Entscheidung für einen atomaren Erstschlag gegen Russland oder gegen China erleichtern.[92] Dieser Wahnsinn hat Methode. Nach US-Außenminister Mike Pompeo, der auf der Münchner Sicher-

---

[90] Wolfgang Effenberger: Europas Verhängnis 14/18 – Die Herren des Geldes greifen zur Weltmacht. Höhr-Grenzhausen 2018, S. 75. Der Autor führt weitere Nachweise an, u. a. zu den Joint Chiefs of Staff.
[91] Vgl. Wolfgang Effenberger: Schwarzbuch EU & NATO. Höhr-Grenzhausen 2020, S. 156 u. 177 f., sowie NachDenkSeiten, 13.2.2019; www.nachdenksei ten.de/wp-print.php?p=49281
[92] Vgl. FAS, 5.11.2015; https://fas.org/blogs/security/2015/11/b61-12_cart wright

heitskonferenz im Februar 2020 die Parole von der Überlegenheit des Westens ausgab, forderte der ehemalige Berater von Donald Trump, Steve Bannon, in einem Interview mit der *Welt* am 1. Juni 2020 eine *»Abkoppelung von China«* und rief zur Geschlossenheit auf: *»Wir müssen uns zusammentun, sonst wird Europa ein Vasall Chinas.«*[93] Dabei, so Bannon bereits früher, müsse ein bewaffneter Konflikt in Kauf genommen werden.

Auf Betreiben der USA bereitet sich auch die deutsche Armee intensiv auf »den Ernstfall« vor. Für die Marine wurde der Bau von vier Kampfschiffen in Auftrag gegeben. *German Foreign Policy* berichtete am 25. Juni 2020, die Bundeswehr treibe *»mit weiteren Rüstungsprojekten ihre Umorientierung auf Großmachtkonfrontationen voran«*, am 19. Juni habe sie den Auftrag zum Bau des neuen Mehrkampfschiffs MKS 180 erteilt. Das sei allerdings nur *»ein Vorhaben von vielen, mit denen das Fähigkeitsprofil der Bundeswehr systematisch aus- und umgebaut werden soll«*, weitere gälten den Landstreitkräften und der Luftwaffe. Der Rüstungsetat solle kontinuierlich wachsen, die Rüstungspläne kosteten eine dreistellige Milliardensumme. Es gehe vor allem um *»die Ausstattung der Bundeswehr für ihre Führungsrolle bei der NATO-›Speerspitze‹ im Jahr 2023«*, wobei die deutschen Streitkräfte für die *»Landkomponente«* vorgesehen seien.[94]

Konventionelle und Atomwaffen sind an den Grenzen zu Russland und auf den US-Militärbasen in Deutschland stationiert. Damit nicht genug, im Dunkel liegt der Bereich der technologischen, biologischen und chemischen Kriegsführung. Nur hin und wieder dringen Erkenntnisse, die dann als Verschwörungstheorien abgetan werden, an die Öffentlichkeit, zum Beispiel wenn iranische Atomanlagen durch einen Computerwurm (»Stuxnet«) stillgelegt werden, in Kuba oder in China sämtliche

---

[93]   www.welt.de/politik/ausland/plus208679195/Steve-Bannon-China-sollte-jedes-Corona-Opfer-weltweit-entschaedigen.html

[94]   www.german-foreign-policy.com/news/detail/8315/

Schweine sterben oder CIA-Sabotageaktionen wie die Sprengung der Jamal-Pipeline 1982 in Sibirien[95] nachgewiesen werden können.

Wie die USA ihre heimtückischen Interventionskriege kaschieren und der Weltöffentlichkeit propagandamäßig als angeblich völkerrechtlich legitim präsentieren, kann eindrucksvoll an drei Beispielen verdeutlicht werden: So wurde der Eintritt in den Vietnamkrieg 1964 mit einem vorgetäuschten Zwischenfall im Golf von Tonking begründet, die Bombardierung Serbiens erfolgte 1999 aufgrund der Lüge von einer »Hufeisenoffensive« gegen die Albaner im Kosovo, und der zweite Irakkrieg begann 2003 wegen einer angeblich akuten Bedrohung durch (nicht vorhandene) irakische Massenvernichtungswaffen.

Die seit den 90er-Jahren zunehmende und in Hetze ausartende Propaganda gegen Russland und nun auch gegen China hat zu einer diplomatischen Eiszeit geführt. Legt man die Erfahrungen der Vergangenheit zugrunde, deutet auch das auf einen großen militärischen Konflikt hin – wozu sonst diese gewaltigen Rüstungsanstrengungen und Truppenverlegungen? Unverantwortlich, dass deutsche Politiker nicht die Folgen erkennen: Da russische und chinesische Raketen auf die militärischen Steuerungszentralen der USA in Deutschland gerichtet sind, droht bereits bei einem Irrtum die nukleare Auslöschung. Der sich anbahnenden Katastrophe kann Deutschland nur dadurch entgehen, dass es gemeinsam mit den europäischen Partnern die NATO-Bündnistreue zu den Vereinigten Staaten grundlegend infrage stellt.

Doch danach sieht es zurzeit nicht aus, vielmehr fordern deutsche Spitzenpolitiker »nukleare Teilhabe« und wenden sich gegen einen Abzug der amerikanischen Truppen. Zudem tragen

---

[95] Experten sprachen von der größten nicht nuklearen Explosion, die jemals gezündet wurde. Dazu mit weiteren Hinweisen auf Geheimdienstaktionen: Wolfgang Bittner: Die Eroberung Europas durch die USA, S. 181 ff., insbes. S. 185 f.

sie mit ihrer kurzsichtigen Politik dazu bei, dass eine ablehnende Haltung gegenüber Deutschland wächst. Militärparaden zum Gedenken an den Sieg der Alliierten über Nazideutschland und andere Feierlichkeiten, bei denen Deutschland am Pranger steht, haben trotz des zeitlichen Abstands wieder zugenommen. Kein Wunder, wenn Bundeskanzlerin Merkel, »die mächtigste Frau Europas«, und der »demutsvolle« Bundespräsident Steinmeier ständig die »deutsche Schuld« betonen, die unvergessen bleiben soll. Die Animositäten und die Isolation werden zunehmen, je mehr der »hässliche Deutsche« den Nachbarn ins Gedächtnis gerufen wird und Unterwürfigkeit mit Demut verwechselt wird, während deutsche Großmannssucht und Vasallentreue zu den USA die Außenpolitik bestimmen.

Deutsche Politik unter Missachtung deutscher Interessen

US- und NATO-affine Politiker

Ein nicht geringer Teil der deutschen Spitzenpolitiker vertritt, unterstützt von den maßgeblichen Medien, zum Nachteil des eigenen Landes und auch einer europäischen Friedenspolitik die Interessen der USA und der von ihr gelenkten NATO. Der in den USA lebende montenegrinische Wissenschaftler Prof. Filip Kovačević schrieb dazu am 29. September 2016: »*Dies ist eine ernste Angelegenheit, die nicht nur vom deutschen Volk, dessen Vertreter sie behaupten zu sein, sondern auch von den Bürgern anderer EU-Staaten berücksichtigt werden muss, wenn man bedenkt, dass ähnliche Akteure auch in ihren politischen Eliten tätig sind. Ohne die rechtzeitige Entdeckung und politischen Austausch dieser Individuen kann ein weiterer groß angelegter Krieg in Europa sich hinter der nächsten Ecke verbergen.*«[96]

Kovačević hatte Einsicht in geleakte Unterlagen der montenegrinischen Regierung anlässlich des umstrittenen Beitritts Montenegros zur NATO, wofür sich der damalige deutsche Außenminister Frank-Walter Steinmeier und der ehemalige außen- und sicherheitspolitische Berater von Bundeskanzlerin Angela

---

[96]   Zit. wie NachDenkSeiten, 10.11.2016; www.nachdenkseiten.de/?p=35772

Merkel, Christoph Heusgen, mit großem Engagement eingesetzt hatten. Kovačević schlussfolgerte: »*Abschließend kann man sagen, dass dieser geleakte Regierungsbericht der Republik Montenegro das Ausmaß offenbart hat, in dem sowohl der deutsche Außenminister Steinmeier als auch Merkels Spitzenberater Heusgen entgegen ihrem öffentlichen Auftreten und ihrer Rhetorik bereit waren, als Agenten der anti-russischen US-›Kriegspartei‹ in Europa zu handeln.*«[97]

Dass auch viele andere bekannte Politiker Interessenpolitik für die USA betreiben, trat zum Beispiel beim Putsch in der Ukraine, der Provokation Kiews am Asowschen Meer, dem Krieg in Syrien oder in der Affäre um den Doppelagenten Sergej Skripal zutage, überdeutlich seit Anfang 2020 bei den Interventionen gegen Nord Stream 2.[98] Nachdem US-Präsident Donald Trump Deutschland wegen der Kooperation mit Russland scharf angegriffen hatte, wandte sich in Brüssel der Europaabgeordnete Reinhard Bütikofer mit Scheinargumenten gegen das Projekt, in Berlin Norbert Röttgen. Beide forderten eine Beendigung der Bauarbeiten sowie die endgültige Aufgabe des Pipelineprojekts und polemisierten gegen Russland, insbesondere gegen Präsident Wladimir Putin.

Unterstützung kam sofort von den Grünenpolitikern Katrin Göring-Eckhard, Cem Özdemir, Omid Nouripour, Annalena Baerbock und Marieluise Beck. Aus der CDU meldeten sich Friedrich Merz und Johann Wadephul zu Wort, aus der SPD Außenminister Heiko Maas und aus der FDP Christian Lindner sowie Alexander Graf Lambsdorff – um nur einige wenige Namen US-affiner deutscher Politikerinnen und Politiker zu nennen.[99] Sekundiert wurde von den Politikredakteuren der deutschen Leitmedien. Zwar kann man hier nicht direkt von einem

---

[97] Zit. wie ebd.
[98] Dazu auch das folgende Kapitel sowie das Kapitel »Nord Stream 2 – Musterbeispiel für die mangelnde deutsche Souveränität«
[99] Namen der zahlreichen Mitglieder von US-Netzwerken aus Politik und Medien finden sich in: Wolfgang Bittner: Der neue West-Ost-Konflikt, S. 51 ff.

organisierten Vorgehen sprechen, aber diese Personen treten – im Einvernehmen mit der Staatsspitze – fast immer konzertiert in Erscheinung, wenn es gegen Russland geht.

Das geschah auch, als der russische Oppositionspolitiker Alexej Nawalny am 20. August 2020 während eines Inlandfluges einen Schwächeanfall erlitt, nach einer Notlandung in Omsk in einer Klinik behandelt werden musste und wenig später in die Berliner Charité ausgeflogen wurde, wo er mehrere Tage im Koma lag. Unverzüglich waren die bereits genannten Einflusspersonen zur Stelle und mit Unterstützung der Leitmedien im Einsatz gegen die russische Regierung und deren Präsidenten.[100] Noch bevor Fakten bekannt waren, geschweige denn eine erste Untersuchung der Vorgänge stattgefunden hatte, wurde behauptet, der »Kreml-Kritiker« Nawalny sei mit einem russischen Nervenkampfstoff aus der Nowitschok-Gruppe vergiftet worden.

Es zeigt sich immer deutlicher, dass nicht nur viele Organisationen in Deutschland, sondern auch der Bundestag und die Länderparlamente mit Personen durchsetzt sind, die – teils offen, teils verdeckt – eine Politik im Sinne der USA betreiben, viele auch als Lobbyisten internationaler Konzerne. Solange dem nicht Einhalt geboten wird, ist eine unabhängige deutsche Politik, die dem Wohl der Bevölkerung dient und negative äußere Einflüsse abwehrt, nicht möglich.

Völkerrechtswidrige Eingriffe der USA in deutsche Angelegenheiten

Wie dreist und anmaßend sich Vertreter der USA im Umgang mit (theoretisch) souveränen Staaten verhalten, wurde erneut Ende Mai 2020 deutlich, als Botschafter Grenell seine erpres-

---

[100] Vgl. hierzu Albrecht Müller: Die Revolution ist fällig. Aber sie ist verboten. Frankfurt am Main 2020

69

serischen Drohungen gegen Deutschland wiederholte und die Bundesregierung aufforderte, ihre Russlandpolitik grundsätzlich zu überdenken: »*Deutschland muss aufhören, die Bestie zu füttern, während es zugleich nicht genug für die Nato zahlt.*«[101]

Zur Verhinderung der Ostseepipeline erließ der US-Kongress am 23. Oktober 2019 sogar ein »Gesetz zum Schutz von Europas Energiesicherheit«, das Sanktionen gegen Firmen vorsieht, die sich am Weiterbau der Pipeline beteiligen. Aufgrund dieser völkerrechtswidrigen Maßnahmen, die auch gegen die Charta der Vereinen Nationen und gegen das allgemeine Zoll- und Handelsabkommen GATT der Welthandelsorganisation WTO verstoßen, konnte Nord Stream 2 nicht weitergebaut werden.

Entlarvend für die verlogene Selbsteinschätzung des Landes, das sich als God's own Country betrachtet, ist die Präambel des Sanktionsgesetzes, in der es heißt: »*(1) Die Vereinigten Staaten und Europa teilen eine gemeinsame Geschichte, eine gemeinsame Identität und gemeinsame Werte, gegründet auf den Prinzipien von Demokratie, den Regeln des Rechts und individuellen Freiheiten; (2) die Vereinigten Staaten haben das europäische Projekt gefördert und bewundert, das zu einem gemeinsamen Markt und gemeinsamer Politik geführt, nie dagewesenen Wohlstand und Stabilität auf dem Kontinent erreicht hat und als Modell für andere Länder zur Reformierung ihrer Institutionen und zur Intensivierung ihrer Antikorruptionsmaßnahmen dient; (3) die Beziehung zwischen den Vereinigten Staaten und Europa und den Vereinigten Staaten und Deutschland sind entscheidend hinsichtlich der nationalen Sicherheitsinteressen der Vereinigten Staaten wie auch des globalen Wohlstands und Friedens, und gerade Deutschland ist ein besonders wichtiger Partner für die Vereinigten Staaten bei multilateralen Be-*

---

[101] Zit. wie Handelsblatt, 26.5.2020; www.handelsblatt.com/politik/internatio nal/ostseepipeline-abschiedsgruss-von-us-botschafter-grenell-neue-drohung-gegen-nord-stream-2/25861262.html?ticket=ST-3458578-anP3Fu7qlXICX4 pTh9vr-ap2

mühungen zur Förderung des globalen Wohlstands und Friedens; (4) die Vereinigten Staaten sollten sich gegen jeden Versuch wenden, diese Beziehung zu schwächen und; (5) Deutschland hat Führerschaft in der Europäischen Union demonstriert und in internationalen Foren dafür gesorgt, dass jene gegen die Russische Föderation bezüglich deren unheilvollen Aktivitäten verhängten Sanktionen aufrechterhalten werden.«[102]

Es folgen die Verfügungen der Sanktionen bezüglich der Bereitstellung von bestimmten Schiffen für den Bau russischer »Energieexportpipelines«. Um den Sanktionen zu entgehen, stellten die Unternehmen Allseas und Saipem ihre Verlegearbeiten ein. War das noch nicht genug, gingen die USA im Juni 2020 noch einen Schritt weiter. Inzwischen war das russische Spezialschiff *Akademik Cherskiy* in einer fünfmonatigen Weltumrundung vom Nordpazifikhafen Nakhodka in den Nord-Stream-Logistikhafen Mukran auf Rügen gebracht worden, um die Verlegung der Rohre zu beenden. Aber jetzt drohten die USA nicht nur Allseas und Saipem, sondern allen Unternehmen und Personen, die den Pipelinebau in irgendeiner Form unterstützten oder beteiligte Schiffe versicherten. Das betraf viele Firmen, die neben Gazprom Beteiligungen an Nord Stream 2 unterhielten.

Mit ihrem Vorgehen gegen Nord Stream 2 demonstrierten die USA in gewohnter Weise despotisch und zutiefst heuchlerisch ihren hegemonialen Anspruch, ohne bei der deutschen Regierung auf ernsthaften Widerstand zu stoßen. Es gab lediglich folgenlose Proteste der Kanzlerin, des Wirtschaftsministers und einiger weniger Politiker. Die eigentliche Problematik dieses Eingriffs in die innerstaatlichen Angelegenheiten Deutschlands, wie überhaupt des Wirtschaftskrieges der USA gegen andere Staaten, wurde nicht thematisiert. Vielleicht liegt es daran, dass kaum noch jemand Karriere machen kann, wenn er sich gegen die Washingtoner Politik wendet.

---

[102] »Protecting Europe's Energy Security Act of 2019«; www.congress.gov/116/bills/hr4818/BILLS-116hr4818ih.pdf

Festzustellen ist, dass »the land of the free and the home of the brave« (US-Nationalhymne) weder die Regeln des Völkerrechts einhält noch das »europäische Projekt« oder den Wohlstand in der Welt gefördert hat, vielmehr plündern die USA seit ihrem Bestehen andere Länder aus, nötigen und erpressen und führen Wirtschafts- und Interventionskriege. Der US-amerikanische Ökonom und Publizist Paul Craig Roberts, stellvertretender Finanzminister während der Regierung Reagan, sprach von einer »antidemokratischen Schurkenregierung« und fügte hinzu: »Die Grenzen sind gezogen. Wenn die Menschen in Amerika nicht zu Verstand kommen und die Kriegstreiber in Washington hinauswerfen, ist Krieg unsere Zukunft.«[103]

Sanktionskrieg der USA

Viele Staaten, Organisationen und Unternehmen, die keine Klärung herbeiführen und keine Gegenmaßnahmen ergreifen können, sind den Sanktionsverbrechen der USA nahezu wehrlos ausgeliefert. Der Journalist und Buchautor Jens Berger schrieb in den *NachDenkSeiten* über den Fall einer asiatischen Bank: »*Im September 2005 setzten die USA die Delta Asia Financial Group aus Macau auf ihre Sanktionsliste. Der Vorwurf: Die Bank habe im Auftrag Nordkoreas Geldwäschegeschäfte getätigt. 2007 erweiterten die USA die Sanktionen und verboten nun allen Banken, die in den USA zugelassen sind, Geschäfte mit der Delta Asia Financial Group zu tätigen. Das Prüfungsunternehmen Ernst & Young und die Finanzbehörden von Macau konnten die Vorwürfe nicht bestätigen. Dennoch steht die Bank bis heute auf der Sanktionsliste und kann daher keine internationalen Geschäfte in Fremdwährungen tätigen.*«[104]

Berger listete in seinem Artikel einige »Sanktionsbrecher« auf, die folgende hohen Strafen zahlen mussten:

---

[103] Zit. wie www.antikrieg.eu/aktuell/2015_09_29_obama.htm
[104] NachDenkSeiten, 16.6.2020; www.nachdenkseiten.de/?p=62056

- die britische Bank Lloyds 350 Millionen Dollar (2009),
- die Schweizer Credit Suisse 536 Millionen Dollar (2009),
- die Royal Bank of Scotland 500 MillionenDollar (2010),
- der niederländische Finanzkonzern ING 619 Millionen Dollar (2012),
- die Deutsche Börse AG 152 Millionen Dollar (2013),
- die französische Bank BNP Paribas 8,9 Milliarden Dollar (2015),
- die britische Bank Standard Chartered 1,1 Milliarden Dollar (2019).

Ferner zahlten in den vergangenen Jahren die Commerzbank 1,45 Milliarden und die Deutsche Bank 258 Millionen Dollar, die Schweizer UBS 780 Millionen Dollar, die französischen Banken Credit Agricole 787 Millionen und die Société Générale 1,4 Milliarden Dollar, die italienische UniCredit 1,3 Milliarden Dollar. Die Banca Privada d'Andorra ging aufgrund von US-Sanktionen wegen des Verdachts der Geldwäsche mit *»kriminellen Gruppen in Russland«* bankrott und wurde von dem US-Finanzinvestor J. C. Flowers *»filetiert«.* [105]

Auch wurden Sanktionen gegen russische Oligarchen und Unternehmen (wegen *»bösartiger Aktivitäten rund um den Globus«*) sowie gegen russische Banken und Energiekonzerne verhängt, die Vermögen in den USA wurden »eingefroren«, US-Finanzinstituten die Kooperation untersagt. Das internationale Clearingsystem SWIFT, über das global grenzüberschreitende Banküberweisungen getätigt werden, wurde veranlasst, iranische Banken auszuschließen. Kanadische Behörden nahmen auf Betreiben der USA die Huawei-Managerin Meng Wanzhou fest. US-Unternehmen wurden Geschäfte mit Firmen der venezolanischen Ölindustrie untersagt. Sämtlichen in den USA zugelassenen Banken wurden unter Strafandrohung Geschäfte mit Anleihen des

---

[105] Vgl. ebd.

russischen Staates oder russischer Staatsunternehmen verboten. Europäische Banken wurden gewarnt, Geschäfte mit dem Iran zu tätigen und SWIFT zu umgehen. PayPal, Visa und Mastercard wurden gezwungen, keine Spenden an Wikileaks entgegenzunehmen. US-Unternehmen wurde der Verkauf von Gütern und Dienstleistungen an die Energiekonzerne Gazprom, Gazprom Neft, Lukoil, Surgutneftegas und Rosneft verboten. Gegen die Krim wurde ein umfassendes Embargo verhängt und jegliche Geschäfte unter Strafe verboten, und zwar für jedes Land der Welt.

Wie schwerwiegend sich die Finanzsanktionen als *»die neuen Werkzeuge des Wirtschaftskriegs«* auswirken, hat der US-Thinktank Center for a New American Security dargestellt: *»Ein Lizenzentzug für das US-Geschäft und Transaktionen in US-Dollar kommt international tätigen Banken einem Ruin gleich. Das macht sie erpressbar. Und was für Banken gilt, gilt unisono für international operierende Konzerne aus der Realwirtschaft. Würde beispielsweise Siemens durch US-Sanktionen vom internationalen Finanzmarkt abgeschnitten werden, könnte das Unternehmen keine Anleihen mehr aufnehmen, seine Geschäfte nicht vorfinanzieren und keine Zahlungen von oder an seine internationalen Geschäftspartner mehr vornehmen.«*[106]

Zu den Intentionen und den Auswirkungen der US-Sanktionen heißt es weiter: *»Hinzu kommt, dass die USA ihre Sanktionen immer häufiger im Eigeninteresse und gegen die Interessen anderer, verbündeter Staaten verhängen und anwenden. So gingen die europäischen Exporte nach Russland im ersten Jahr nach den verhängten Sanktionen um zehn Prozent und die deutschen Exporte sogar um 18 Prozent zurück. Die USA konnten hingegen sogar eine Steigerung des Handelsvolumens mit Russland um sechs Prozent vermelden. Mittlerweile gehören die USA zu den zehn größten Handelspartnern Russlands. Summa summarum schulterten die USA laut*

---

[106] Zit. wie ebd.

einer Untersuchung des IfW 0,6 Prozent des Rückgangs des Handels-
volumens, während Deutschlands Wirtschaft stolze 40 Prozent zu
verkraften hatte.«[107]

Die US-Regierung macht, was sie will, und kümmert sich
weder um das Recht noch um Menschenleben. Und die europäischen Regierungen nehmen das hin, was sie zu kriminellen
Mitläufern und Helfern macht.

Vorgaben aus Washington

Auch die dreisten Forderungen Washingtons nach Erhöhung der
Rüstungsausgaben auf 2 Prozent vom Bruttosozialprodukt oder
die Warnungen vor Wirtschaftsverbindungen mit Russland und
China wurden überwiegend widerspruchslos hingenommen.
Zur Zwei-Prozent-Zielvorgabe, die auf dem NATO-Gipfel in
Wales im September 2014 beschlossen wurde, heißt es in einer
Information der Wissenschaftlichen Dienste des Deutschen Bundestages, es handele sich um eine *»nicht bindende Verpflichtung
der Mitgliedstaaten«*, sie stelle *»somit ausschließlich eine politische
Willensbekundung dar«.*[108] Die Ausfälle und Vorwürfe Donald
Trumps entbehren also einer rechtlichen Grundlage. Dass trotz
der immensen Belastungen durch die Corona-Epidemie dennoch
aufgerüstet wird und die Verteidigungsministerin Kampfflugzeuge, die atomar ausgerüstet werden können, in den USA bestellen
will, ist ein deutliches Zeichen für die Abhängigkeit und Unterwanderung deutscher Politik und Medien.

Es ist bekannt, dass ein großer Teil der führenden deutschen Politiker und Journalisten US- und NATO-Netzwerken angehört oder

---

[107] Ebd.
[108] WD 2 – 3000 – 034/17 vom 21.3.2017; www.bundestag.de/resource/blob/
505886/e86b5eecc480c0415bff0d131f99789f/wd-2-034-17-pdf-data.pdf

nahesteht.[109] Das trifft auch auf Bundeskanzlerin Angela Merkel zu, unter anderem Mitglied der Atlantik-Brücke, einem der aktivsten US-Netzwerke. Wie sehr sie die antirussische US-Politik verinnerlicht hat, wurde schlagartig deutlich, als sie anlässlich der Gedenkfeier zum Ende des Zweiten Weltkriegs am 10. Mai 2015 in Moskau gegenüber dem russischen Präsidenten von einer »*verbrecherischen Annexion der Krim durch Russland*«[110] sprach – eine beispiellose diplomatische Provokation, zumal es sich bei der Bezeichnung »Annexion« für die Abspaltung der Krim um einen von der CIA geprägten Kampfbegriff handelt. Denn es gab keine gewaltsame Aneignung der Autonomen Republik Krim durch Russland, sondern eine Erklärung der staatlichen Unabhängigkeit nach freien Wahlen und anschließend den Beitritt zur Russischen Föderation.[111]

Dass von namhaften Wissenschaftlern die Ansicht vertreten wird, die friedlich verlaufene Separation der Krim von der Ukraine nach dem blutigen Putsch in Kiew sei eine Sezession[112] gewesen, dürfte Frau Merkel bekannt gewesen sein. Aber auf diese angebliche Annexion wird vonseiten der USA ständig zur Rechtfertigung der Sanktionen und Aggressionen gegen Russland verwiesen. Und was willfährige Politiker und Journalisten gebetsmühlenartig wiederholen, ist für die Öffentlichkeit schließlich zu einem Faktum geworden, das nicht mehr hinterfragt wird.

Dasselbe gilt für das Verhältnis Deutschlands zu Syrien, Venezuela, Kuba oder zum Iran, zu dem – ebenso wie zu Russland – jahrhundertealte wirtschaftliche und kulturelle Beziehungen be-

---

[109] Zum Einfluss der US- und NATO-Netzwerke: Wolfgang Bittner: Der neue West-Ost-Konflikt, S. 51-61
[110] Zit. wie Focus Online, 11.5.2015; www.focus.de/politik/deutschland/streit-um-die-ukraine-zwingt-putin-merkel-hier-zu-ihrem-schwiersten-handschlag_id_4674136.html
[111] Zur Krim-»Annexion«: Wolfgang Bittner: Der neue West-Ost-Konflikt, S. 217-224
[112] Eine Sezession bedeutet im Völkerrecht die Abspaltung eines Landesteils von einem Staat, um einen neuen souveränen Staat zu bilden oder sich einem anderen Staat anzuschließen. Demgegenüber ist eine Annexion die gewaltsame dauernde Aneignung des Gebietes eines Staates mit kriegerischen Mitteln.

standen, die auf Betreiben der USA unterbrochen, wenn nicht beendet worden sind. Der Vasall hat sich zu beugen, was allerdings den deutschen Spitzenpolitikern nicht schwerfällt, da sie häufig »Freundschaften« mit US-Politikern pflegen. So konnte Kanzlerin Angela Merkel – »Freundin« von Präsident Barack Obama – problemlos für die Beteiligung an den Sanktionen gegen Russland gewonnen werden und Außenminister Joschka Fischer, »Freund« von US-Außenministerin Madeleine Albright, seinerzeit für die Beteiligung an dem völkerrechtswidrigen Krieg gegen Jugoslawien. Wer weiß schon, wie solche Beziehungen letztlich zustande kommen. Merkel und Fischer fühlten sich jedenfalls außerordentlich geehrt. Ob sie bei ihren Entscheidungen noch ihren Amtseid im Sinn hatten, wonach sie Schaden vom deutschen Volk abwenden und das Grundgesetz wahren sollten, ist fraglich.

Aufgrund der gravierenden Eingriffe Washingtons in die innerstaatlichen Angelegenheiten Deutschlands und der daraus resultierenden Auseinandersetzungen plädierte Mitte 2020 sogar der an der Hamburger Universität der Bundeswehr lehrende Politikwissenschaftler Prof. Michael Staack für eine Überprüfung der transatlantischen Beziehungen. Was die USA in Deutschland veranstalteten, sei weder mit internationalem Recht noch mit den europäischen sicherheitspolitischen Interessen vereinbar.[113]

Die Last der »deutschen Schuld«

Besonders problematisch ist die permanente Selbstanschuldigung deutscher Politiker hinsichtlich der Naziverbrechen. Wen wundert es, dass das Ansehen Deutschlands in der Welt schwindet und Feierlichkeiten zu Siegen über Deutschland aufleben, wenn die Kasteiungen im eigenen Land nach einem dreiviertel

---

[113] Vgl. German Foreign Policy, 17.6.2020; www.german-foreign-policy.com/news/detail/8308/

Jahrhundert kein Ende finden! Selbstverständlich ist eine Aufarbeitung und eine »Erinnerungskultur« vonnöten, auch um einem Rückfall in Faschismus und Inhumanität zu begegnen. Aber es gibt wohl kein anderes Land, in dem das Gedächtnis für die eigene Schande von Politik und Medien über Generationen hinweg derart wachgehalten wird wie in Deutschland. Nichtsdestoweniger gingen die staatlichen Maßnahmen während der Corona-Krise ungeachtet der historischen Erfahrungen sehr weit in eine diktatorische Richtung mit Ermächtigungen und Überwachung der Bevölkerung.

Nur wenn es um »deutsche Schuld« gegenüber Russland geht, tun die Politiker und die Medien nichts dafür, das Thema aufzufrischen, im Gegenteil. Bundespräsident Frank-Walter Steinmeier sprach anlässlich des Gedenkens an die Opfer des Zweiten Weltkriegs am 1. September 2019 in der polnischen Kleinstadt Wielun von dem *»Menschheitsverbrechen«*, das Deutsche in Polen verübt haben. Unter anderem sagte er: *»Ich verneige mich vor den polnischen Opfern der deutschen Gewaltherrschaft. Und ich bitte um Vergebung... Als deutscher Gast trete ich barfuß vor Sie auf diesen Platz.«*[114]

Einerseits eingeübte Demutshaltung bis hin zur Selbstaufgabe, andererseits diese typisch deutsche Überheblichkeit, wenn es gegen Russland geht. Was in Polen besonders aufmerksam wahrgenommen wurde, nachdem die Regierung Kaczynski eine Billion Dollar Reparationen ins Gespräch gebracht hat,[115] war die Versicherung, dass die Vergangenheit nicht abgeschlossen sei. Steinmeier betonte: *»... unsere Verantwortung vergeht nicht... Wir wollen und wir werden uns erinnern. Und wir nehmen die Verantwortung an, die unsere Geschichte uns aufgibt.«*

---

[114] Zit. wie Die Zeit, 1.9.2019; www.zeit.de/politik/ausland/2019-09/wielun-frank-walter-steinmeier-deutschland-polen-jahrestag-zweiter-weltkrieg
[115] FAZ Online, 5.9.2017; www.faz.net/aktuell/politik/ausland/polen-fordert-eine-billion-dollar-reparationen-von-deutschland-15183441.html

Bundespräsident Frank-Walter Steinmeier in Polen

Aber 75 Jahre nach dem Ende des Zweiten Weltkriegs stellt sich die Frage, ob die Last der von Steinmeier und immer wieder auch von Angela Merkel in Erinnerung gerufenen »deutschen Schuld« den Enkeln und Urenkeln überantwortet werden kann, insbesondere in finanzieller Hinsicht. Zumal die bislang festgeschriebene Alleinschuld Deutschlands am ersten und zweiten großen Krieg nach der jüngsten Geschichtsforschung, die immer mehr Einblick in die Archive erhält, einer genaueren Betrachtung bedarf.[116] Danach ist auch die Schuld Polens in dieser Frage noch lange nicht aufgearbeitet. Vergessen ist zudem, dass Józef Piłsudski, von 1926 bis 1935 Marschall der Zweiten Polnischen Republik, mehrere Angriffskriege gegen Nachbarn Polens geführt hat, 1933 in Frankreich für einen Angriffskrieg gegen Deutschland warb und dass seit 1918 ein Drittel des Deutschen Reiches an Polen abgetreten werden musste.[117]

Es ist wahr: In Polen und in den Konzentrationslagern ist in deutschem Namen Ungeheuerliches geschehen, und wer sich damit befasst, kann sich des Entsetzens nicht erwehren. Unbe-

---

[116] Dazu: Wolfgang Bittner: Der neue West-Ost-Konflikt, S. 113-135
[117] Vgl. ebd. mit weiteren Nachweisen.

79

kannt ist jedoch, ob ein deutsches Staatsoberhaupt jemals an Orten wie Lamsdorf, Schwintochlowitz, Potulice oder Zgoda der Zehntausenden deutscher Opfer gedacht hat, die 1945 in diese polnischen Internierungs- und Arbeitslager verschleppt und zu Tausenden ermordet wurden.[118] 1979 gab es zu Lamsdorf eine Reportage im *Spiegel*.[119] Danach gerieten diese Verbrechen allmählich in Vergessenheit, ebenso die inhumane Vertreibung von Millionen Deutschen aus dem Osten des Deutschen Reichs.

Krieg ist immer etwas Furchtbares, das Menschen zu Opfern und zu Tätern werden lässt, und jedes Volk muss mit seiner Schuld umgehen. Das kann selbstverständlich nicht eine Relativierung der ungeheuren Verbrechen der Nazis bedeuten, diese »deutsche Schuld« lässt sich nicht leugnen oder aufrechnen. Aber die perpetuierenden Selbstbezichtigungen, die es bei keinem anderen Volk gibt, erreichen nach mehr als sieben Jahrzehnten ganz offensichtlich das Gegenteil dessen, was sie bezwecken sollen.

Der Opportunismus, die Unterwürfigkeit und Scheinheiligkeit, welche die deutsche Politik im Grunde schon seit 1945 kennzeichnen, zeigten sich überdeutlich, als Frank-Walter Steinmeier in seiner weltweit beachteten Warschauer Rede auf das Verhältnis zu den USA – wie er es sieht – einging. Unter anderem sagte er: *»Unsere Verantwortung, sie gilt auch der transatlantischen Partnerschaft. Wir alle blicken an diesem Jahrestag mit Dankbarkeit auf Amerika. Die Macht seiner Armeen hat – gemeinsam mit den Verbündeten im Westen und im Osten – den Nationalsozialismus niedergerungen. Und die Macht von Amerikas Ideen und Werten, seine Weitsicht, seine Großzügigkeit haben diesem Kontinent eine andere, eine bessere Zukunft eröffnet.«[120]*

---

[118] Vgl. DasErste.de: Deutsche & Polen; www.deutscheundpolen.de/ereignisse/ ereignis_jsp/key=lager_fuer_deutsche_1945.html

[119] Der Spiegel vom 18. Juni 1979: »Dann schossen die Polen auf unsere Köpfe«; www.spiegel.de/spiegel/print/d-40349655.html

[120] Der Bundespräsident, 1.9.2019; www.bundespraesident.de/SharedDocs/Reden/DE/Frank-Walter-Steinmeier/Reden/2019/09/190901-Polen-Gedenken-Warschau.html

So ehrt man sich selbst durch Unterwürfigkeit, anstatt die Dinge beim Namen zu nennen oder wenigstens zu schweigen. Einerseits schon wieder die Betonung deutscher Größe, wenn Steinmeier hervorhebt: »*Weil Deutschland – trotz seiner Geschichte – zu neuer Stärke in Europa wachsen durfte, deshalb müssen wir Deutsche mehr tun für Europa*« – diese Großmannssucht, die schon einmal zum Ruin geführt hat und deutsche Soldaten 150 Kilometer vor St. Petersburg aufmarschieren lässt –, andererseits die demutsvolle Vasallenpolitik, mit der Russland immer mehr von Westeuropa getrennt werden soll.

Deutschland, USA, Russland

Seine Demutshaltung bezeugte der deutsche Bundespräsident nochmals dem anwesenden Repräsentanten der USA, Mike Pence[121], der Präsident Donald Trump vertrat, mit den Worten: »*Herr Vizepräsident, das ist die Größe Amerikas, die wir Europäer bewundern und der wir verbunden sind. Dieses Amerika hat der Welt die Augen geöffnet für die unbändige Kraft der Freiheit und der Demokratie – gerade auch uns Deutschen. Diesem Amerika war das vereinte Europa immer ein Anliegen. Dieses Amerika wollte echte Partnerschaft und Freundschaft in gegenseitigem Respekt.*«

Dass ein deutscher Präsident derart Propaganda für die USA und zugleich gegen Russland betreibt, ist ein alarmierendes Armutszeugnis deutscher Politik. Denn Russland, das die Hauptlast des Zweiten Weltkriegs getragen hat, wurde wieder einmal beleidigt und gedemütigt. Kein Wort über die russischen Opfer, kein Staatsgast aus Moskau, stattdessen eine Eloge auf die USA, die

---

[121] Mike Pence, US-Vizepräsident, ehemaliger Gouverneur von Indiana, Abtreibungsgegner, Anhänger des Prosperity Gospel (Reichtum oder Armut sind gottgegeben) sowie des Kreationismus (strikter Bibelgläubigkeit) und Gegner der Evolutionstheorie. Vgl. https://de.wikipedia.org/wiki/Mike_Pence (3.2.2019)

Deutschland 1945 zwar von der Naziherrschaft befreit, zugleich aber die Spaltung des Deutsches Reiches betrieben haben, die Bundesrepublik zum Frontstaat machten und weiterhin deren Souveränität durch Truppenstationierungen, Nötigung und Erpressung beschneiden. Abgesehen von den illegalen Wirtschaftssanktionen und den Kriegen, mit denen die Vereinigten Staaten die ganze Welt überziehen.

Doch kaum jemand wagt es, dieser von deutschen Politikern und Journalisten verbreiteten offiziellen Politik zu widersprechen und öffentlich entgegenzutreten, um nicht mit dem Vorwurf des Nationalismus gebrandmarkt zu werden, was einer Kreuzigung gleichkäme. Ohnehin haben das als »Erinnerungskultur« praktizierte Gedenken sowie die mit Geschichtsklitterung einhergehende Gefolgschaft zur USA über die Jahre unreflektierten Eingang in das Bewusstsein der Bevölkerung gefunden.

Mit der scheinheiligen, von Washington oktroyierten Politik gegenüber Russland wird die Spaltung Europas immer weiter vorangetrieben. Es ist aber nicht mehr nur in Westeuropa und Russland geteilt, sondern auch Westeuropa in Gestalt der EU ist inzwischen zweigeteilt: Auf der einen Seite befinden sich die von den USA aufgerüsteten militanten baltischen Staaten sowie Polen, Bulgarien und Rumänien, auf der anderen Seite stehen die übrigen EU-Staaten, die sich – mehr oder weniger – um ein vernünftigeres Verhältnis bemühen. Solange führende deutsche Politiker aus der Geschichte nicht gelernt haben, ist Deutschland, und damit auch Europa, verraten und verkauft.

Das nordatlantische Bündnis vor St. Petersburg

An den russischen Grenzen ist eine gewaltige Militärmacht aufgebaut, die NATO hält Manöver mit bis zu 50 000 Soldaten ab. Deutsche Soldaten stehen 150 Kilometer vor St. Petersburg, dem früheren Leningrad, in dem während der Belagerung durch die Wehrmacht mehr als eine Million Menschen umkamen. Aktuell ist die Bundeswehr im Rahmen der NATO an Einsätzen in Afghanistan, Somalia, im Südsudan, in der Westsahara und im Kosovo beteiligt. Artikel 26 des Grundgesetzes, nach dem bereits die Vorbereitung eines Angriffskrieges verboten ist, wird seit Jahren ignoriert.

Auch der Nordatlantikvertrag, wonach die NATO-Mitglieder verpflichtet sind, *»sich in ihren internationalen Beziehungen jeder Gewaltandrohung oder Gewaltanwendung zu enthalten, die mit den Zielen der Vereinten Nationen nicht vereinbar sind«*[122], ist de facto außer Kraft gesetzt. Bereits 1999 wurde er mit dem völkerrechtswidrigen Angriffskrieg gegen die Republik Jugoslawien gebrochen, und mit der Teilnahme Deutschlands an diesem Krieg wurde ein Dammbruch bewirkt, dem unter Missachtung des Grundgesetzes zahlreiche Auslandseinsätze der Bundeswehr gefolgt sind. 2018 wurde Kolumbien, Nachbarstaat des geschundenen Venezuela, als »globales Mitglied« in die NATO aufgenommen.[123]

Auslandeinsatz der Bundeswehr

---

[122] Artikel 1; www.staatsvertraege.de/natov49.htm
[123] Vgl. https://amerika21.de/2018/05/202241/kolumbien-globaler-partner-nato

Anstatt aus dem nordatlantischen Bündnis, das seine eigenen Statuten verletzt, auszutreten, folgt die Bundesregierung den Direktiven aus Washington. Neuerdings plädieren Bundeskanzlerin Angela Merkel, Verteidigungsministerin Annegret Kramp-Karrenbauer und Außenminister Heiko Maas gemeinsam mit dem französischen Präsidenten Emmanuel Macron für den Aufbau einer europäischen Armee, und auch die atomare Bewaffnung der Bundeswehr ist im Gespräch. 2017 wurde das europäische Militärbündnis für »permanente strukturierte Zusammenarbeit« (PESCO) gegründet,[124] das die schnelle Verlegung von schwerem militärischem Gerät und Soldaten unabhängig von staatlichen Grenzen an die neue »Ostfront« ermöglicht. Dass dadurch die deutsche Souveränität noch weiter als bisher schon verwässert wird, scheint in Berlin niemanden zu kümmern.

Aufrüstung – gegen wen?

Die USA haben den Atomwaffensperrvertrag gekündigt, und sie fordern von Deutschland eine Erhöhung des Militäretats auf 2 Prozent des Bruttoinlandsprodukts bis 2024, obwohl die Rüstungsausgaben der NATO-Staaten schon auf die unvorstellbare Summe von etwa einer Billion Dollar gestiegen sind und etwa das Sechzehnfache des Militäretats Russlands betragen. Während die Bevölkerung mit Nebensächlichkeiten abgelenkt, indoktriniert und in die Irre geführt wird, womöglich in einen dritten Weltkrieg, fließen auf Druck der USA trotz riesiger Aufwendungen für Corona-Folgekosten ungeheure Summen in die Aufrüstung – Geld, das für viel wichtigere Staatsaufgaben verloren geht.

Wladimir Putin warb 2001 im Deutschen Bundestag für Abrüstung und einen gemeinsamen Wirtschaftsraum von Wladi-

---

[124] Vgl. Spiegel Online, 13.11.2017; www.spiegel.de/politik/ausland/bruessel-23-eu-staaten-gruenden-pesco-zusammenarbeit-bei-verteidigung-a-1177685.html

wostok bis Lissabon, und er hat sein Friedensangebot bis in die unmittelbare Gegenwart immer wieder erneuert. Seine Bemühungen wurden von den USA und ihren europäischen Partnern zurückgewiesen und boykottiert. Anstatt 1991 nach dem Ende des Warschauer Paktes und dem Abzug des russischen Militärs aus Ostdeutschland auch die NATO zugunsten eines gemeinsamen europäischen Verteidigungsbündnisses aufzulösen, rückte sie absprachewidrig bis an die russischen Grenzen vor.

2014 hat US-Vizepräsident Joe Biden in einer Rede erklärt, man wolle Russland ruinieren, wenn es sich nicht den westlichen Kapitalinteressen öffne.[125] Jetzt beträgt die Flugdauer der an den russischen Grenzen stationierten Raketen fünf Minuten bis Moskau. Wen wundert es, dass Russland Gegenmaßnahmen ergriffen hat? Wer kann unter diesen Bedingungen noch ernsthaft leugnen, dass akute Kriegsgefahr herrscht? Aber eine machtvolle Friedensbewegung ist nicht in Sicht.

Kampfflugzeug (Eurofighter) der Bundeswehr

---

[125] Vgl. newscan, Zeitdokument: Wir zwangen die EU zu Sanktionen gegen Russland, 5.1.2015; www.youtube.com/watch?v=JLO7uKVarB8 (25.1.2019)

Wichtig wäre, dass demokratische Organisationen wie Gewerkschaften, Kirchen, Universitäten, aber auch eine starke Friedensbewegung oder sogar Fridays-for-Future verstärkt für Frieden und Abrüstung eintreten. Denn die größte Schädigung der Umwelt, wie überhaupt eine existenzielle Gefahr, geht vom Militär, der Rüstungsindustrie und den stattfindenden Kriegen aus.[126] Wenn Frieden und Abrüstung nicht im Mittelpunkt aller Bemühungen stehen, ist die Zukunft ungewiss. Ohne Frieden ist alles nichts.

---

[126] Allein das US-Militär, der weltweit größte Umweltverschmutzer, verursacht die meisten Treibhausgasemissionen und verbraucht auf etwa 7000 Militärbasen täglich 320 000 Barrel Öl. Vgl. greenfinder, 14.10.2018; www.greenfinder.de/news/show/us-militaer-der-groesste-umweltverschmutzer-der-welt/; das Pentagon ist pauschal von sämtlichen Klima- und Umweltabkommen ausgenommen.

Die Berliner Blase

Sogenannte Volksvertreter

Immer dringender stellt sich die Frage: Wo leben führende deutsche Politikerinnen und Politiker? Jedenfalls nicht in der Realität. Viele der Reden, Stellungnahmen und Interviews verblüffen und empören schon seit Jahren. Die »Volksvertreter« schwadronieren, und sie ignorieren, dass mehr als zwanzig Millionen Menschen in Deutschland, das ist ein Viertel der Bevölkerung, am Rande oder unterhalb des Existenzminimums leben. Und es werden immer mehr. 2018 gab es nach statistischen Erhebungen 678 000 Wohnungslose, 41 000 lebten auf der Straße, während die Mieten ins Unermessliche steigen.[127]

In ihrer völlig harmlos wirkenden, sedierenden Neujahrsansprache vom 31. Dezember 2019 sagte Bundeskanzlerin Angela Merkel, Deutschland sei seit dreißig Jahren *in Frieden und Freiheit«* vereint. Sie sprach von digitalem Fortschritt, der zu schaffen sei, von Umwelt, für die mehr getan werden müsse, von Wohlstand und verlässlicher Rente im Alter, und sie berief sich auf die Werte des Grundgesetzes. Als sei alles in Ordnung, als lebten wir in friedlichen Zeiten, in sozialen und rechtsstaatlichen Verhältnissen, als läge vor uns eine glänzende Zukunft, wenn wir uns nur *»offen und entschlossen auf Neues einlassen«.*[128]

---

[127] Vgl. Welt.de, 11.11.2019; www.welt.de/politik/deutschland/article203343 136/Neue-Schaetzung-Zahl-der-Wohnungslosen-in-Deutschland-steigt.html
[128] Vgl. www.tagesschau.de/multimedia/video/video-639875.html

So würden wir es uns wünschen, aber die Realität sieht anders aus. Chaos und Kriege, wohin wir blicken, keine sozialen Verhältnisse für einen großen Teil der Bevölkerung, zu niedrige Löhne, zu hohe Mieten, zu geringe Renten, Altersarmut... Durch die Corona-Krise und die damit verbundenen staatlichen Zwangsmaßnahmen hat sich die Situation noch dramatisch verschlechtert. Dennoch wird weiter aufgerüstet, die Sanktionen gegen Russland werden trotz allem aufrechterhalten, neue Sanktionen gegen China verhängt, deutsche Soldaten befinden sich in Auslandseinsätzen.

In gleicher Weise wie die Kanzlerin lenkte Bundespräsident Frank-Walter Steinmeier in seiner phrasenhaften Weihnachtsansprache am 25. Dezember 2019 vom Wesentlichen ab, nämlich von der vom Westen ausgehenden Gefährdung des Friedens durch massive Aufrüstung, Truppenstationierungen und Machtdemonstrationen an den russischen Grenzen, als sei das irrelevant für das Wohlergehen der Bevölkerung. Er wünschte »uns allen« für das Jahr 2020 »Mut und Zuversicht« – die von ihm gewohnten schönen Worte, hinter denen sich die Wahrheit versteckt.[129]

Mut wozu?, fragten sich Anfang 2020 viele Deutsche, nachdem sie die Ansprachen ihrer Spitzenvertreter gehört hatten. Mut zu immer neuen Auslandseinsätzen der Bundeswehr, womöglich in Südamerika oder im chinesischen Meer? Und Zuversicht? Sollten sie vielleicht die Hoffnung behalten, dass künftig mehr Menschen in Würde leben können und dass die USA mit der NATO, die ständig gegen das Völkerrecht verstoßen, doch keinen Krieg gegen Russland oder China anzetteln, der für Deutschland schicksalhaft würde?

Die EU-Kommissionspräsidentin und Freundin der Kanzlerin, Ursula von der Leyen, sagte, kaum gewählt, am 28. Novem-

---

[129] Der Bundespräsident, 25.12.2019; www.bundespraesident.de/SharedDocs/ Reden/DE/Frank-Walter-Steinmeier/Reden/2019/12/191225-Weihnachtsan sprache-2019.html

ber 2019 in einer Rede in Berlin: »*Europa muss auch die Sprache der Macht lernen ... Das heißt ..., eigene Muskeln aufbauen, wo wir uns lange auf andere stützen konnten ...*«[130] Ihre Nachfolgerin im Verteidigungsministerium und ebenfalls Freundin der Kanzlerin, Annegret Kramp-Karrenbauer, hatte bereits in einer Grundsatzrede am 7. November 2019 einen Nationalen Sicherheitsrat und Patrouillenfahrten im Südchinesischen Meer gefordert. Zuvor war sie für höhere Militärausgaben, den Bau eines europäischen Flugzeugträgers, eine europäische Mission im Persischen Golf und eine »Schutzzone« in Nordsyrien eingetreten.[131] Aufrüstung um jeden Preis und weltweiter Einsatz der Bundeswehr, heißt das alles im Klartext. Das ist die Zukunft.

Und nicht genug damit, plädierte Bundestagspräsident Wolfgang Schäuble zu Weihnachten 2019 nach Berliner Art für ein »*klimabewusstes Leben*«, das es zu meistern gelte. »*Wir werden*

Annegret Kramp-Karrenbauer, Ursula von der Leyen und Angela Merkel (v. l.) beim Bundespräsidenten

[130] Zit. wie Spiegel Online, 8.11.2019; www.spiegel.de/politik/ausland/ursula-von-der-leyen-erste-grundsatzrede-als-kommissionspraesidentin-a-1295677.html
[131] Vgl. Informationsstelle Militarisierung, 8.11.2019; www.imi-online.de/2019/11/08/akk-aufruestung-und-krieg%C2%B2/

unser Leben verändern müssen«, offenbarte er – noch vor Beginn der Corona-Krise – und ging mit guten Empfehlungen auf den Tourismus ein: »*Sicher ist es ein großes Glück, einfach mal auf die Malediven zu fliegen oder Venedig zu besuchen. Aber künftig sollten wir von diesem Glück sparsameren Gebrauch machen.*«[132]

Hat dieser Präsident des Deutschen Bundestages noch alle Sinne beisammen? Was weiß er von den Problemen, Sorgen und Nöten derjenigen, die jeden Euro zweimal umdrehen müssen, sich keinen Urlaub leisten können und durch die Verteuerung der Heizkosten womöglich im Winter frieren müssen? Dazu potenzierten sich die Probleme noch durch die Corona-Krise.

Doch die Berliner Politik änderte sich auch dadurch nicht, außer dass Milliarden – insbesondere für die großen Unternehmen – verteilt wurden, nachdem schon vorher angeblich zu wenig Geld für Soziales, Bildung, Wissenschaft, Kultur und Infrastrukturmaßnahmen vorhanden war. Offensichtlich haben die führenden Politikerinnen und Politiker keine Vorstellung davon, wie Geringverdiener oder Hartz-4-Empfänger leben. Es sind Volksvertreter, aber viele Menschen merken inzwischen, dass ihre Interessen nicht wahrgenommen werden und dass darüber hinaus die Regierung fortwährend ungehindert gegen die Gebote der Verfassung verstößt. Daher wurde in letzter Zeit in den alternativen Medien immer wieder die Einführung einer direkten Demokratie diskutiert. Allerdings ist fraglich, ob das unter den derzeitigen Bedingungen und bei dem desaströsen Zustand der »Herrschaftsmedien« überhaupt sinnvoll wäre.

---

[132] Zit. wie welt.de, 24.12.2019; www.welt.de/politik/deutschland/article20456 3988/Wolfgang-Schaeuble-Wir-werden-unser-Leben-veraendern-muessen.html

Missachtung des Grundgesetzes durch die Regierung

Das Grundgesetz verbietet Kriegsvorbereitungen. Artikel 26 Absatz 1 lautet: »*Handlungen, die geeignet sind und in der Absicht vorgenommen werden, das friedliche Zusammenleben der Völker zu stören, insbesondere die Führung eines Angriffskrieges vorzubereiten, sind verfassungswidrig. Sie sind unter Strafe zu stellen.*« Dennoch beteiligt sich Deutschland an der Einkreisung Russlands sowie nach Direktive aus den USA an der Positionierung gegen China und an Kriegen.

Die im Grundgesetz vorgesehene Strafverfolgung ist allerdings nicht möglich, weil die Bundesanwaltschaft das verhindert. Auf eine Anzeige des Netzwerks Friedenskooperative wegen des Angriffskrieges gegen den Irak schrieb der Generalbundesanwalt am 7. Februar 2006 zurück: »*Nach dem eindeutigen Wortlaut der Vorschrift ist nur die Vorbereitung an einem Angriffskrieg und nicht der Angriffskrieg selbst strafbar …*«[133] Ein beschämendes Beispiel für die Willfährigkeit der obersten Strafverfolgungsbehörde!

Wie hemmungslos die Bundesregierung mit den Rechten der Bevölkerung umgeht, erwies sich vor allem während der Corona-Krise seit Anfang 2020. In Artikel 19 Absatz 2 des Grundgesetzes heißt es: »*In keinem Falle darf ein Grundrecht in seinem Wesensgehalt angetastet werden.*« Dennoch wurden unter Berufung auf das Infektionsschutzgesetz wesentliche Grundrechte praktisch außer Kraft gesetzt, unter anderem das Recht auf freie Entfaltung der Persönlichkeit und Freiheit der Person, die Versammlungsfreiheit, das Recht auf Berufsausübung und die Religionsfreiheit.[134]

---

[133] Zit. wie Martin Singe: Angriffskriege führen ist nicht strafbar – oder: (Real-)Politik statt Juristerei. Netzwerk Friedenskooperative 1/2006; http://archiv.friedenskooperative.de/ff/ff06/1-10.htm

[134] Dazu mehr im Kapitel »Corona-Krise«

Zu einem verfassungsrechtlichen Problem hat sich auch die andauernde Immigration entwickelt, seit die Bundeskanzlerin Angela Merkel am 4. September 2015 in einer einsamen Entscheidung Tausende Flüchtlinge unregistriert nach Deutschland einreisen ließ, die in Ungarn zum »March of Hope« aufgebrochen waren. Danach kamen über eine Million Menschen, die sich in Deutschland Schutz versprachen, viele auch ein besseres Leben. Aber nach Artikel 16a des Grundgesetzes wird Asyl bei politischer Verfolgung nur gewährt, soweit nicht die Einreise aus einem Mitgliedstaat der Europäischen Gemeinschaften erfolgt oder aus einem anderen Drittstaat, in dem die Anwendung des Abkommens über die Rechtsstellung der Flüchtlinge und der Konvention zum Schutze der Menschenrechte und Grundfreiheiten sichergestellt ist. Insofern war das Schlagwort »Wir schaffen das!« der Bundeskanzlerin verfehlt, weil ihre Entscheidung gegen die Verfassung verstieß und weil weder die immensen finanziellen Belastungen noch die Folgen für die eigene bedürftige Bevölkerung bedacht wurden.

In einem Rechtsgutachten über »Migrationskrise als föderales Verfassungsproblem«, das im Auftrag der Bayerischen Staatsregierung erstellt wurde, schrieb der ehemalige Verfassungsrichter Udo di Fabio: »*Das Grundgesetz garantiert nicht den Schutz aller Menschen weltweit durch faktische oder rechtliche Einreiseerlaubnis.*«[135] Indem der Bund Deutschlands Grenzen nicht sicherte und unkontrollierte massenhafte Einreise zuließ, verletzte er nach Ansicht von di Fabio seine Verfassungspflichten. Der Jurist kam zu dem Ergebnis, dass »*die gesetzlich vorausgesetzte wirksame Grenzkontrolle anhaltend zusammengebrochen ist*«, und konstatierte: »*Der Bund ist aus verfassungsrechtlichen Gründen ... verpflichtet, wirksame Kontrollen der Bundesgrenzen wieder aufzunehmen, wenn das gemeinsame europäische Grenzsicherungs- und Einwanderungssystem vorübergehend oder*

---

[135] Zit. wie www.bayernkurier.de/inland/9250-bund-ist-verpflichtet-die-staats grenzen-zu-sichern/

dauerhaft gestört ist.«¹³⁶ Dieser Verpflichtung wurde bisher nicht nachgekommen.

Der damalige Bayerische Ministerpräsident und Vorsitzende der CSU, Horst Seehofer, nannte die Grenzöffnung seinerzeit einen Rechtsbruch und sprach von der *»Herrschaft des Unrechts«*[137]. Angela Merkel übernahm ihn dann als Innenminister in ihr Kabinett, worauf Seehofer den Rechtsbruch »vergaß«. Die Bundeskanzlerin bemühte sich in der Folge, die illegalen Grenzüberschreitungen zu legalisieren. Kritiker wurden mundtot gemacht, wie auch jede Opposition gegen die von der Bundesregierung mitgetragene Aggressions- und Sanktionspolitik der USA nicht zuletzt mit Unterstützung der Mainstream-Medien marginalisiert wurde. Das Bundesverfassungsgericht befindet sich in diesen Fragen auf Regierungslinie.[138]

Dass die Regierung ungeniert derart verlogen auf die Willensbildung der Bevölkerung Einfluss nimmt, ist eine Schande. Noch herrscht – abgesehen von ein paar Demonstrationen gegen dies und das – als Ergebnis der massiven Indoktrination relative Ruhe im Land. Doch das könnte sich ändern. Erste Anzeichen einer solchen Veränderung in der Gesellschaft traten deutlich am 1. August 2020 während der Großdemonstration in Berlin gegen die Corona-Zwangsmaßnahmen zutage.

---

[136] Zit. wie ebd.
[137] Zit. wie www.sueddeutsche.de/politik/seehofer-im-unrechtsstaat-1.2855894
[138] Vgl. z.B. www.bundesverfassungsgericht.de/SharedDocs/Entscheidungen/DE/2019/09/es20190917_2bve000216.html. Auch: www.bundesverfassungsgericht.de/SharedDocs/Entscheidungen/DE/2007/07/es20070703_2bve000207.html

Hegemonialpolitik der USA

Die gesteuerte Krise

Dass sich deutsche Außenpolitik nach den Vorgaben aus Washington richtet, ist eine Tatsache, die sich immer wieder bestätigt. Der in der Ukraine von der CIA durchgeführte Regime Change wurde von Deutschland nicht nur gebilligt, sondern auch unterstützt. Dasselbe gilt für die Destabilisierung der arabischen Länder sowie für die Sanktionspolitik gegenüber Russland, dem Iran, Syrien, Kuba, Venezuela usw. Deutsche Politiker und Medien lassen kaum eine Gelegenheit aus, gegen die im Fokus der USA stehenden Länder zu polemisieren, und nicht selten artet das in Hetze aus.

Der Absturz eines malaysischen Verkehrsflugzeugs über der Ostukraine (Flug MH 17) wurde noch vor irgendwelchen Untersuchungen unverzüglich Russland und dessen Präsidenten Wladimir Putin persönlich angelastet. Für die Krim wurde der offenbar von der CIA erfundene Kampfbegriff »Annexion« übernommen. Putin, so heißt es, sei ein Autokrat, der syrische Präsident Baschar al-Assad ein Diktator, der venezolanische Präsident ein Machthaber. Der ukrainische Kriegsherr Petro Poroschenko aber, der nach Autonomiebestrebungen in der Ostukraine Panzer dorthin geschickt hatte, sei ein Präsident, und der hochkriminelle saudische Potentat Mohammed bin Salman bleibt trotz Mord und Kriegsverbrechen ein Kronprinz und gefragter Geschäftspartner.

In zahlreichen Fällen, in denen keine Beweise für russisches Fehlverhalten vorlagen, folgten umgehend Hetzkampagnen gegen Russland. Diplomaten wurden ausgewiesen und Sanktionen erhöht, so zum Beispiel nach dem Anschlag auf den ehemaligen Doppelagenten Sergej Skripal in London, nach dem angeblichen Anschlag auf den Journalisten Arkadi Babtschenko in Kiew (wozu peinlicherweise unter anderem Bundespräsident Frank-Walter Steinmeier scharf Stellung nahm) und nach einem von der Ukraine mit Unterstützung der USA inszenierten Zwischenfall im Asowschen Meer. Hintergründe zu den Konflikten in China mit den Uiguren und in Myanmar mit den Rohingya werden nicht untersucht, die Schuldzuweisungen obskurer Agenturen ungeprüft übernommen.

Auch das Berliner Attentat auf den früheren Tschetschenienkämpfer Zelimkhan Khangoschwili (der sogenannte Tiergarten-Mord) durch einen Georgier tschetschenischer Abstammung namens Vadim Krasikov erfolgte angeblich im Auftrag des Kremls. So berichtete das dubiose NATO-nahe »Recherchenetzwerk« Bellingcat[139], das sich schon mit Anschuldigungen in der Skripal-Affäre und bei vermeintlichen Giftgaseinsätzen in Syrien hervorgetan hatte, der russische Inlandsgeheimdienst SFB stecke dahinter.[140] Das wurde von mehreren deutschen Medien vorbehaltlos übernommen, und auch die Bundesanwaltschaft ging von einem staatlichen Tötungsauftrag der russischen Regierung aus. Beweise fehlen, aber unter Missachtung aller juristischen Regeln wird vermutet: *»Hintergrund des Tötungsauftrags war die Gegnerschaft des späteren Opfers zum russischen Zentralstaat, zu den Regierungen seiner Autonomen Teilrepubliken Tschetschenien und Inguschetien*

---

[139] Der Gründer des Netzwerks, Eliot Higgins, ist Mitarbeiter des Thinktanks Atlantic Council und macht keinen Hehl daraus, dass Bellingcat im Wesentlichen Russlands »Lügen« untersucht. Vgl. RT Deutsch, 26.9.2018; https://deutsch.rt.com/international/76655-neue-details-im-britischen-agententhriller-bilderbuch-agenten-identitaet/
[140] Vgl. Tagesanzeiger, 4.12.2019; www.tagesanzeiger.ch/schweiz/standard//story/14544210

sowie zu der pro-russischen Regierung Georgiens.«[141] Die Rede war bereits von Staatsterrorismus.

Was es mit dem Recherchenetzwerk auf sich hat, deckte der russische Auslandssender RT Deutsch auf: »*Bellingcat wird unter anderem von George Soros'[142] ›Open Society Foundation‹ (OSF) und vom National Endowment for Democracy (NED) finanziert, einer vom US-Kongress gesponserten Stiftung, die unter dem Deckmantel der ›Demokratieförderung‹ verdeckte Operationen im Ausland durchführt. Ein weiterer interessanter Finanzier ist die extrem antirussisch aufgestellte US-Denkfabrik Atlantic Council, die sich für die globale Vorherrschaft der USA starkmacht und beispielsweise zu Terroranschlägen auf die Krim-Brücke aufruft.«[143]*

Präsident Putin, von Kanzlerin Merkel in Paris bei Gesprächen über die Zukunft des Donbas auf den Fall angesprochen, reagierte genervt und bezeichnete Khangoschwili als blutrünstigen und brutalen Terroristen; auf »Geheimdienstebene« sei sogar über eine Auslieferung gesprochen worden.[144]

Die Kanzlerin hatte zuvor zwei russische Diplomaten ausweisen lassen, wogegen der russische Botschafter protestierte: »*Die gegen russische staatliche Stellen erhobenen Vorwürfe halten wir für nicht gerechtfertigt und haltlos. Wie der neulich in Deutschland losgetretene Vorgang mit den s. g. ›russischen Hackern‹ und den angeblich hinter ihnen stehenden Geheimdiensten tragen auch diese Unterstellungen nicht zur positiven Entwicklung der ohnedies nicht*

---

[141] FAZ, 18.6.2020; www.faz.net/aktuell/politik/inland/tiergarten-mord-bundes anwaltschaft-geht-von-auftragsmord-aus-16820831.html

[142] Soros, 1930 in Budapest geboren, machte sein Vermögen von etwa 23 Milliarden US-Dollar (so Forbes) 1992 mit Wetten gegen das britische Pfund. Davon brachte er 18 Milliarden in die von ihm gegründeten Stiftungen Open Society Foundations ein.

[143] RT Deutsch, 7.3.2020; https://deutsch.rt.com/international/98915-skripal-und-tiergarten-mord-fragwuerdige-recherche-spiegel-bellingcat/

[144] Vgl. Merkur, 24.6.2020; www.merkur.de/politik/tiergarten-mord-geheim dienst-fsb-putin-angela-merkel-berlin-diplomaten-russland-skandal-zr-13287 810.html

einfachen deutsch-russischen Beziehungen bei. Was die in Berlin an-
visierten weiteren Maßnahmen gegen Russland angeht, so werden sie,
falls realisiert, nicht unerwidert bleiben.«[145]

Eine unnötige, offenbar gewollte Verschlechterung der deutsch-russischen Beziehungen. Es ist natürlich nicht gänzlich von der Hand zu weisen, dass der russische Geheimdienst in die Tat involviert war, aber dass in Politik und Medien unter Verdrängung sämtlicher Kapitalverbrechen der westlichen Allianz wieder einmal wie wild gegen Russland getrommelt wurde, entspricht ganz der Strategie und den Vorgaben aus Washington.

Ende August 2020 ereignete sich der nächste Zwischenfall, der das deutsch-russische Verhältnis schwerstens belastete: Der russische Oppositionspolitiker Alexej Nawalny war nach dem Genuss einer Tasse Tee während eines Inlandsflugs in Sibirien zusammengebrochen, und sofort nach Bekanntwerden kursierte das Gerücht, auf ihn sei auf Befehl aus dem Kreml ein Mordanschlag verübt worden. Wieder schaltete sich das Netzwerk Bellingcat ein, in den Medien wurde gegen Russland polemisiert, der russische Botschafter wurde ins Auswärtige Amt einbestellt, und die Bundeskanzlerin sprach von einer zweifelsfreien Vergiftung mit dem in Russland entwickelten Nervenkampfstoff Nowitschok, dessen Strukturformel freilich schon seit Jahren Geheimdiensten und Militär in aller Welt zugänglich ist.

Immer stehen die Urteile schon fest, bevor untersucht und verhandelt wurde. Rechtsgrundsätze wie die Unschuldsvermutung vor einer Verurteilung und »in dubio pro reo« (im Zweifel für den Angeklagten) bei einer Verurteilung sind außer Kraft gesetzt. Es wird vermutet, befürchtet, beschuldigt, alles im Konjunktiv, Beweise fehlen. Es wird vernebelt, agitiert, gehetzt und – wo es passt – gelogen. Und fast überall, wo in der Welt Umstürze und politische Verbrechen stattfinden, sind die USA und ihre Dienste

---

[145] Botschaft der Russischen Föderation, 18.6.2020; https://russische-botschaft. ru/de/2020/06/18/kommentar-des-russischen-botschafters-in-deutschland/

am Werk, um wirtschaftliche oder strategische Interessen durchzusetzen.

Die Morde der US-Geheimdienste, allen voran die CIA, werden einfach hingenommen, so zum Beispiel der Terroranschlag auf den iranischen General Qasem Soleimani in Bagdad am 3. Januar 2020. Das ist dann eine »Tötung«, angeblich sogar berechtigt, wie auch die unzähligen Drohnenmorde mit schrecklichen »Kollateralschäden« unter der Zivilbevölkerung. Unter den Augen der Öffentlichkeit fanden Mordanschläge auf Hugo Chávez und Nicolás Maduro statt, mehr als hundert allein auf Fidel Castro – das wurde in der westlichen Welt wie selbstverständlich hingenommen. Die Morde an Persönlichkeiten, die den USA im Wege standen, wurden nie befriedigend aufgeklärt, beispielsweise an Patrice Lumumba, Salvador Allende, Olof Palme, Alfred Herrhausen und Aldo Moro. In der Ukraine wurden kritische Journalisten auf offener Straße erschossen, Oppositionspolitiker fielen aus dem Fenster oder wurden mit Schussverletzungen tot aufgefunden, doch die Welt schwieg dazu.

Der Hegemon pfeift, und der Vasall spurt

Wie willfährig und – gemessen an den Wohlfahrtsinteressen des eigenen Landes – irrational deutsche Politik ist, offenbarte sich wieder einmal, als Deutschland, Frankreich und Großbritannien Anfang 2020 den Iran wegen der Nichteinhaltung des Atomabkommens *verwarnten*.[146] Wenn deswegen jemand hätte verwarnt werden müssen, dann wären es die USA gewesen, die das Atomabkommen einseitig gekündigt und damit den Bau einer iranischen Atombombe heraufbeschworen haben. Stattdessen wurde auf Druck der US-Regierung ein Schlichtungsverfahren eingeleitet,

---

146 Vgl. www.spiegel.de/politik/ausland/atomabkommen-mit-iran-kommt-es-jetzt-zu-europaeischen-sanktionen-a-810888da-a5dd-4a90-8223-07a1d19648b4

das von vornherein zum Scheitern verurteilt war und zwangsläufig zu einer Verschärfung der Sanktionen im Sinne der USA führte.

Wie bekannt wurde, drohten die USA damit, Zölle auf europäische Autos zu erheben (im Gespräch waren 25 Prozent), wenn die Europäer nicht spuren würden. Die Erpressung zeigte umgehend Wirkung: Am 14. Januar 2020 verkündete der deutsche Außenminister Heiko Maas zusammen mit seinem französischen und dem britischen Kollegen die Auslösung des Schlichtungsmechanismus – ein *»strategischer Fehler«*, wie der iranische Außenminister Javad Zarif erklärte.[147] Denn der Iran war nach dem Ausstieg der USA aus dem Atomabkommen und den gescheiterten Verhandlungen über eine Aufhebung der laufenden Sanktionen nicht mehr bereit, die ursprünglich vereinbarten Verpflichtungen zu erfüllen.

Spiegel.de zitierte dazu den FDP-Außenpolitiker Bijan Djir-Sarai, der die Ansicht vertrat: *»Gleichgültig, was im Hintergrund abgelaufen ist, zeigt der Vorgang, wie dramatisch schlecht die Beziehungen zwischen den USA und Deutschland sind.«* Der Grünen-Außenpolitiker Omid Nouripour sprach von *»Erpressbarkeit«* der Bundesregierung *»auf offener Bühne«*. Daraufhin kam ein Dementi des Bundesaußenministers: Die Entscheidung zur Auslösung des Schlichtungsverfahrens sei bereits vor der Sanktionsdrohung der USA getroffen worden. *»Wenig glaubhaft«*, erklärte Djir-Sarai.[148] Noch weniger glaubhaft ist Maas' beschwichtigende Einlassung, man habe das Atomabkommen in letzter Minute noch retten wollen. Doch mit der Einleitung des Schlichtungsverfahrens konnte es endgültig als aufgelöst gelten.

Eine ähnliche Umkehrung der Faktenlage lag vor, als deutsche Politiker im März 2020 forderten, die Sanktionen gegen Russland zu verstärken, anstatt Sanktionen gegen die Türkei zu verhängen.

---

[147] Vgl www.spiegel.de/politik/deutschland/iran-atomabkommen-bundesregierung-bestaetigt-us-drohung-mit-autozoellen-gegen-europa-a-6fa6bf6d-6812-4521-97f5-c46a0de4bc34
[148] Vgl. ebd.

Zu hören war, dass Russland und Syrien, in persona Wladimir Putin und Baschar al-Assad, Schuld an den Flüchtlingsströmen aus dem Norden Syriens hätten. Tatsache war jedoch, dass sich dort, in der Region Idlib, eine Terroristenbande von etwa 60 000 bis 80 000 Mördern und Halsabschneidern versammelt hatte, die gegen die souveräne Regierung Syriens zu Felde zog, unterstützt von der Türkei. Anfang März 2020 ist die Türkei mit starken militärischen Verbänden auf syrisches Gebiet vorgedrungen, das heißt, Präsident Erdogan führt einen Angriffskrieg gegen den souveränen Staat Syrien. Dazu besaß er die Chuzpe, Unterstützung von der NATO zu fordern. Im Juni drang die türkische Armee dann noch auf irakisches Gebiet vor, um dort die Kurden zu bekämpfen.

Umkehrung der Fakten

Dass sich durch das Vorgehen der türkischen Regierung gegen Syrien die Flüchtlingssituation verschärfte, hinderte den Vorsitzenden des Auswärtigen Ausschusses des Deutschen Bundestages, Norbert Röttgen, nicht daran, zu behaupten, der russische Präsident Putin und der »Machthaber Assad« seien für die dramatische Lage verantwortlich. Daher müsse man den Druck auf Russland erhöhen, damit Putin *seine Eroberungspolitik* einstelle.[149] Um die Fakten im Sinne Washingtons derart zu verdrehen, muss ein Politiker schon sehr weit heruntergekommen sein (nichtsdestoweniger bewarb sich Röttgen um den CDU-Vorsitz und damit um die deutsche Kanzlerschaft).

Unterstützung in seinem Russland-Bashing erhielt der ansonsten farblose Politiker von der *Bild-Zeitung,* die am 3. März 2020 berichtete: *»Seit fünf Jahren bombt die russische Luftwaffe den sy-*

---

[149] Vgl. Deutschlandfunk, 10.3.2020; www.deutschlandfunk.de/roettgen-cdu-zur-fluechtlingspolitik-druck-auf-russland.1939.de.html?drn:news_id=1109114

rischen Diktator Assad von einem Erfolg zum nächsten. Die bittere Bilanz: Tausende Männer, Frauen und Kinder sind tot, Millionen Syrer auf der Flucht – 700.000 davon kamen nach Deutschland. Konsequenzen? Bislang keine. Nicht einmal nachgedacht wurde über Syrien-Sanktionen gegen Putins Regime, das nachweislich regelmäßig Kriegsverbrechen in Syrien begeht und die Diktatur Assads (zum Beispiel Giftgasangriffe) politisch und propagandistisch deckt.«[150]

Es sind die üblichen Unterstellungen und Lügen. Denn die russische Luftwaffe befindet sich auf Ersuchen der legitimen syrischen Regierung erst seit September 2015 in Syrien, während die USA und einzelne Golfstaaten das Land bereits seit September 2014 bombten und die dort marodierenden IS-Terroreinheiten unterstützten. Die »bittere Bilanz« ist in Wirklichkeit, dass die westliche Allianz Tausenden den Tod gebracht und Millionen in die Flucht getrieben hat, um Syrien zu vereinnahmen. Westliche Politiker und Journalisten verdrehen bis heute die Tatsachen und verschweigen die eigentlichen Verursacher der nicht nur in Syrien stattfindenden Gewalt.

Als die syrische Armee, unterstützt von der russischen Luftwaffe, die vom IS besetzte Zweimillionenstadt Aleppo befreite, sprachen Angela Merkel und Frank-Walter Steinmeier von *»menschenverachtender Gewalt«* und einer grauenvollen, vom Kreml verursachten Lage in Syrien.[151] Der Leiter des außenpolitischen Ressorts der *Süddeutschen Zeitung*, Stefan Kornelius, schrieb am 15. August 2016: *»In Aleppo wird die Welt Zeuge von Verbrechen an der Menschlichkeit unter massiver russischer Mitwirkung«*[152], mahnende Worte reichten aber nicht aus. Als kurz darauf die USA mit ihren Verbündeten die irakische Metropole Mossul (ge-

---

[150] www.bild.de/politik/ausland/politik-ausland/auch-norbert-roettgen-mit-dabei-eu-politiker-wollen-putin-fuer-syrien-krieg-best-69183096.bild.html

[151] Vgl. Welt.de, 23.8.2018; www.welt.de/politik/ausland/article157814301/Merkel-nennt-Lage-in-Aleppo-grauenvoll.html

[152] www.sueddeutsche.de/politik/kaempfe-um-aleppo-syrien-krieg-obama-muss-den-ersten-schritt-machen-1.3121155

genüber dem antiken Ninive) in Schutt und Asche legten, wobei Tausende starben,[153] handelte es sich nach Bekundungen westlicher Politiker und Journalisten um einen »humanitären Einsatz«.

Ebenso verlogen waren die Meldungen über Giftgaseinsätze des syrischen Militärs. Die Angaben stammten erneut vom Netzwerk Bellingcat sowie einer viel zitierten privaten »Syrischen Beobachtungsstelle für Menschenrechte« mit Sitz in England, die auch anrührendes Filmmaterial verbreitete, das die sogenannten Weißhelme (White Helmets) zur Verfügung stellten, ein Propagandaprojekt für die Publikation von Bild- und Filmmaterial im Sinne der westlichen Propaganda.[154]

In einem Interview des Schweizer Fernsehens antwortete der syrische Präsident Baschar al-Assad auf die Anschuldigung, Krankenhäuser und die Zivilbevölkerung zu bombardieren: *»Weshalb würde die Regierung Zivilisten töten, ob in Spitälern oder Straßen oder Schulen oder sonst wo. Sie sprechen von der Tötung von Syrern. Man kann in seinem Krieg nicht erfolgreich sein, wenn man Zivilisten tötet. Wenn wir als Regierung oder als Armee Syrer töten würden, wäre die Mehrheit der syrischen Gesellschaft gegen uns. ... Man kann nicht einem solch grausamen Krieg fünfeinhalb Jahre standhalten, während man seine eigenen Leute umbringt. ... Der Vorwurf der Chemiewaffen ist nachweislich falsch ...«[155]*

Bezeichnenderweise hatte der Fernsehmoderator Sandro Brotz das Interview mit der rhetorischen Frage eingeleitet: *»Sehen Sie es als Lüge, dass die Welt Sie als Kriegsverbrecher sieht?«* Eine weitere provokative Feststellung des Journalisten lautete: *»US-Außenminister Kerry nannte Sie in einem Atemzug mit Adolf Hitler oder Saddam Hussein ...«* Die sachlichen, überzeugenden Stellungnah-

---

[153] Vgl. Sputnik Deutschland, 24.10.2016; https://de.sputniknews.com/panorama/20161024313082582-todenhoefer-mossul-bombardierung-usa-terror/

[154] Zur Syrischen Beobachtungsstelle für Menschenrechte, zu den Weißhelmen und dem Krieg in Syrien: Wolfgang Bittner: Die Eroberung Europas durch die USA, S. 193-204 mit weiteren Nachweisen

[155] SRF, 19.10.2016, vgl. www.youtube.com/watch?v=UYn4aUUDY1A (8.2.2017)

men Assads wurden von den westlichen Politikern und Medien nicht zur Kenntnis genommen.

Tatsächlich handelte es sich bei den Giftgaseinsätzen nach Untersuchungen der Vereinigung Veteran Intelligence Professionals for Sanity[156] um Provokationen von Al-Qaida-Terroristen. Zum selben Ergebnis kam der in Syrien tätige BBC-Produzent Riam Dalati nach Befragung von Zeugen, unter ihnen ein Arzt: »*Nach fast sechsmonatigen Untersuchungen kann ich zweifelsfrei beweisen, dass die Krankenhausszene von Duma gestellt war. In dem Krankenhaus gab es keine Todesopfer.*«[157]

Im Juli 2020 wurde die Kampagne gegen Syrien und Russland in gleicher Weise fortgesetzt. Die Medien berichteten, in der Provinz Idlib könnten eine halbe Million Kinder sterben, weil Russen und Chinesen die Hilfen für die Flüchtlinge in Syrien durch ihr Veto im UN-Sicherheitsrat blockiert hätten.[158] Es gehe um das Schicksal von drei Millionen Menschen, die dem Hungertod preisgegeben würden.

Unverzüglich meldeten sich auf deutscher Seite die NATO-Propagandisten Norbert Röttgen und Christoph Heusgen[159] zu Wort und plädierten für die Öffnung von vier Grenzübergängen statt nur einem nach Idlib. De facto konnte den Menschen geholfen werden, aber es ging unter anderem auch um die Versorgung der Islamisten mit Lebensmitteln und Waffen in dem verdeckten Krieg gegen das Land, dem die Kontrolle über seine

---

[156] Dazu gehören u. a. ehemalige hochrangige CIA- und NSA-Mitarbeiter wie Ray McGovern, William Binney, Larry Johnson, Elizabeth Murray und Kirk Wiebe.

[157] Zit. wie Zeitpunkt, 20.2.2019; www.zeitpunkt.ch/index.php/videos-des-angeblichen-gasangriffs-duma-waren-inszeniert

[158] ARD-Tagesschau, 11.7.2020; www.tagesschau.de/ausland/syrien-sicherheitsrat-111.html

[159] Christoph Heusgen, ehemaliger außen- und sicherheitspolitischer Berater von Bundeskanzlerin Angela Merkel, seit Juli 2017 Ständiger Vertreter Deutschlands bei den Vereinten Nationen. Er gilt als einflussreicher Befürworter der Sanktionen gegen Russland. 2015 hatte er sich gemeinsam mit Frank-Walter Steinmeier für den umstrittenen Beitritt Montenegros zur NATO engagiert.

Staatsgrenzen aberkannt wird. Wäre es den »Menschenfreunden« um Nothilfe gegangen, hätten sie sich für die Aufhebung der mörderischen Sanktionen gegen Syrien einsetzen müssen. Doch das lag nicht im Interesse der USA und ihrer Verbündeten, die eine »Transformation« Syriens anstreben.[160] Wie auch hier wieder deutlich wurde, sind die angeblich Moral und westliche Werte gegen die »bösen Russen und Chinesen« verteidigenden Politiker und Journalisten zutiefst in die menschenverachtende US-gesteuerte Aggressionspolitik verstrickt. Und sie werden für ihr schäbiges Verhalten belohnt.

Das Gewaltmonopol der USA und ihre Komplizen

Die USA verfügen über die hochgerüstetste Armee der Welt. Sie unterhalten weltweit etwa tausend Militärstützpunkte, mehrere sehr große in Europa. Das befähigt sie, in aller Welt militärisch zu intervenieren oder mithilfe ihrer Geheimdienste Regime Changes durchzuführen, wenn das in ihrem wirtschaftlichen oder strategischen Interesse opportun erscheint. Geschehen ist das in den letzten Jahren – zumeist unter Berufung auf Menschenrechte oder die Verletzung demokratischer Standards – zum Beispiel in Chile, Afghanistan, Libyen, im Irak, im Libanon, in Jugoslawien, Somalia, im Sudan, in Ecuador, Bolivien, Kolumbien, Brasilien und in der Ukraine. Versucht wurde es etwa auch in Kuba, Nicaragua, Venezuela, Weißrussland und anderen ehemaligen Sowjetrepubliken. Dabei wurden weder Menschenrechte noch das internationale Völkerrecht gewahrt. Auch Russland und China stehen auf der Agenda der größenwahnsinnigen, selbst vor einem Atomkrieg nicht zurückschreckenden Weltbeglücker.

---

[160] Dazu: Peds Ansichten, 30.9.2018; https://peds-ansichten.de/2018/09/die-muslimbruderschaft-und-deutsche-syrien-politik/

Konfusion, Krisen und Chaos, wohin wir schauen. In Venezuela, das über die größten Erdölreserven der Welt verfügt, wurde eine Marionette der USA und der in Miami lebenden reichen Exilvenezolaner als »Übergangspräsident« gegen den gewählten Präsidenten Nicolás Maduro in Stellung gebracht. Das Land leidet unter strangulierenden Sanktionen, die auch von EU-Staaten, unter anderem von Deutschland, mitgetragen werden. Dass die USA Kriegsschiffe vor die Küste Venezuelas schickten[161] und auf Maduro ein Kopfgeld von 15 Millionen Dollar aussetzten, erregte bei westlichen Politikern und Medien kaum Widerspruch.[162] Dem Präsidenten wurde vorgeworfen, in Drogengeschäfte verwickelt zu sein.

Dazu sagte der Botschafter Kolumbiens in den USA, Francisco Santos: *»Es ist meine Aufgabe, Dinge gegen Venezuela zu erfinden.«*[163] Das sehen im Gefolge der US-Propaganda wohl auch viele westliche Politiker und Journalisten so. Wie die *Neue Zürcher Zeitung,* die sich in dieser Hinsicht kaum von anderen Leitmedien in der Schweiz und Deutschland unterscheidet, über Venezuela berichtet, geht aus einer systematischen Studie von Swiss Propaganda Research hervor. Darin heißt es: *»Die Resultate sind eindeutig: Die NZZ verbreitet in ihren Berichten überwiegend Propaganda der Konfliktpartei USA/NATO. Gastkommentare und Meinungsbeiträge geben nahezu durchgehend die Sicht dieser Konfliktpartei wieder, während Propaganda ausschließlich auf der Gegenseite verortet wird. Die verwendeten Drittquellen sind unausgewogen und teilweise nicht überprüfbar.«*[164] Das betrifft auch die Berichterstattung zur Ukraine-Krise und zum Syrien-Krieg.

---

[161] Vgl. amerika21, 4.4.2020; https://amerika21.de/2020/04/238760/usa-kriegsschiffe-venezuela

[162] Vgl. www.stern.de/news/usa-setzen-kopfgeld-von-15-millionen-dollar-gegen-maduro-aus-9200064.html. Vgl. auch www.nachdenkseiten.de/?p=60038

[163] Zit. wie https://deutsch.rt.com/amerika/94937-kolumbiens-us-botschafter-dinge-erfinden-gegen-venezuela/

[164] https://swprs.org/die-nzz-studie/

Es ist davon auszugehen, dass alle drei Länder vor allem wegen ihrer großen strategischen Bedeutung ins Fadenkreuz der USA geraten sind: Syrien als Verbündeter Russlands am Mittelmeer, die Ukraine als Brückenland zu Osteuropa und Venezuela als potenzielles »Einfallstor« Russlands und Chinas in Südamerika. Die Ukraine wurde 2014 von den USA zulasten der Bevölkerung auf kaltem Wege als Einflussgebiet übernommen; demgegenüber stehen Syrier und Venezolaner mehrheitlich hinter ihren rechtmäßigen Regierungen, weil ihnen dank nicht korrumpierter Berichterstattung in Fernsehen und Internet klar ist, was im Falle eines Regime Changes auf sie zukommen würde.

In Bolivien, dem Nachbarland Venezuelas, gelang es 2019 dem damaligen, in der breiten Bevölkerung hochangesehenen Präsidenten Evo Morales nicht, den Regime Change abzuwehren. Er musste dem Druck einer aus den USA unterstützten Clique weichen.[165] Morales ist Führer der sozialistischen bolivianischen Partei Movimiento al Socialismo sowie der Bewegung für die Rechte der Coca-Bauern. Das machte ihn zum Feind der USA.

In Brasilien, einem weiteren Nachbarland Venezuelas, wurde der charismatische Präsident (2003–2011) Lula da Silva von korrupten Politikern und Richtern mit fadenscheiniger Begründung unter Anklage gestellt und inhaftiert. Nachdem auch Lulas Nachfolgerin Dilma Rousseff, die ebenso wie er der linken Arbeiterpartei Partido dos Trabalhadores angehört, wegen angeblicher Verstöße bei der Führung der Staatsfinanzen ihres Amtes enthoben wurde, übernahm Anfang 2019 der USA-freundliche Rechtsextremist Jair Messias Bolsonaro die Regierung.

Auch in Kolumbien wird seit Jahren Zwietracht gesät und Einfluss auf die Regierung genommen, die von der sozialrevoluti-

---

[165] Im Oktober 2020 konnten die USA und ihre Helfer nicht verhindern, dass in Bolivien der Ökonom Luis Arce, ein Vertrauter von Morales, zum Präsidenten gewählt wurde.

onären FARC-Guerilla-Organisation bekämpft wird. 2016 hatte die FARC, seinerzeit die größte südamerikanische Guerillabewegung, einen Waffenstillstand mit der kolumbianischen Regierung geschlossen und ihre Waffen abgegeben. Doch das Versprechen, die etwa 7000 verbliebenen Aktivisten in die Zivilgesellschaft einzugliedern, wurde gebrochen. Viele FARC-Mitglieder wurden ermordet, sodass ehemalige Anführer den bewaffneten Kampf wieder aufnahmen.

Weitere Brennpunkte US-amerikanischer Einflussnahme

Im Fokus der USA stehen noch Hongkong, Weißrussland, Myanmar und der Jemen. In Hongkong ist nicht auszuschließen, dass mit den von westlichen Geheimdiensten und »Stoßtrupps« unterstützten Demonstrationen eine Abspaltung von China *und damit die Zerstörung der mit London ausgehandelten Bestimmungen*[166] bewirkt werden soll. Dass die CIA Provokateure einsetzt, ist seit den Demonstrationen von 1953 im Iran gegen den damaligen fortschrittlichen Premierminister Mohammad Mossadegh bekannt.[167] Eine dieser Gruppen, die sich »Otpor!« nennt, ist in den 1990er-Jahren aus einer Aktionsgruppe in der Belgrader Oppositionsbewegung gegen die Regierung Milošević entstanden.[168] Sie ist destabilisierend in Ägypten, Georgien und

---

[166] www.world-economy.eu/nachrichten/detail/trump-zum-4-juli-2020-statt-independence-day-ausloeschung-der-geschichte/
[167] Mohammad Mossadegh (1882–1967), gewählter iranischer Premierminister (1951 und 1952) zur Zeit der Verstaatlichung der Ölförder- und Verarbeitungsanlagen der Anglo-Iranian Oil Company. Zu seinem Sturz unternahmen der MI6 und die CIA gezielte Aktionen, die letztlich Erfolg hatten. Damit wurde ein laizistischer Staat verhindert, und ein internationales Konsortium erhielt Zugriff auf die iranischen Ölvorkommen.
[168] Vgl. Dietmar Hänel: Operation OTPOR, RotFuchs Nr. 203, 12/2014; www.rotfuchs.net/rotfuchs-lesen/operation-otpor.html

der Ukraine aktiv gewesen und wird offenbar auch in Venezuela, Hongkong und Weißrussland eingesetzt.

Da die Provokateure grundsätzlich mit unzufriedenen Einheimischen agieren, sind sie nur schwer zu identifizieren, wie sich im August 2020 in Minsk zeigte.[169] Über Polen und Litauen flossen Millionen Dollar in prowestliche Medien, Nichtregierungsorganisationen und Thinktanks; Studenten und andere intelligente, politisch aktive junge Menschen wurden einbezogen. Zum Teil kam das Geld von USAID (United States Agency for International Development) oder von der Open Society des George Soros. Ist in solchen Fällen der Druck groß genug, findet unter dem Vorwand der »Demokratisierung« ein Regime Change im Sinne der westlichen Akteure statt, wie es 2014 in der Ukraine geschehen ist.

Schon kurz nach dem Putsch in Kiew war vorherzusehen, dass die Wühlarbeit ausländischer Geheimdienste, insbesondere der CIA, in Weißrussland nach der Methode der Farbrevolutionen fortgesetzt werden würde. Parallelen sind unübersehbar. Die russische Denkfabrik Social Engineering Agency (SEA)[170] schreibt auf ihrer Webseite: »*In den letzten zwei Jahrzehnten hat es mehr Revolutionen gegeben als im gesamten 20. Jahrhundert. Die Methoden der Informationskriegsführung, aber auch der Proteste werden ständig vervollkommnet. Gleichzeitig hat die Programmierung der Gesellschaft für die politischen Interessen an überragender Bedeutung gewonnen. In dieser Hinsicht ist das Social Engineering zum Hauptinstrument der Außenpolitik der Global Players geworden.*«[171]

---

[169] Dazu: Wolfgang Bittner: Der neue West-Ost-Konflikt, S. 185 f.

[170] Gegründet wurde SEA von dem aus Odessa stammenden Anton Dawydchenko, der im politischen Exil in Moskau lebt. Er war 2014 Aktivist des Anti-Maidan in Odessa, wo ukrainische Faschisten das Gewerkschaftshaus angezündet haben; dabei kamen – weitgehend ignoriert von den westlichen Politikern und Medien – 42 Menschen ums Leben.

[171] Zit. wie https://deutsch.rt.com/europa/105481-pantoffeln-revolution-regime-change-wei%C3%9Frussland-begonnen /

SEA betont die strategisch wichtige Lage Weißrusslands, das Nachbar von Litauen, Lettland, Polen und der Ukraine ist sowie eine lange Grenze mit Russland hat. Von hier bis nach Moskau seien es keine 500 Kilometer mehr. 80 Prozent der Produktionsmittel seien nach dem Zusammenbruch der Sowjetunion Gemeineigentum geblieben und bis heute unter staatlicher Kontrolle – »*lohnende Objekte für kapitalistische Eroberer*«, zugleich erklärten sie die starke politische Basis des Präsidenten Aljaksandr Lukaschenko. Insofern sei die Polizeigewalt gegen die Demonstranten »*nicht nur übermäßig, sondern auch unnötig gewesen*«, so die SEA.[172] Der Wahlgewinner Lukaschenko habe damit viele weißrussische Bürger gegen sich aufgebracht, was den »Interventionisten« in die Hände gespielt habe.

Der russische Außenminister Sergej Lawrow äußerte sich zu den Unruhen in Weißrussland wie folgt: »*Wir sind besorgt über den Versuch, die internen Schwierigkeiten, mit denen Weißrussland, das weißrussische Volk und die Führung jetzt konfrontiert sind, dafür auszunutzen, um sich von außen in diese Ereignisse und Prozesse einzumischen – nicht nur, um sich einzumischen, sondern um den Weißrussen jene Ordnung aufzuzwingen, die äußere Akteure für sich selbst als vorteilhaft erachten. Niemand macht einen Hehl daraus, dass hier von Geopolitik die Rede ist, über den Kampf um den postsowjetischen Raum. Wir haben diesen Kampf auch in den früheren Entwicklungsphasen der Lage nach dem Ende der Sowjetunion gesehen. Das letzte Beispiel ist selbstredend die Ukraine.*«[173]

Um Geopolitik geht es auch bei den Unruhen in der ostasiatischen Republik Myanmar (früher Burma oder Birma). Das Land grenzt an die Volksrepublik China, zu der enge Beziehungen bestehen, und ist daher von großer strategischer Bedeutung. Denn

---

[172] Zit. wie https://deutsch.rt.com/russland/105761-lawrow-im-interview-zu-weissrussland-unruhen-geopolitik-offener-kampf-um-postsowjetischen-raum/
[173] Zit. wie ebd.

über Myanmar bekommen die Chinesen Zugang zum Indischen Ozean, wo sie einen Stützpunkt unterhalten. Es besteht eine lose militärische Kooperation, die von den USA missbilligt wird. 2018 erließen sie und die Europäische Union wegen angeblicher Menschenrechtsverletzungen Sanktionen gegen burmesische Militärs.

Bereits 2012 waren im Norden Myanmars Unruhen ausgebrochen. Seit Langem schwelende Auseinandersetzungen zwischen den muslimischen Rohingyas und der überwiegend buddhistischen Bevölkerung führten zu Terrorakten auf der einen und Militäreinsätzen auf der anderen Seite. Die Regierung von Myanmar sieht in den Rohingyas, die dort Bengalis genannt werden, illegale Einwanderer aus Bangladesch und erkennt sie nicht als eine der 135 Bevölkerungsgruppen an.[174]

Militante Rohingyas, die nicht unter einer buddhistischen Regierung leben wollen, fordern – unterstützt von islamistischen Organisationen – einen eigenen Staat, wogegen die Regierung vorgeht. Nachdem die Auseinandersetzungen 2017 erneut eskalierten, sind etwa eine Million Rohingyas aufgrund von Repressalien und Verfolgung auf der Flucht.[175] Es kann davon ausgegangen werden, dass auch hier Zwietracht gesät wurde und separatistische Bestrebungen von außen gefördert werden, um einen Regierungswechsel herbeizuführen.

Ein weiterer Krisenherd ist der Jemen, wo seit 2013 Bürgerkrieg herrscht und seit 2015 eine von Saudi-Arabien angeführt Militärintervention stattfindet, der bereits Tausende zum Opfer gefallen sind. Beteiligt sind die Vereinigten Arabischen Emirate, Ägypten, Jordanien, Bahrain, Katar (bis 2017), Kuwait, Senegal, Su-

---

[174] Vgl. www.malteser-international.org/de/hilfe-weltweit/asien/bangladesch/wer-sind-die-rohingya.html
[175] Vgl. FAZ, 25.9.2018; www.faz.net/aktuell/politik/ausland/usa-wirft-myanmar-geplante-gewalt-gegen-rohingya-vor-15805313.html

dan, Marokko (bis 2019) und im Hintergrund Großbritannien, Frankreich sowie maßgeblich die USA.[176] Gegner sind die sogenannten Huthi-Rebellen, eine vom Iran unterstützte, schiitisch orientierte politische Bewegung, die den größten Teil des Landes einschließlich der Hauptstadt Sanaa unter Kontrolle hat.[177] Sie führt Krieg gegen die von außen unterstützte Regierung von Präsident und Ex-General Abed Hadi, der sich seit 2015 im saudischen Exil befindet.

Bis 1990 war Jemen geteilt in den Nordjemen mit der Hauptstadt Sanaa und die Demokratische Volksrepublik Jemen mit der Hauptstadt Aden. Die Volksrepublik war sozialistisch unter einer marxistischen Einheitspartei und kooperierte mit der Sowjetunion. Einige Jahre nach der Vereinigung verfiel das strategisch wichtige Land am Eingang des Roten Meeres zum Sueskanal (von 1937 bis 1967 britische Kronkolonie) in Stammeskämpfe und Chaos.

Sanaa, einst weltberühmt für seine unvergleichliche Baukultur, wurde aufgrund der Zerstörungen auf die Rote Liste gefährdeten Welterbes gesetzt. Viele der bis zu acht Stockwerke hohen Turmhäuser in Lehmbauweise, die mehrere hundert Jahren alt waren, sind zerbombt worden. Hunderttausende Menschen sind obdachlos, etwa 20 Millionen vom Hungertod bedroht.[178]

Zum einen handelt es sich bei dem Konflikt um einen Stellvertreterkrieg zwischen Saudi-Arabien und dem Iran, zum anderen passt den USA und dem saudischen Königreich die politische Ausrichtung der Huthis nicht, die von der Hisbollah unterstützt und vom Iran mit Waffen versorgt werden, während ihre Gegner um den international anerkannten Präsidenten Hadi ihre Waffen aus Saudi-Arabien erhalten. Hinzu kommt, dass der Jemen 1990

---

[176] Vgl. NachDenkSeiten, 31.10.2016; www.nachdenkseiten.de/?p=35614

[177] Deutsche Welle, 2.10.2019; www.dw.com/de/jemenitische-miliz-wer-sind-die-huthis/a-50677090

[178] Vgl. Welthungerhilfe, 24.3.2020; www.welthungerhilfe.de/aktuelles/gastbeitrag/2019/hintergrundanalyse-jemen-konflikt/

Altstadt von Sanaa, Hauptstadt des Jemen, vor dem Krieg

im Zweiten Golfkrieg noch den Irak unterstützt hatte, was sich für das Verhältnis zu Saudi-Arabien und den Vereinigten Staaten äußerst negativ auswirkte.

Es ist davon auszugehen, dass unter Inkaufnahme von mehr als einer Million Opfer sowie zerstörter Städte und Dörfer wieder eine den USA, Saudi-Arabien und Israel genehme Regierung an die Macht gebracht werden soll. Deutschland hat sich im Gefolge der USA auf die Seite des geflüchteten Hadi gestellt und liefert Waffen an Saudi-Arabien. Das hat wirtschaftliche, aber auch ideologische Gründe. Doch obwohl sich Deutschland immer wieder als ein treuer Vasall der USA erweist, bleibt es nicht unbehelligt, wenn es um die Durchsetzung amerikanischer wirtschaftlicher oder strategischer Interessen geht.

Frontstaat und Brückenkopf Deutschland

Drohung, Erpressung und Sanktionen der USA richten sich nicht nur gegen Länder wie den Iran, Russland, Syrien, Venezuela oder China, sondern auch gegen »Bündnispartner« wie Deutschland. Der Hegemon gibt die große Linie der Politik vor. Er kann das, weil er deutsche Politiker auf seiner Seite hat und nach wie vor etwa 40 größere Militärstützpunkte in Deutschland unterhält, das als Aufmarschgebiet gegen Russland dient. Sonderrechte sind – soweit das überhaupt für nötig befunden wird – durch ein Zusatzabkommen zum Truppenstationierungsstatut geregelt.

Die Sanktionsdrohungen der USA wegen des Baus von Nord Stream 2 bedeuteten eine Zäsur in den transatlantischen Beziehungen, aber aufgrund der von deutschen Politikern einschließlich Kanzlerin Merkel und Bundespräsident Steinmeier vorgenommenen Verknüpfung mit dem Fall Nawalny auch um den seit Jahren schwerwiegendsten Eingriff in die innerstaatlichen Angelegenheiten Deutschlands, bezeichnend für die Durchsetzung von US-Interessen mit brachialer Gewalt.

Angeblich begibt sich Deutschland durch die mit Nord Stream 2 beabsichtigten Gaslieferungen in eine Energieabhängigkeit von Russland. Doch das Gegenteil ist der Fall, denn Russland ist auf die Einnahmen aus den Lieferungen ebenso angewiesen, wie Deutschland auf seine Energiesicherheit, die auf Dauer anders nicht gewährleistet werden kann. Wie inzwischen selbst dem letzten Hinterbänkler bekannt ist, geht es neben geostrategischen Interessen der USA um deren Absatz von Fracking-Gas (Terminals werden bereits gebaut) und um Durchleitungsgebühren für die Ukraine und Polen auf Kosten des deutschen Verbrauchers.[179]

---

[179] Dazu: Wolfgang Bittner: Der neue West-Ost-Konflikt, S. 102-108

Kaum bekannt ist, dass die USA Öl im Milliardenwert von Russland importieren.[180]

Die deutsche Regierung soll – entgegen dem Mehrheitswillen der Bevölkerung – Folge leisten, sonst drohen Strafmaßnahmen. Aber Drohungen sind zumeist gar nicht erforderlich. Die Unterwürfigkeit zeigt sich bei der drastischen Erhöhung des Militäretats. Zwar gäbe es einen gewissen Spielraum für eine selbstbestimmte Politik, wie 2003 bei der Verweigerung der Teilnahme am Irak-Krieg durch die Regierung Schröder deutlich wurde, aber die Willfährigkeit gegenüber den Vorgaben aus Washington hat unter der Regierung Merkel ihren Zenit erreicht. Deutschland beteiligt sich an der Aggressions- und Sanktionspolitik der USA und nimmt dafür sogar erhebliche wirtschaftliche Einbußen in Kauf. Verteidigungsministerin Annegret Kramp-Karrenbauer und andere USA-affine Politiker spekulierten sogar über den Einsatz deutschen Militärs in Libyen, wo nach der Zerstörung durch die westliche Allianz Bürgerkrieg herrscht.[181]

Mehrmals war Deutschland schon die Drehscheibe bei Truppenverlegungen an die russische Grenze und bei friedensgefährdenden Großmanövern der NATO. An dem für April und Mai 2020 von den USA und der von ihr geführten NATO mit 37 000 Soldaten vorgesehenen Manöver Defender 2020 beteiligte sich die Bundeswehr organisatorisch sowie mit Kampfeinheiten und schwerem Gerät.[182] Dass dieses gegen Russland gerichtete Großmanöver nichts mit Verteidigung zu tun hatte, lag auf der Hand. Die Bösartigkeit der Aktion bestand über die akute Gefährdung

[180] Vgl. www.handelsblatt.com/politik/international/rohstoffe-trump-kritisiert-deutschland-fuer-erdgasimporte-aus-russland-aber-die-usa-importieren-selbst-russisches-oel-im-milliardenwert/22794738.html?ticket=ST-1139463-Mfa l2x3EogoaIvdnNYex-ap3
[181] Vgl. www.deutschlandfunk.de/kramp-karrenbauer-bundeswehreinsatz-in-libyen-moeglich.1939.de.html?drn:news_id=1092144
[182] Vgl. ARD-Tagesschau, 14.1.2020; www.tagesschau.de/ausland/defender-103.html

der europäischen Sicherheit hinaus darin, dass sie exakt 75 Jahre nach dem Ende des Zweiten Weltkriegs an den russischen Grenzen stattfinden sollte.

Nun war mit dem SARS-CoV-2-Virus nicht zu rechnen. Wie im März 2020 bekannt wurde, haben die USA das gigantische Manöver zwar nicht abgesagt, jedoch den Umfang erheblich reduziert.[183] Dennoch ist nichts zu Ende, es beginnt immer wieder von Neuem. Was sich vor aller Augen abspielt, ist schändlich und eine Tragödie. Aber noch immer finden sich zu wenige, die sich dem widersetzen. Die Hoffnung, dass sich für Deutschland eine Erneuerung aus dem Parlament heraus entwickeln könnte, hat sich schon lange zerschlagen.

---

[183] Vgl. Deutscher Bundeswehrverband, 16.3.2020; www.dbwv.de/aktuelle-themen/blickpunkt/beitrag/news/militaermanoever-defender-europe-20-wird-kontrolliert-beendet/

Wie die Bevölkerung zum Narren gehalten wird

Nord Stream 2 - Musterbeispiel für mangelnde deutsche Souveränität

2019 und 2020 verschärfte die US-Regierung ihre Drohungen und Erpressungsversuche gegen den Weiterbau und schließlich gegen die Fertigstellung der Ostseepipeline. Die Scheinargumente wurden unverzüglich von einigen deutschen Politikern übernommen. Es trat ein äußerst befremdliches, rechtswidriges Verhalten zutage, da sich diese Politiker, darunter Parlamentarier, gegen essenzielle deutsche Interessen aussprachen und damit ihren Amtseid brachen. Und nicht nur das, sie polemisierten in der bereits von anderen Vorfällen bekannten Weise gegen die Betreiber des Pipelinebaus und scheuten sich auch nicht, die Befürworter zu diffamieren.

So fand Norbert Röttgen es richtig, *»das Gut der europäischen Einheit und Handlungsfähigkeit über die Solidarität mit Deutschland zu stellen«.*[184] Sogleich trat Reinhard Bütikofer ihm zur Seite und bezeichnete das Beharren der Bundesregierung als *»verbohrtes Festhalten«* an dem Projekt.[185] Das entsprach den Vorgaben aus Washington, vertreten durch den US-Botschafter Richard

---

[184] Zit. wie Tagesspiegel, 7.2.2019; www.tagesspiegel.de/politik/gaspipeline-nord-stream-2-cdu-aussenexperte-roettgen-stellt-sich-gegen-merkel/23960894.html

[185] Vgl. Börse Online, 7.2.2019; www.boerse-online.de/nachrichten/aktien/mit-dem-kopf-durch-die-wand-buetikofer-ruegt-nord-stream-2-1027934486

Grenell[186], der zuvor mehrmals mit anmaßenden Äußerungen im Stile eines Satrapen aufgefallen war.[187] Grenell hatte von einem *»dreisten Versuch der russischen Regierung, den Würgegriff zu verstärken«* gesprochen und die deutsche Regierung darauf hingewiesen, *»dass die wachsende russische Aggression eine Dynamik hat, die nicht mit dem Kauf zusätzlichen Gases belohnt werden sollte«.[188]*

Im Januar 2019 hatte Grenell im Einvernehmen mit US-Präsident Donald Trump offen mit Sanktionen gegen die am Pipelinebau beteiligten Unternehmen gedroht.[189] Daraufhin hatte die Schweizer Firma Allseas, die mit einem Spezialschiff an der Verlegung der Rohre in der Ostsee beteiligt war, ihre Arbeit eingestellt, und auch der italienische Konzern Saipem gab auf, obwohl etwa 2300 der 2400 Kilometer langen Gasleitung bereits verlegt waren. Beiden Unternehmen war mit einem Ausschluss von Aufträgen für alle Projekte, die unter die Gerichtsbarkeit der USA fallen, gedroht worden sowie mit dem »Einfrieren« sämtlicher Vermögenswerte weltweit. Des Weiteren drohte Anteilseignern und Mitarbeitern der beteiligten Unternehmen ebenfalls der Zugriff auf ihre Konten und Vermögenswerte weltweit sowie ein Einreiseverbot in die USA.

Aber gegen derartig ungeheuerliche Zumutungen und Übergriffe gibt es in Politik und Medien kaum Widerstand.[190] Anstatt die sofortige Aufhebung des rechtswidrigen Anti-Nord-Stream-Gesetzes zu verlangen und den US-Botschafter auszuweisen, verhielt sich die Bundesregierung zögerlich. Man muss sich vorstel-

---

[186] US-Botschafter in Deutschland vom 8. Mai 2018 bis 1. Juni 2020

[187] Vgl. Breitbart: Trump's right hand man in Europe Rick Grenell wants to »empower« European conservatives, 3.6.2018; www.breitbart.com/europe/20 18/06/03/trumps-right-hand-man-in-europe-wants-to-empower-european-anti-establishment-conservatives/

[188] Zit. wie RT Deutsch, 21.12.2018; https://deutsch.rt.com/wirtschaft/81454-wegen-zusammenarbeit-an-nord-stream-grenell-sanktionen/

[189] Vgl. Handelsblatt, 6.1.2019; www.handelsblatt.com/politik/international/ost seepipeline-usa-attackieren-spezialfirmen-von-nord-stream-2-bundesregierung-ist-alarmiert/23828402.html?ticket=ST-10136013-K54mdyiOzIrAuVERa5Rd-ap5

[190] Dazu auch das Kapitel »Völkerrechtswidrige Eingriffe der USA in deutsche innerstaatliche Angelegenheiten«

len, in Deutschland würde ein Gesetz gegen die Diskriminierung von Minderheiten in den USA mit Strafandrohungen gegen US-Bürger erlassen werden. Unvorstellbar, was geschehen würde.

Das abgezogene Spezialschiff Pioneering Spirit *zur Verlegung der Gasrohre in der Ostsee*

Bundeswirtschaftsminister Peter Altmeier erklärte zunächst nur mit leiser Kritik, während der Corona-Krise sei es nicht dienlich, an der Eskalationsspirale zu drehen und »*weitere extraterritoriale, also völkerrechtswidrige Sanktionen anzudrohen*«.[191] Im Juni 2020 gab es dann Protest aus Berlin, anstatt wirksame Gegenmaßnahmen zu ergreifen, wie zum Beispiel Strafzölle auf US-Gas zu verhängen.

Ex-Bundeskanzler Gerhard Schröder, Verwaltungsratsvorsitzender von Nord Stream 2, beklagte bei einer Expertenanhörung am 1. Juli 2020 im Wirtschaftsausschuss des Deutschen Bundestages ein »*bewusstes Aufkündigen der transatlantischen Partnerschaft*« durch die USA. Er forderte Gegensanktionen, worauf ihn US-affine Abgeordnete einen Kreml-Lobbyisten nannten und die *Bild-Zeitung* von einem »*peinlichen Auftritt des Altkanzlers*« berichtete.[192]

---

[191] Vgl. www.tagesschau.de/ausland/usa-sanktionen-nordstream-2-101.html

[192] Vgl. Bild, 1.7.2020; www.bild.de/politik/inland/politik-inland/gruene-kriti sieren-schroeder-show-im-bundestag-peinlicher-auftritt-des-altkanzle-716 18036.bild.html

Eine neue Ungeheuerlichkeit ereignete sich Anfang August 2020: Drei republikanische US-Senatoren drohten der Verwaltung des Hafens Sassnitz-Mukran auf Rügen mit harten Konsequenzen, wenn sie das Nord-Stream-2-Projekt weiter unterstützten. In dem Hafen lagern die Rohre für den Weiterbau, und er war auch die Basis für die russischen Verlegeschiffe. In einem Brief schrieben die von niemandem außer der Öl- und Gasindustrie dazu legitimierten US-Parlamentarier, die Fährhafen Sassnitz GmbH zerstöre bei einer weiteren Zusammenarbeit mit den Pipelinebetreibern »*ihre künftige finanzielle Lebensfähigkeit*«[193].

Die Drohungen richteten sich gegen den Vorstand, die Geschäftsführer, Mitarbeiter und die Anteilseigner der Hafengesellschaft. Gewarnt wurde vor jeglicher Mitwirkung bei der Verlegung der Pipelinerohre. Im Falle der Zuwiderhandlung dürften die Beteiligten nicht mehr in die USA einreisen, dortiges Vermögen würde eingefroren.[194] Auch könnte Zugriff auf sämtliche das US-Finanzsystem durchlaufende Transaktionen genommen und amerikanischen Firmen verboten werden, über Sassnitz-Mukran Waren zu importieren, zu exportieren oder dort Schiffe zu versichern usw. Der Hafen stünde in diesem Fall vor dem Ruin.

Die drei Senatoren gehören einer Gruppe führender US-Politiker an, die schon gegen Evo Morales in Bolivien und Nicolás Maduro in Venezuela gezündelt hatten. Ihr von Eigeninteresse geprägtes Selbstverständnis ist offensichtlich, dass die USA unangreifbar seien und sich ohne Rücksicht jede Lumperei erlauben könnten. Wortführer ist der aus Texas stammende Lobbyist der Fracking-Industrie Ted Cruz, dessen Wahlkampf 2018 unter anderem von der Öl- und Gasindustrie gesponsert wurde.

---

[193] Zit. wie Süddeutsche Zeitung, 7.8.2020; www.sueddeutsche.de/wirtschaft/nord-stream-2-usa-sanktionen-sassnitz-1.4992413
[194] Vgl. www.ndr.de/nachrichten/mecklenburg-vorpommern/Nord-Stream-2-Kritik-an-Drohbrief-dreier-US-Senatoren,nordstream408.html

Der Parlamentarische Geschäftsführer der SPD-Bundestagsfraktion, Carsten Schneider, wandte sich gegen die Behandlung Deutschlands als Vasallenstaat, Mecklenburg-Vorpommerns Ministerpräsidentin Manuela Schwesig sprach von Erpressungsversuchen, denen die Bundesregierung entschieden entgegentreten müsse. Ex-Kanzler Gerhard Schröder verlangte Gegensanktionen und der Grünen-Politiker und ehemalige Umweltminister Jürgen Trittin forderte von der Bundesregierung Schutz vor den *Wild-West-Methoden aus Washington«:* Die *»Unsitte amerikanischer Drohbriefe an deutsche Unternehmen«* nehme überhand, das sei eine *»wirtschaftliche Kriegserklärung«.[195]*

24 der 27 EU-Mitgliedstaaten wollten die Souveränitätsverletzung dann doch nicht hinnehmen und protestierten in Washington dagegen – ergebnislos.[196] Da ein Einfuhrboykott dem Freihandelsprinzip widerspricht und die Bundesregierung keine Gegenmaßnahmen beabsichtigte, wurde eine Klage vor dem Internationalen Gerichtshof in Den Haag in Erwägung gezogen, dessen Rechtsprechung die USA jedoch nicht anerkennen. So gab es zwar auch gegen die Anmaßung der US-Senatoren vehemente Proteste, aber dabei blieb es dann.

Die Pipeline und der Fall Nawalny

Die deutsche Regierung hielt zunächst uneingeschränkt am Weiterbau der Pipeline fest – bis der Mordanschlag auf den russischen Oppositionspolitiker Alexej Nawalny ins Spiel gebracht wurde. Politiker, die sich mit Schuldzuweisungen gegen Russland

---

[195] Zit. wie FAZ, 7.8.2020; www.faz.net/aktuell/wirtschaft/klima-energie-und-umwelt/nord-stream-2-schwesig-empoert-ueber-drohung-gegen-hafen-168943 85-p2.html
[196] Vgl. FAZ, 14.8.2020; www.faz.net/aktuell/wirtschaft/klima-energie-und-umwelt/fast-alle-eu-staaten-kritisieren-amerika-fuer-nord-stream-2-drohung-16905326.html

und dessen Präsidenten besonders hervortaten, waren die üblichen US-Propagandisten, die geschickt und hinterhältig den Fall Nawalny mit dem Bau von Nord Stream 2 verknüpften.

Norbert Röttgen äußerte: *»Es gibt nur eine Sprache, die Putin versteht: Geld und Gas. ... mit unserer bisherigen Politik haben wir nichts erreicht, weil Putin es nicht für nötig hält, irgendwo auf die Europäer Rücksicht zu nehmen oder auf uns zuzugehen. Wir präsentieren ihm nur Schwäche.«*[197] Dass Wladimir Putin seit seiner Rede 2001 im Deutschen Bundestag für Frieden und Zusammenarbeit in Europa geworben hat und ständig abgewiesen wurde, verschwieg Röttgen geflissentlich und forderte scheinheilig *»europäische Geschlossenheit«* gegen Russland. Und den wichtigsten Beitrag dazu müsse Deutschland liefern.

Reinhard Bütikofer schrieb am 8. September 2020 auf seiner Webseite: *»Doch jetzt kippt die Stimmung gegen Nord Stream 2. In der Union meldete sich Kramp-Karrenbauer kritisch zu Wort, auch Merz und Spahn und sogar ein gewisser Amthor... Bild, Welt, Tagesspiegel und FAZ positionierten sich eindeutig gegen die Pipeline. Maas, unser Außenminister, wollte plötzlich keine Zukunftsgarantien für sie mehr abgeben. Und schließlich ließ sogar Frau Merkel verlauten, sie schließe sich der Position von Maas an, sie könne für die Zukunft der Pipeline nichts mehr ausschließen.«*[198] Unterstützung kam von anderen einschlägig bekannten Einflusspersonen, die schon lange das Ende von Nord Stream 2 forderten.

Die Arbeiten an der Pipeline stagnierten, doch das Ziel der US-Regierung, das Projekt zur Gänze zum Scheitern zu bringen, war noch nicht erreicht, die endgültige Entscheidung hing in der Schwebe. Deshalb forderte Röttgen nach der angeblich bewiesenen Vergiftung Nawalnys durch russische Stellen den sofortigen

---

[197] Zit. wie FAZ, 3.9.2020; www.faz.net/aktuell/politik/inland/roettgen-putin-versteht-nur-eine-sprache-geld-und-gas-16936642.html
[198] https://reinhardbuetikofer.eu/2020/09/08/nord-stream-2-steht-auf-der-kippe-buetis-woche/ (12.9.2020)

Stopp des Pipeline-Projekts und verstieg sich zu der Behauptung: *»Putin nimmt die Europäer nicht ernst, weil es bei uns nur nette Worte oder auch Empörung, aber niemals Taten gibt…«*[199]

Bütikofer schloss sich an und folgerte: *»Ins Kippen gebracht wurde die Stimmung offenkundig durch den Mordanschlag auf das Leben von Alexej Nawalny in Russland. Auf einmal dominierten Grundsatzfragen, gegenüber denen die gebetsmühlenartige Behauptung vom großen ökonomischen Nutzen des Pipelineprojektes hilflos erschien. Wieso behandeln wir eigentlich das Putin-Regime als Partner, das in offenem, in grinsendem Zynismus rücksichtslos mit seinen Bürgern umspringt, so wie es nach außen Internationales Recht verlacht?«*[200]

Die Interventionen und Kriege der westlichen Allianz mit zerstörten Ländern, Zigtausenden von Opfern und Hunderttausenden von Flüchtlingen sind für diese Einflusspersonen »humanitäre Einsätze« oder »Maßnahmen zur Demokratisierung«; die schwerwiegenden Folgen werden ignoriert. Die Ermordung von Politikern und Oppositionellen anderer Staaten mittels Drohnen gehört für sie »zum Geschäft«, und Sanktionen, mit denen Staaten stranguliert werden, in denen andere politische Vorstellungen herrschen, halten sie für gerechtfertigt und geboten. Manche deutsche Parlamentarier und Journalisten scheinen die Direktiven aus Washington verinnerlicht zu haben. Doch damit sind sie nicht Vertreter des Volkes, das sie gewählt hat, vielmehr verraten sie dessen Interessen.

---

[199] Zit. wie ZDF, 6.9.2020; www.zdf.de/nachrichten/politik/roettgen-stopp-nord-stream-2-100.html

[200] https://reinhardbuetikofer.eu/2020/09/08/nord-stream-2-steht-auf-der-kippe-buetis-woche/ (12.9.2020)

Verdeckte Operationen und ihre Propagandisten

Offenkundig gab es im August 2020 zwei False-Flag-Operationen, Ereignisse, die gravierende Folgen für die deutsche Politik hatten und lautstarke Empörung sowie den Ruf nach durchgreifenden Konsequenzen in der Innen- wie auch in der Außenpolitik nach sich zogen. Das eine war der »Sturm auf den Reichstag«, als sich am 29. August 2020 einige Demonstranten abseits der großen Corona-Demonstration in Berlin auf die Stufen des Parlamentsgebäudes stellten, darunter sogenannte Reichsbürger mit schwarz-weiß-roten Fahnen.[201] Das zweite war der Anschlag auf Alexej Nawalny.

Der dramatisierte »Sturm« der Reichsbürger, die ihre Demonstration am Reichstag zuvor angemeldet hatten und eine Bühne aufbauen durften, beschäftigte tagelang Politik und Medien und lenkte so von einer der größten Demonstrationen der letzten Jahre ab, die sich mit Hunderttausenden Teilnehmern gegen die Maßnahmen der Regierung in der Corona-Krise richtete. Die Reichsbürger-Aktion wurde als Teil der Corona-Demonstration abgehandelt, und deren Teilnehmer wurden pauschal als Verschwörungstheoretiker, als »Covidioten« oder Verfassungsfeinde diskriminiert. Demonstrationsverbote wurden gefordert, Sanktionen gegen die Demonstranten, Tausende Kundgebungsteilnehmer hatte die Polizei eingekesselt. Auf ihre Anliegen wurde nicht eingegangen; zugleich ermutigten Politiker und Journalisten die Regierungskritiker in Weißrussland und forderten für das Land einen »Regimewechsel«.

Die tagelang andauernde Empörungswelle verlagerte sich dann abrupt, als Bundeskanzlerin Angela Merkel am 2. September 2020 verkündete, es lägen Untersuchungsergebnisse eines Bundeswehrlabors vor, nach denen Nawalny *zweifelsfrei* vergif-

---

201 Vgl. ARD-Tagesschau, 31.8.2020; www.tagesschau.de/faktenfinder/reichstag-berlin-sturm-fakenews-101.html

tet worden sei. Man werde mit den Partnern in der NATO und in der EU über eine »*angemessene, gemeinsame Reaktion entscheiden*«, so die augenscheinlich aufgebrachte Bundeskanzlerin.[202] Und sofort kam die Forderung auf, den Bau von Nord Stream 2 nun endgültig abzubrechen.

Wieder trat mit großem Bohei Norbert Röttgen auf die Bühne, assistiert von Reinhard Bütikofer und anderen Agitatoren. Sie ließen nicht los, sie betrieben ihr »Geschäft« energisch weiter. Jetzt müsse »*alles auf den Prüfstand*«, forderte Röttgen umgehend, die einzige Sprache, die Wladimir Putin verstehe, sei »*eine Sprache der Härte*«. Die Vollendung der Ostseepipeline wäre nach Röttgen die »*ultimative und maximale Bestätigung für Wladimir Putin, mit genau dieser Politik fortzufahren*«; dieses »*gegen die Mehrheit der Europäer*« betriebene Projekt müsse aufgegeben werden.[203]

Aber Röttgen ging noch weiter, obwohl eine große Mehrheit der Deutschen für eine Fertigstellung der Pipeline war[204]: Nach seiner »Expertise« war »*die Absicht der russischen Spitze, nicht nur den Einzelnen zur Strecke zu bringen, auszuschalten, zum Schweigen zu bringen, sondern … eine Botschaft zu vermitteln. Es wird an jeden, der erwägt, Opposition zu sein, sich zu erheben, zu demonstrieren, die Botschaft gesendet, so geht es euch, ihr müsst wissen, es ist lebensgefährlich, sich mit dem russischen Staat in dieser Zentralfrage, nämlich Freiheit, Meinungsfreiheit, Demokratie anzulegen.*« Dass der Mordanschlag auf Nawalny gerade jetzt passierte, sei kein Zufall, sondern »*Teil der bedingungslosen Unterstützung des Diktators Lukaschenko*«. Es sei »*ein innenpolitisches Muster der*

[202] Zit. wie ARD-Tagesschau, 3.9.2020; www.tagesschau.de/ausland/nawalny-nowitschok-103.html

[203] Zit. wie Deutschlandfunk, 3.9.2020; www.deutschlandfunk.de/nawalny-vergiftung-roettgen-die-einzige-sprache-die-putin.694.de.html?dram:article_id=483493

[204] Vgl. statista-Umfrage vom 14.12.2019 bis 16.7.2020; https://de.statista.com/statistik/daten/studie/1168719/umfrage/nord-stream-2-umfrage-zur-inbetriebnahme/

Unterdrückung, ... die Verletzung auch nur eines Mindestmaßes an Zivilität in unserem Europa«, und es sei auch das Muster der russischen Außenpolitik unter Putin.[205]

Im *Spiegel* hieß es zum Fall Nawalny, Putin sei »*eine destruktive Kraft der Weltpolitik*«,[206] und Verteidigungsministerin und CDU-Vorsitzende Annegret Kramp-Karrenbauer bezeichnete das *»System Putin«* als *»aggressives Regime, das seine Interessen ohne Skrupel auch mit Mitteln der Gewalt durchzusetzen versucht und die internationalen Verhaltensregeln immer wieder verletzt«.*[207] Kurz darauf legte der *Spiegel* noch einmal nach und kommentierte: *»Die Zeit für Härte ist jetzt. Jetzt ist die Zeit, um dem Mann im Kreml wehzutun.«*[208] Ähnlich feindlich äußerten sich weitere führende Politiker der CDU, der Grünen und der FDP; mäßigende Stimmen waren kaum zu vernehmen.

Die kriegstreiberischen Spekulationen zum Anschlag auf Nawalny, in die auch die NATO einbezogen wurde, sind hochgefährlich. An den russischen Grenzen patrouillieren B-52-Bomber mit Atombewaffnung, und es kann jederzeit zu einem Zwischenfall mit weitreichenden Folgen kommen. Den Nationalisten Nawalny, der sich nach wenigen Tagen erholt hatte, als Lichtgestalt und potenziellen russischen Präsidenten zu propagieren, wie es gelegentlich geschah, deutet auf völlige Unkenntnis der russischen Verhältnisse hin. Der angeblich »vom Kreml« Vergiftete war in Russland trotz Unterstützung aus dem Ausland verhältnismäßig einflusslos, zudem zweimal

---

[205] Vgl. Deutschlandfunk, 3.9.2020; www.deutschlandfunk.de/nawalny-vergiftung-roettgen-die-einzige-sprache-die-putin.694.de.html?dram:article_id=483493

[206] Vgl. Der Spiegel, 28.8.2020; www.spiegel.de/politik/ausland/russland-und-der-fall-nawalny-diesem-regime-kann-man-nicht-mit-mahnungen-begegnen-a-00000000-0002-0001-0000-000172728795

[207] Zit. wie Die Zeit, 3.9.2020; www.zeit.de/news/2020-09/03/fall-nawalny-berlin-will-mit-verbuendeten-beraten

[208] Vgl. Der Spiegel, 3.9.2020; www.spiegel.de/wirtschaft/russland-anschlag-auf-alexej-nawalny-es-ist-zeit-dem-mann-im-kreml-wehzutun-a-72720825-6757-4a5d-9cbb-7974adafe53f

wegen Betrugs vorbestraft.[209] 2010 wurde er einige Monate an der Eliteuniversität Yale/Connecticut im »Yale World Fellows Program« auf seine Rolle als globale Führungskraft (das heißt »Regime-Changer«) vorbereitet. Eine ähnliche Unterweisung erhielten der Ukrainer Arsenij Jazenjuk, der Georgier Micheil Saakaschwili, die Litauerin Dalia Grybauskaité, der Venezolaner Juan Guaidó und andere US-»Hoffnungsträger«. Auch deutsche Politiker wurden in den USA entsprechend geschult – soweit das überhaupt nötig war. Aber solche Hintergründe bleiben deutschen Zeitungslesern, Radiohörern und Fernsehzuschauern verborgen.

Wie heuchlerisch die antirussische Kampagne der Berliner Politikerkaste war, zeigte sich daran, dass von der jahrelangen Drangsalierung und rechtswidrigen Inhaftierung des dadurch ernsthaft erkrankten Journalisten Julian Assange überhaupt keine Kenntnis genommen wurde. Auch die grausame Ermordung des Journalisten Jamal Kashoggi am 2. Oktober 2018 im saudi-arabischen Konsulat in Istanbul durch »Spezialkräfte« aus Riad geriet bald in Vergessenheit;[210] ebenso die Ermordung des iranischen Generals Qasem Soleimani durch eine Drohne. Dass in der Ukraine ständig Regimegegner umgebracht wurden und werden, war nie ein Thema.

Über die Causa Nawalny schrieb der Berliner Journalist Tobias Riegel in den *NachDenkSeiten* am 24. August 2020: »*... im Vergleich zur kalten Missachtung von Julian Assange erscheint der Aufruhr um Nawalny als eine politisch motivierte Farce. Der Fall ist Anlass für massive antirussische Meinungsmache – die Rolle des Moralapostels erscheint bei vielen westlichen Journalisten grotesk.*« Ein älteres Video zeige zudem, wie Nawalny »*politische Gegner mit Ungeziefer gleichsetze, das entsprechend zu ›behandeln‹ sei*«. Seine

---

[209] Vgl. www.tagesschau.de/ausland/nawalny-portraet-101.html
[210] Nach Angaben offizieller türkischer Stellen ist Kashoggi, der sich kritisch über den saudischen Kronprinzen Mohammed bin Salman al-Saud geäußert hatte, gefoltert und bei lebendigem Leibe zerstückelt worden.

Popularität bleibe russlandweit *»im unteren einstelligen Bereich«*, er sei politisch eine *»höchst fragwürdige Figur«* und werde für eine maßlose Propaganda benutzt.[211]

Und wiederum entblößte sich das EU-Parlament in seiner anti-russischen Haltung: diesmal wegen der unterstellten Vergiftung Nawalnys mit einer Resolution[212], in der härtere Sanktionen gegen Russland gefordert werden, obwohl bis dato keinerlei Beweise für russisches Fehlverhalten vorlagen. Den Bitten aus Russland um Weitergabe von Untersuchungsergebnissen war die deutsche Regierung nicht nachgekommen. Das EU-Parlament forderte eine internationale Untersuchung, aber bis es irgendwann zu Ergebnissen kommt, wird weiter vermutet und angeklagt.

Zweifel werden ignoriert

Der Kremlsprecher Dmitri Peskow wies die Anschuldigungen aus Deutschland entschieden zurück und erklärte: *»Wir sind bereit und daran interessiert, vollständig zu kooperieren und die Informationen zu diesem Thema mit Deutschland auszutauschen.«*[213] Das konnte die Wogen nicht glätten, denn die Unschuldsvermutung vor einem Urteil gilt in den Beziehungen zu Russland schon lange nicht mehr, Zweifel werden ignoriert, Untersuchungsergebnisse aus Deutschland wurden den Behörden in Russland verweigert.

Außenminister Sergej Lawrow beklagte mit ernsten Worten in einem Interview am 15. September 2020: *»Gäbe es Alexej Nawalny nicht, würde man sich noch irgendetwas als Vorwand zur Einführung*

---

[211] Vgl. www.nachdenkseiten.de/?p=64036
[212] Am 18.9.2020 mit 532 Ja-Stimmen, 84 Gegenstimmen und 72 Stimment-haltungen; vgl. https://deutsche-wirtschafts-nachrichten.de/506424/Wegen-Nawalny-EU-Parlament-beschliesst-Resolution-fuer-haertere-Sanktionen-gegen-Russland
[213] Zit. wie ARD-Tagesschau, 2.9.2020; www.tagesschau.de/inland/nawalny-merkel-101.html

zusätzlicher Sanktionen einfallen lassen ... Was diese Lage betrifft, so scheint mir, dass unsere westlichen Partner schlicht allen Anstand und alle Grenzen des Vernünftigen hinter sich gelassen haben. Im Kern der Sache verlangt man jetzt von uns ein ›Geständnis‹. Man fragt uns: ›Wie, ihr vertraut deutschen Spezialisten nicht, von der Bundeswehr? Wie kann das sein? Ihre Schlussfolgerungen wurden von den Franzosen und Schweden bestätigt. Was, ihnen traut ihr auch nicht?‹«[214]

Zu konstatieren ist: Die russische Regierung hatte zugestimmt, dass Nawalny trotz der Corona-Grenzsperre zur Behandlung und Untersuchung mit einem Privatjet nach Deutschland in die Charité gebracht wurde. Das hätte sie wohl kaum gemacht, wenn sie eine Vergiftung angeordnet hätte, noch dazu mit dem Nervengift Nowitschok. In der Affäre um den Doppelspion Skripal, der angeblich in London von russischen Agenten mit Nowitschok vergiftet wurde, weswegen die deutsche Regierung sofort Diplomaten ausgewiesen hat, gibt es immer noch keinen eindeutigen Beweis für einen Mordanschlag aus Russland. Diese bedauerlichen Vorgänge werden in Szene gesetzt und dramatisiert, aber die folgenden Untersuchungen bleiben ergebnislos, während Diskriminierung, Hetze und Scheinbeweise Wirkung zeigen, wenn die Unterstellungen nur oft genug wiederholt werden.

Besonders perfide am Vorgehen der Bundesregierung war, dass mit einem vermuteten Verbrechen an einem russischen Staatsbürger in Russland die Bundeswehr und die NATO befasst wurden. Damit erhielt der Fall Nawalny eine militärische Dimension. Aber es lag kein bewaffneter Angriff Russlands auf Deutschland vor. Die Bundeswehr als Verteidigungsarmee und die NATO, die entsprechend dem Nordatlantikvertrag ein Verteidigungsbündnis ist, hätten überhaupt nicht einbezogen werden dürfen. Was sich die Bundesregierung geleistet hat, ist eine Ungeheuerlichkeit, und ebenso ungeheuerlich ist, dass dies im

---

[214] Zit. wie https://deutsch.rt.com/international/106671-lawrow-gabe-es-nawalny-nicht-fiele-anderer-vorwand-sanktionen-ein/

Westen von keiner Seite thematisiert wurde. Die Reaktionen im Deutschen Bundestag und in den Medien waren beschämend. Erst nach Tagen regte sich allmählich Kritik an der offiziellen Version, nachdem die sogenannten alternativen Medien sie schon lange angezweifelt hatten.

In der Wochenzeitung *der Freitag* wurde der Anschlag auf Nawalny wie folgt kommentiert: »*Anstandslos wird Wladimir Putin von vielen deutschen Politikern die Verantwortung für den ›Fall Nawalny‹ angelastet. Ob es klare Beweise gibt, erscheint zweitrangig. ... Wo Fakten, Argumente und vor allem offene Fragen nicht ins Weltbild passen, werden sie der Ideologie geopfert. Beim ›Fall Nawalny‹ geschieht das in einer krassen, geradezu fanatischen Weise, dass einem der Atem stockt. Woher diese Melange aus Vorurteil, Ressentiment, Kriminalisierungs- und Verdammungswahn gegenüber der russischen Regierung? ... Es liegt nicht der geringste, schon gar kein stichhaltiger Beweis dafür vor, dass ›Putin‹ oder ›der Kreml‹ den Anschlag auf Nawalny angeordnet und wissentlich geduldet haben. Trotzdem wird unablässig suggeriert, es könne gar nicht anders sein.*«

Der Kommentator schlussfolgerte: »*Dem Präsidenten Russlands werden allenthalben viel taktisches Geschick und Voraussicht zuerkannt. Warum sollte er plötzlich – von allen guten Geistern verlassen – etwas ausgelöst haben, wovon selbst für jeden politischen Laien absehbar war, welche Effekte und Affekte die Folge sein würden? Und welche Propagandaschlacht daraufhin entbrennen musste.*«[215]

Aufschluss in der Affäre Nawalny gibt letztlich die Tatsache, dass sie umgehend mit der Fertigstellung von Nord Stream 2 verknüpft wurde. Seit mindestens zwei Jahren lief die US-Regierung Sturm gegen dieses Projekt, von Monat zu Monat heftiger. Jetzt hatte sie, assistiert von ihren deutschen Einflusspersonen, endlich den triftigen Anlass, das Ende des Pipelinebaus kategorisch zu verlangen.

---

[215] der Freitag, 2.9.2020; www.freitag.de/autoren/lutz-herden/wie-im-affekt

Wie weiter?

Es fragt sich, ob Deutschland den Angriffen der USA auf seine innerstaatlichen Angelegenheiten unter Assistenz der deutschen US- und NATO-Propagandisten schutzlos ausgeliefert ist. Danach sah es aus, nachdem die Regierung Merkel ihren vorgeblichen Widerstand gegen die Anfeindungen in Sachen Nord Stream 2 wegen des Anschlags auf Nawalny erst einmal aufgab und im Gefolge der USA kriegstreiberisch Front gegen Russland bezog, und zwar deutlich aggressiver als bisher.

Der russische Außenminister Lawrow erklärte tief betroffen: *»Vor diesem Hintergrund blicken die westlichen Partner mit Arroganz auf uns herab: Wir hätten kein Recht, an ihrer Professionalität zu zweifeln. Wenn das so ist, dürften sie dann jedoch an der Professionalität etwa unserer Ärzte oder Ermittler zweifeln? Dies ist eine Haltung, die leider allmählich an andere Zeiten erinnert. Hochmut und Gefühl der eigenen Unfehlbarkeit waren bereits in Europa zu beobachten – und führten jedes Mal zu äußerst traurigen Konsequenzen.«*[216]

Dessen ungeachtet besuchte Kanzlerin Merkel ihren schwer bewachten »Gast« in der Klinik, und Nawalny, der über einen Stab von Mitarbeitern und einen Stabschef verfügt, beschuldigte den russischen Präsidenten Putin, ihn vergiftet zu haben. In einem Interview mit dem *Spiegel* sagte er: *»Ich behaupte, dass hinter der Tat Putin steht, und andere Versionen des Tathergangs habe ich nicht.«*[217] Nawalny kündigte an, nach Russland zurückzukehren: *»Meine Aufgabe ist jetzt, der Typ zu bleiben, der keine Angst hat. Und ich habe keine Angst!«*[218]

---

[216] Zit. wie https://deutsch.rt.com/international/106671-lawrow-gabe-es-nawalny-nicht-fiele-anderer-vorwand-sanktionen-ein/

[217] Der Spiegel, 28.9.2020; www.spiegel.de/politik/deutschland/alexej-nawalny-ist-angela-merkel-sehr-dankbar-fuer-besuch-in-der-charite-a-4375d943-c332-4dd6-a8b2-e38de6045f8a

[218] Zit. wie www.zdf.de/nachrichten/politik/vergifteter-kremlkritiker-nawalny-macht-putin-verantwortlich-100.html

Am 27. September 2020 griff Außenminister Heiko Maas Russland in einer Ansprache vor der UNO-Vollversammlung nochmals wegen der angeblichen Vergiftung Nawalnys mit einem chemischen Kampfstoff und Verstoßes gegen das Chemiewaffenverbot in provokativer Weise an. *»Ich fordere Russland auf, mehr zu tun zur Aufklärung dieses Falls«, sagte er. »Ein solcher Fall kann nicht folgenlos bleiben.«*[219] Und er setzte hinzu, die Europäische Union behalte sich weitere Sanktionen vor. Damit erreichte die deutsche Außenpolitik und Diplomatie ihren bisherigen Tiefststand: Provokationen, Mutmaßungen als Anlass für Anschuldigungen und Drohungen, noch dazu auf höchster Ebene vor der UNO.

Dem trug die russische Regierung Rechnung. In einer Stellungnahme des Außenministeriums zu dieser fortgesetzten *»offensichtlichen feindlichen antirussischen Linie Berlins im Zusammenhang mit der sogenannten ›Vergiftung‹ Nawalnys«* hieß es: *»Es sei daran erinnert, dass im Westen oft behauptet wird, man könne in den Beziehungen zu Russland nicht zur Tageordnung übergehen, also dürfe es kein ›business as usual‹ geben. Von unserer Seite kommen wir zum Schluss, dass mit Blick auf dieses Verhalten Deutschlands und seiner EU- und NATO-Verbündeten es der Westen ist, mit dem man unmöglich etwas zu tun haben kann, bis er die Methoden der Provokationen und Manipulationen abgelegt hat und sich ehrlich und verantwortungsbewusst zu verhalten beginnt.«*[220]

Mit dieser Erklärung zeichnete sich eine neue Phase im Verhältnis Russlands zu Deutschland ab. Das ist tragisch und zutiefst erschreckend. Das Erschreckende an dem Fall Nawalny, womit die Fertigstellung der Ostseepipeline verhindert werden sollte, wie auch an dem »Sturm auf den Reichstag« war aber auch, dass Politiker und Journalisten die Bevölkerung in einer derart primitiven Weise für dumm verkaufen wollten.

---

[219] Zit. wie RT Deutsch, 1.10.2020; https://deutsch.rt.com/europa/107319-russisches-aussenministerium-kritisiert-un-rede-von-heiko-maas/
[220] Zit. wie ebd.

Was blieb, war bei vielen Bürgern Ratlosigkeit über das Verhalten deutscher Politiker und Empörung über die Feindseligkeiten aus den USA. Dort wurde zur selben Zeit nach der Ermordung des Schwarzen George Floyd durch Polizisten die Nationalgarde und Militär eingesetzt, um *»die schlimmsten Unruhen und Ausschreitungen in der Geschichte der USA«* einzudämmen.[221] Bilder zeigten Zehntausende Demonstranten, brennende Straßenzüge und Plünderer in einem Land, das sich anmaßt, andere Völker zu knechten, ihnen Sanktionen aufzuerlegen und sie über Recht und Unrecht zu belehren.

Unruhen in New York Anfang Juni 2020

Die USA erwiesen sich innenpolitisch als ein Pulverfass, das jederzeit explodieren kann. Doch anstatt sich um ihre Belange zu kümmern, gingen US-Politiker unbeirrt kriminell gegen das deutsch-russische Pipelineprojekt vor, und Präsident Donald

---

[221] Vgl. Metropolnews, 4.6.2020; www.metropolnews.info/mp463169/blankes-entsetzen-in-den-usa-pluenderungen-und-mord-verzerrte-darstellung-in-den-medien

Trump erließ zur selben Zeit eine Durchführungsverordnung, nach der Sanktionen gegen den Internationalen Strafgerichtshof möglich sind, der Ermittlungen gegen Angehörige der US-Streitkräfte wegen Kriegsverbrechen in Afghanistan eingeleitet hatte.[222]

---

[222] Vgl. RT Deutsch, 11.6.2020; https://deutsch.rt.com/nordamerika/103410-trump-autorisiert-sanktionen-gegen-internationalen-strafgerichtshof/

Die Selbsteinschätzung der Supermächte

USA: Die Arroganz der Macht und praktizierter Größenwahn

In seinem lesenswerten Buch »Imperium USA – Die skrupellose Weltmacht« schreibt der als Verschwörungstheoretiker diffamierte Schweizer Historiker und Friedensforscher Daniele Ganser: *»In Europa wird wenig über den US-Imperialismus gesprochen, obwohl dieser einen gewaltigen Einfluss auf die internationale Politik hat. Viele wissen wohl, dass es ihn gibt, trauen sich aber nicht, darüber zu sprechen, weil sie persönliche Nachteile befürchten.«*[223] Ganser hat darüber gesprochen und geschrieben, was zur Folge hatte, dass er als Universitätsdozent unter Druck geriet und ihm eine Professur verweigert wurde.

Es gibt diese skrupellose Weltmachtpolitik mit Politikern, die über Leichen gehen, und dazu gehören wohl alle Präsidenten der USA. James Monroe, Theodore Roosevelt, Woodrow Wilson oder Harry S. Truman – um nur einige Namen zu nennen – sprachen ganz ungeniert über ihre imperialen Vorstellungen; sie betonten den globalen Führungsanspruch der Vereinigten Staaten und handelten entsprechend den Instruktionen der im Hintergrund agierenden Wirtschafts- und Finanzeliten.

Keine Ausnahme bildet der so sympathisch und leise auftretende Barack Obama, 44. US-Präsident (2009 bis 2017), der sie-

---

[223] A. a. O., S. 11 f.

ben Kriege führte, ständig Drohnenmorde bewilligte und nach Beendigung des Kalten Krieges die Aggressions- und Sanktionspolitik gegen Russland vorantrieb. In einem Interview mit dem US-Privatsender VOX vom 28. Mai 2014 sprach er Klartext: *»Wir müssen gelegentlich den Arm von Ländern umdrehen, die nicht das tun, was wir von ihnen wollen. Wenn es nicht die verschiedenen wirtschaftlichen oder diplomatischen oder, in einigen Fällen, militärischen Druckmittel gäbe, die wir haben, wenn wir diese Dosis Realismus nicht hätten, würden wir auch nichts erledigt bekommen. ... die amerikanische Führung kommt teilweise aus unserer Anpackmentalität. Wir sind das größte, mächtigste Land der Erde.... Wir haben niemanden Ebenbürtiges im Sinne von Staaten, die die Vereinigten Staaten angreifen oder provozieren könnten.«*[224]

Den völkerrechtswidrigen Krieg gegen Libyen, das seinerzeit reichste Land Afrikas, bei dem Tausende ums Leben kamen und Muammar al-Gaddafi ermordet wurde, rechtfertigte Obama mit den Worten: *»Wir haben das Leben von Tausenden beschützt.«*[225] Syrien wollte er von der legitimen Regierung unter Baschar al-Asssad *»befreien«*, und mit dem Regimewechsel in der Ukraine hatte er Putin überrascht, *»nachdem wir einen Deal zur Machtübergabe ausgehandelt hatten«*, wie er in einem Interview vom 1. Februar 2015 gegenüber CNN zugab.[226]

Das ist die Arroganz der Macht, ihre Repräsentanten sind offensichtlich der Überzeugung, sie täten mit ihren Verbrechen Gutes und dienten dem Wohl der gesamten Menschheit. Und es sind Symptome von praktiziertem Größenwahn, als Obama am

---

[224] Zit. wie RT Deutsch, 12.2.2015; https://deutsch.rt.com/11745/internatio nal/obamas-diplomatie-verstaendnis-wir-muessen-gewalt-anwenden-wenn-laen der-nicht-das-machen-was-wir-wollen/. Vgl. auch: der Freitag, 15.2.2015; www.frei tag.de/autoren/hans-springstein/der-us-praesident-hat-wieder-klartext-geredet

[225] Zit. wie Süddeutsche Zeitung, 29.6.2011; www.sueddeutsche.de/politik/ krieg-in-libyen-obama-verteidigt-sich-1.1114142

[226] Zit. wie CNN-Communications, 1.2.2015; https://cnnpressroom.blogs.cnn. com/2015/02/01/pres-obama-on-fareed-zakaria-gps-cnn-exclusive/

28. Mai 2014 in einer Rede vor der US-Militärakademie West-point renommierte: »*Von Europa bis Asien sind wir der Dreh- und Angelpunkt aller Allianzen, unübertroffen in der Geschichte der Nationen. … So sind und bleiben die Vereinigten Staaten die einzige unverzichtbare Nation. Dies ist für das vergangene Jahrhundert wahr gewesen und das wird für das nächste Jahrhundert gelten.*«[227]

Gäbe es eine unabhängige psychologische Begutachtung, würde so etwas pathologisch genannt werden. Es sind offensichtlich Symptome einer dissozialen Persönlichkeitsstörung, auch Antisoziale Persönlichkeitsstörung (APS) genannt. Unter dieser Krankheit leiden bei genauerem Hinschauen viele der führenden Persönlichkeiten in Politik, Wirtschaft und Journalismus. Es fehlt ihnen an Empathie, sozialer Verantwortung und Gewissen. Im medizinischen Diagnoseklassifikationssystem ICD-10 wird das wie folgt beschrieben: »*Eine Persönlichkeitsstörung, die durch eine Missachtung sozialer Verpflichtungen und herzloses Unbeteiligtsein an Gefühlen für andere gekennzeichnet ist. Zwischen dem Verhalten und den herrschenden sozialen Normen besteht eine erhebliche Diskrepanz. … Es besteht eine geringe Frustrationstoleranz und eine niedrige Schwelle für aggressives, auch gewalttätiges Verhalten, eine Neigung, andere zu beschuldigen oder vordergründige Rationalisierungen für das Verhalten anzubieten…*«[228]

Kaum mehr in ihrer Inhumanität zu übertreffen ist eine Aussage der ehemaligen US-Außenministerin Madeleine Albright zum Irakkrieg. Auf die Vorhaltung einer Fernsehmoderatorin, wegen der Sanktionen gegen den Irak sei eine halbe Million Kinder gestorben, mehr als in Hiroshima nach dem Abwurf der Atombombe, antwortete sie am 8. Dezember 2014: »*Ich glaube,*

[227] Zit. wie www.whitehouse.gov/the-press-office/2014/05/28/remarks-president-united-states-military-academy-commencement-ceremony
[228] Zit. wie Deutsches Institut für Medizinische Dokumentation und Information; www.dimdi.de/static/de/klassi/icd-10-who/kodesuche/onlinefassungen/html amtl2011/block-f60-f69.htm

das ist eine sehr schwere Entscheidung, aber wir glauben, es ist den Preis wert.«[229]

Bei den Kriegen gegen Serbien und den Irak wurde zudem die Verseuchung weiter Gebiete durch den Einsatz von nuklear angereicherter Munition in Kauf genommen, woran Tausende gestorben sind und die Menschen dort bis heute leiden. Das sind für die Verantwortlichen lediglich »Kollateralschäden«. Diese Mentalität durchzieht seit jeher das gesamte politische Handeln in den USA.

Russland sieht sich bedroht

Es ist nicht zu übersehen, dass der russische Präsident Wladimir Putin von einem wesentlich anderen politischen Ansatz ausgeht als die Repräsentanten der USA. In seiner Rede zur Lage der Nation vom 20. Februar 2019[230] konstatierte er: *»Russland war und ist ein unabhängiger Staat.«* Als Prioritäten der Außenpolitik nannte er die Festigung des Vertrauens, Bekämpfung der weltweiten Gefahren, Ausweitung der Zusammenarbeit in Wissenschaft, Kultur und Technologie, Beseitigung der Hürden in der Kommunikation. Auf dieser Grundlage, so sagte Putin, arbeite Russland in der UN.

Als innenpolitische Hauptaufgaben nannte Putin die Vermehrung des Wohlstands der russischen Bevölkerung, die Bekämpfung von Armut, Förderung der Familie, Versorgung der älteren Generation sowie die Verbesserung von Naturschutz, Gesundheitswesen, Schulbildung, Internetzugang, Kulturteilhabe und so weiter. Der Schlüssel zum Erfolg sei das Wirtschaftswachstum,

---

[229] Zit. wie www.youtube.com/watch?v=uJtSpev8zWk (15.2.2019)
[230] Online unter www.youtube.com/watch?v=2f5bGCfu4kI (21.2.2019). Vgl. auch Süddeutsche Zeitung, 20.2.2019: Putin warnt USA vor Rüstungswettlauf; www.sueddeutsche.de/politik/usa-russland-putin-trump-1.4338358

und in dieser Hinsicht sei Russland in Industrie und Landwirtschaft auf einem guten Wege.

Diese Rede, an der sich westliche Politiker messen lassen müssen, wurde von den deutschen Medien überwiegend hämisch oder böswillig diffamierend kommentiert. In der *Augsburger Allgemeinen* hieß es exemplarisch für die gesamte deutsche Presse: *»Das Misstrauen Russland gegenüber hat gute Gründe. Die Annektierung der Krim, Giftanschläge, abgeschossene Passagiermaschinen, die Komplizenschaft mit dem syrischen Diktator Baschar al-Assad, Menschenrechtsverletzungen und die Ausbremsung des demokratischen Wandels – tief bestürzt starren Deutschland und Europa auf Präsident Putin, der die Eskalationsspirale immer schneller drehen lässt. Doch Entspannungspolitik setzt Vertrauen voraus. Und dass Wladimir Putin nicht gewillt ist, dieses zurückzugewinnen, macht er mit jeder seiner Aussagen deutlich. Bei seiner 15. Rede an die Nation wunderte sich kaum mehr jemand, dass der Kremlchef dem Westen eher die geballte Faust als die ausgestreckte Hand entgegenstreckt.«*[231]

In der üblichen Vorgehensweise werden hier Anschuldigungen, Fehlinterpretationen und Lügen aufgelistet – eines von vielen Beispielen für den erbärmlichen Zustand der Medien in Deutschland. Dass Wladimir Putin immer wieder für Deeskalation eingetreten ist, wird unterschlagen. Seine bemerkenswerte Rede vom 24. Oktober 2014 auf der Waldai-Konferenz in Sotschi fand in den westlichen Medien überhaupt kein Echo. Er war der Behauptung entgegengetreten, Russland sei bestrebt, die Sowjetunion wiederzuerrichten oder Weltmacht Nr. 1 zu sein, das entbehre jeder Grundlage. Russland verlange *»nicht nach einem besonderen, außerordentlichen Platz in der Welt«*, erwarte aber, dass man seine Interessen berücksichtige und seine Position achte.[232] In einem

---

[231] Augsburger Allgemeine, 20.2.2019; www.augsburger-allgemeine.de/politik/Moskau-und-der-Westen-Wie-aus-Freunden-Fremde-wurden-id53547651.html
[232] Zit. wie www.nachdenkseiten.de/upload/pdf/141107_Rede_Putin_Diskussionsclub_Waldai_deutsch.pdf

Fernsehinterview mit dem US-Sender CBS am 29. September 2015 erwiderte er auf die Frage, ob Russland eine wichtigere Rolle in der Welt spielen möchte: *»Bei uns gibt es keine Obsession, dass Russland eine Supermacht sein muss.«[233]*

Aber Russland muss sich schützen. In seiner Rede an die Nation am 1. März 2018 in Moskau hatte Putin konstatiert, dass Russland bedroht und nicht als Partner in der Weltgemeinschaft anerkannt werde, und er ließ Videos über neue Waffensysteme einblenden.[234] Das war seine Antwort auf die von den USA ausgehende Bedrohung mit den in mehreren Ländern Osteuropas stationierten Raketensystemen, die angeblich der Abwehr dienen, aber auch offensiv genutzt werden können. Doch Putins Warnung führte lediglich dazu, dass die USA riesige Summen in die Entwicklung neuer Waffen investieren und ihr Atomwaffenarsenal erneuern.

Erschreckend war die Feststellung des russischen Verteidigungsministers Sergej Schoigu Anfang September 2020, dass die Simulierung von Luftschlägen gegen Russland in erheblichem Maße zugenommen habe. Waren es zuvor hauptsächlich Aufklärungsflüge an den russischen Grenzen, fänden seit einiger Zeit Anflüge statt, mit denen Raketenschläge simuliert würden, so Schoigu. An solchen Manövern nähmen eine große Anzahl von Kampfflugzeugen der NATO und auch schwere strategische US-Bomber teil. Das sei alarmierend. *»Wir verstehen solche Aktivitäten«*, sagte Schoigu, *»wir verstehen, womit sie verbunden sind.«[235]*

[233] Online unter www.youtube.com/watch?v=wueGe4IbmyQ (8.11.2018)
[234] Vgl. Spiegel Online, 2.3.2018; www.spiegel.de/politik/ausland/russland-wahlrede-von-wladimir-putin-mit-versprechen-und-atomwaffen-a-1196057.html
[235] Sputniknews, 6.9.2020; https://de.sputniknews.com/politik/20200906327889382-nato-simuliert-luftschlaege-gegen-russland/

Obama und Putin auf den UN-Vollversammlungen 2014 und 2015

Wie grundlegend verschieden die Selbsteinschätzung der beiden Supermächte ist, zeigte sich für die Weltöffentlichkeit an den Reden von Barack Obama und Wladimir Putin vor der UN-Vollversammlung. Unübersehbar heuchlerisch erklärte Obama am 25. September 2014 in New York gleich zu Anfang und zum wiederholten Mal, die USA träten dafür ein, dass Recht vor Macht gehe, dass größere Nationen nicht die Möglichkeit haben sollten, über kleinere zu verfügen und dass *»die Menschen die Möglichkeit haben sollten, ihre Zukunft selbst zu gestalten«*. Er unterstrich den Anspruch auf globale Vorherrschaft und rief dazu auf, sich mit den USA *»auf die richtige Seite der Geschichte zu stellen«*. Die Vereinigten Staaten hätten sich für Hoffnung und gegen Angst entschieden, sie sähen die Zukunft nicht als etwas Unkontrollierbares an, sondern als etwas, *»das wir durch unsere gemeinsamen Anstrengungen besser machen können«*.[236]

Wenige Sätze später gab dieser mit dem Friedensnobelpreis ausgezeichnete Präsident zu, dass die USA eine syrische Opposition ausbildeten und ausrüsteten, *»damit sie als Gegengewicht zu den IS-Terroristen und der Brutalität des Assad-Regimes fungieren kann«*. Er verschwieg dabei, dass der IS nach der Entstaatlichung des Irak zunächst mit Unterstützung der USA entstanden war. Unter Umgehung weiterer unpassender Tatsachen wie völkerrechtswidriger Interventionen und Sanktionen gegen andere Völker mit Millionen Toten und Entwurzelten behauptete Obama: *»Wir lehnen Fatalismus und Zynismus im Zusammenhang mit den Geschicken der Menschheit ab. Wir entscheiden uns, daran zu arbeiten, dass die Welt so wird, wie sie sein sollte, wie unsere Kinder sie verdienen.«*

---

[236] Zit. wie www.ag-friedensforschung.de/themen/UNO1/gv2014-obama.html

Nach der Eloge auf die angeblichen Verdienste und die Friedfertigkeit der USA ging er sogleich in die Offensive gegen Russland: *»Die russische Aggression in Europa erinnert uns an die Zeiten, als große Staaten die kleineren in ihrem Streben nach territorialen Zielen einfach zertrampelten.«* Verdrehungen und Lügen, auch als er fortfuhr: *»Das Vorgehen Russlands in der Ukraine stellt diese Ordnung der Nachkriegszeit auf die Probe. Hier sind die Fakten: Nachdem die Menschen in der Ukraine protestierten und zu Reformen aufriefen, floh ihr korrupter Präsident. Gegen den Willen der Regierung in Kiew wurde die Krim annektiert. Russland schickte Waffen in die Ostukraine, stachelte so gewalttätige Separatisten und gab einem Konflikt Auftrieb, der Tausende Menschen das Leben gekostet hat.«*[237]

Demgegenüber ist festzustellen, dass das Vorgehen der USA in der Ukraine und anderen ehemaligen Ostblockstaaten die Ordnung der Nachkriegszeit nicht nur auf die Probe, sondern infrage stellt. Proteste in der Ukraine wurden benutzt, um einen Regime Change herbeizuführen, wobei es zu Mord und Totschlag kam und der gewählte Präsident Wiktor Janukowytsch mit Gewalt vertrieben wurde. Und wieder wurde die Sezession der Krim mit dem Kampfbegriff Annexion belegt, obwohl auf der Krim ein Referendum stattfand, bei dem sich eine große Mehrheit der Bevölkerung für die Abspaltung von der Kiewer Ukraine und den Anschluss an die Russische Föderation aussprach. Lüge war auch, dass Russland gewalttätige Separatisten aufgestachelt habe. Vielmehr wollten die Ostukrainer um Luhansk und Donezk nach dem blutigen Putsch in Kiew lediglich mehr Autonomie, worauf die Marionetten der USA, Jazenjuk und Poroschenko, Panzer in Marsch setzen und einen Bürgerkrieg begannen, der Tausende Menschen das Leben gekostet hat und der noch weiter anhält.

---

[237] Zit. wie ebd.

Es ist kaum anzunehmen, dass Obama, der einen »Deal« mit den Putschisten eingegangen war, seine Lügen selber glaubte. Damit aber nicht genug, Obama versprach: »*Die Vereinigten Staaten und ihre Verbündeten werden die Menschen in der Ukraine dabei unterstützen, ihre Demokratie und ihre Wirtschaft aufzubauen. Wir werden unsere NATO-Bündnispartner stärken und unser Bekenntnis zur kollektiven Verteidigung aufrechterhalten. Wir werden Russland die Kosten für sein aggressives Vorgehen aufbürden und Lügen die Wahrheit entgegensetzen.*«[238]

Er sei entschlossen, so Obama weiter in seiner Rede, »*die Stärke der Vereinigten Staaten einzubringen, um mit allen Ländern zusammenzuarbeiten, damit wir die Probleme des 21. Jahrhunderts angehen können*«. Und er schloss mit den Worten, die keinen Zweifel an seiner Vermessenheit übrig ließen: »*Wir sind die Erben eines stolzen Vermächtnisses der Freiheit, und wir sind bereit zu tun, was nötig ist, um dieses Vermächtnis für kommende Generationen zu sichern.*«

Auch in seiner Rede während der Feierlichkeiten zum 70. Jahrestag der UNO am 28. September 2015 in New York betonte Barack Obama den Friedenswillen der USA, zugleich aber deren Stärke als größte Militärmacht der Welt.[239] Der russische Präsident Wladimir Putin, der nach Obama sprach, ging gleich zu Anfang auf den unipolaren Anspruch der USA und deren völkerrechtswidrige Interventionen zur angeblichen Demokratisierung anderer Staaten ein, indem er ausführte: »*Wir wissen alle, dass nach dem Ende des Kalten Krieges, und dessen ist sich jeder bewusst, ein einziges Herrschaftszentrum in der Welt entstanden ist und diejenigen, die sich an der Spitze der Pyramide wiederfinden, versucht sind zu glauben, dass sie so stark sind und so außergewöhnlich seien, dass sie es besser wissen als andere und sich nicht mit der UN verständigen müssen, dass sie sozusagen au-*

---

[238] Zit. wie ebd.
[239] Zit. wie www.youtube.com/watch?v=U97XoBr_JbQ (7.9.2020)

tomatisch autorisiert und legitimiert wären, ihre Entscheidungen durchzusetzen. ... So ist also der Export von Revolutionen jetzt unter dem Deckmantel des Exports von Demokratien ein Versuch, der zum Scheitern verurteilt ist.«[240]

Damit charakterisierte Putin treffend den praktizierten Machtanspruch der USA und stellte ihn zugleich infrage. Die UNO stünde dem entgegen, sagte er weiter, doch es gebe Versuche, die Legitimität der Vereinten Nationen zu untergraben. Das sei extrem gefährlich, denn es könnte »zum Zusammenbruch der gesamten Architektur der internationalen Beziehungen führen, und dann blieben keine anderen Regeln mehr übrig als das Gesetz des Stärkeren«. Die Einmischung von außen in die inneren Angelegenheiten anderer Völker habe statt zu Reformen »dazu geführt, dass nationale Institutionen und Unternehmen dieser Länder zerstört wurden, statt des Triumphes der Demokratie und des Fortschritts, erleben wir Gewalt, Armut und soziale Katastrophen, und niemand schert sich im Mindesten um Menschenrechte inklusive des Rechts auf Leben.«

An die Adresse Obamas als amtierendem US-Präsidenten setzte Putin hinzu: »Ich frage diejenigen, die das verursacht haben: Wird euch jetzt klar, was ihr angerichtet habt?« Und er gab auch Antwort auf seine rhetorische Frage: »Aber ich befürchte, niemand wird darauf antworten. Ihre Politik beruht auf dem Glauben, dass sie selber eine außergewöhnliche Rolle spielen, die es erlaubt, straflos alles tun zu können. Es ist jetzt doch offensichtlich geworden, dass das, was im Nahen Osten und in Nordafrika geschehen ist, zu Anarchie geführt hat und zu einer Heimstatt für Anarchisten und Extremisten.«[241]

Zur Flüchtlingsproblematik sagte Putin, man müsse das Problem grundsätzlich angehen, nämlich Stabilität in den Heimatländern der Geflüchteten herstellen. Dazu bedürfe es umfassen-

---

[240] Zit. wie www.youtube.com/watch?v=qTjVtC9MTsg (7.9.2020). Auszugsweise unter https://russische-botschaft.ru/de/2015/09/29/wladimir-putin-hielt-die-rede-vor-der-un-generalversammlung/ (7.9.2020)
[241] Zit. wie ebd.

der Hilfe für die betroffenen Menschen und ihre Länder. Alles, was der UN-Charta widerspreche, müsse abgelehnt werden.

Zur Aggressionspolitik der Vereinigten Staaten äußerte sich Putin nochmals in seiner Rede zur Lage der Nation vom 20. Februar 2019, und ihm war deutlich seine Enttäuschung über ständige Zurückweisungen und die Machenschaften der USA anzumerken: *»In der letzten Zeit setzen die USA in Bezug auf Russland eine Politik um, die kaum als freundschaftlich bezeichnet werden kann. Die legitimen Interessen Russlands werden ignoriert, es werden regelmäßig antirussische Aktionen vorgenommen und organisiert, ohne jeglichen Anlass oder Provokation unsererseits werden neue Sanktionen verhängt und einseitig wird die rechtliche Basis der internationalen Sicherheit demontiert, und dabei wird Russland quasi als die Hauptursache für die USA bezeichnet. Das ist nicht wahr, das sage ich eindeutig. Russland möchte vollwertige und freundschaftliche Beziehungen zu den USA aufbauen. Russland bedroht keinen, und alle Aktivitäten im Bereich der Sicherheit haben nur einen defensiven Charakter, das sind bloß Reaktionen. Wir sind nicht an einer Konfrontation interessiert, ganz besonders gegen so eine Großmacht wie die USA.«*[242]

Ebenso äußerte sich der russische Außenminister Sergej Lawrow in einer Rede vor der UN-Generalversammlung am 28. September 2018. Sein Resümee ist in wenigen Worten zugleich klarsichtige Analyse und Abrechnung: *»Heute sind wir Zeugen des Zusammenpralls zweier gegensätzlicher Trends. Auf der einen Seite gewinnen die polyzentrischen Prinzipien der Weltordnung an Stärke, und neue wirtschaftliche Wachstumszentren nehmen Gestalt an. Wir sehen Nationen, die darum kämpfen, ihre Souveränität zu erhalten und die Entwicklungsmöglichkeiten wahrzunehmen, die ihrer ethnischen, kulturellen und religiösen Identität entsprechen. Auf der*

---

[242] Zit. wie www.youtube.com/watch?v=2f5bGCfu4kI (21.2.2019). Vgl. auch Süddeutsche Zeitung, 20.2.2019: Putin warnt USA vor Rüstungswettlauf; www.sueddeutsche.de/politik/usa-russland-putin-trump-1.4338358

Sergej Lawrow, seit 2004 Außenminister der Russischen Föderation

anderen Seite sehen wir das Bestreben einer Reihe westlicher Staaten, die bemüht sind, ihren Status als selbsternannte ›Welt-Führer‹ beizubehalten und die unumkehrbare Bewegung hin zu Multipolarität, die objektiv stattfindet, zu verlangsamen. Dazu ist ihnen jedes Mittel recht, einschließlich politischer Erpressung, wirtschaftlichem Druck und brutaler Gewalt.«[243]

Die Supermacht USA, die sich als »außergewöhnlich« und »unverzichtbar« versteht,[244] hat dafür gesorgt, dass die Friedensangebote der russischen Regierung ignoriert worden sind, und sie sorgt dafür, dass sie weiter ignoriert werden. Ein unverstellter Blick in die Geschichte beweist, dass es seit über hundert Jahren gegen Deutschland, aber auch gegen Russland geht und dass es dafür eine Langzeitstrategie der USA gibt.[245]

Das besagt auch eine Rede des Politologen und US-Sicherheitsexperten George Friedman, der bis 2015 Direktor des ein-

---

[243] Russisches Außenministerium, 28.09.2018; www.mid.ru/en/foreign_policy/news/-/asset_publisher/cKNonkJE02Bw/content/id/3359296
[244] Vgl. www.whitehouse.gov/the-press-office/2014/05/28/remarks-president-united-states-military-academy-commencement-ceremony
[245] Dazu: Wolfgang Bittner: Der neue West-Ost-Konflikt, S. 225 ff.

flussreichen Thinktanks Stratfor war. Am 4. Februar 2015 sagte er am Chicago Council on Global Affairs: *»Das Hauptinteresse der US-Außenpolitik während des letzten Jahrhunderts, im Ersten und Zweiten Weltkrieg und im Kalten Krieg, waren die Beziehungen zwischen Deutschland und Russland. Weil sie vereint die einzige Macht sind, die unsere Vormachtstellung bedrohen kann. Unser Hauptziel war sicherzustellen, dass dieser Fall nicht eintritt.«*[246]

Diese Politik wird – im Grunde schon seit der Gründung des Deutschen Reiches 1871 – bis in die Gegenwart fortgeführt. Friedman begründete das wie folgt: *»Für die Vereinigten Staaten ist die Hauptsorge, dass... deutsches Kapital und deutsche Technologie sich mit russischen Rohstoff-Ressourcen und russischer Arbeitskraft zu einer einzigartigen Kombination verbinden, was die USA seit einem Jahrhundert zu verhindern suchen. Also wie kann man das erreichen, dass diese deutsch-russische Kombination verhindert wird? Die USA sind bereit, mit ihrer Karte diese Kombination zu schlagen: Das ist die Linie zwischen dem Baltikum und dem Schwarzen Meer.... Der Punkt bei der ganzen Sache ist, dass die USA einen ›Cordon Sanitaire‹, einen Sicherheitsgürtel, um Russland herum aufbauen.«*

---

[246] Zit. wie www.youtube.com/watch?v=vln_ApfoFgw (17.3.2015)

Erster Weltkrieg, Versailler Vertrag, Hitler und Zweiter Weltkrieg

Für das heutige Deutschland ist eines der größten Probleme, dass dessen jüngere Geschichte von den Siegern der beiden Weltkriege geschrieben ist und verfälscht wurde.[247] Aber Korrekturen und Aufklärung über die wahren Ursachen und Hintergründe dieser Menschheitskatastrophen sind inzwischen möglich. Wie den seit Kurzem geöffneten Archiven zu entnehmen ist, wurde das Deutsche Reich durch geschickte Bündnisverpflichtungen seiner Nachbarn in den Ersten Weltkrieg manövriert und 1919 mit dem aufgezwungenen Versailler Vertrag in den Ruin getrieben. Festzustellen ist, dass es ohne die ungeheure Verschuldung – durch Reparationen in Höhe von 269 Milliarden Goldmark[248] – und die systematisch betriebene Destabilisierung der Weimarer Republik keine nationalsozialistische Diktatur gegeben hätte und damit keinen Zweiten Weltkrieg mit einer bedingungslosen Kapitulation.

---

[247] Ausführlich zu Erstem Weltkrieg, Versailler Vertrag, Aufstieg Hitlers und Zweitem Weltkrieg: Wolfgang Bittner: Der neue West-Ost-Konflikt, S. 113-139
[248] Das entsprach etwa 100 000 Tonnen Gold. Im Vergleich betrugen Mitte 2020 die Goldreserven der USA 8133 Tonnen, Russlands 2300 Tonnen und Deutschlands 3362 Tonnen. Vgl. www.gold.de/goldreserven/

Intrigenspiel gegen das Deutsche Reich und Österreich-Ungarn

Seit 1871 hatte sich das neuzeitliche Deutsche Reich unter preußischer Führung zu einem wirtschaftlich und kulturell aufstrebenden Staat in Mitteleuropa entwickelt. Der Aderlass der Napoleonischen Kriege war überwunden, und Berlin wurde zu einer in die ganze Welt ausstrahlenden Metropole, in der Kunst und Wissenschaft gepflegt und gefördert wurden. Die Deutschen: »Volk der Dichter und Denker«. Zusammen mit Österreich-Ungarn bildete die prosperierende deutschsprachige Staatenverbindung zunehmend einen Machtfaktor zu Beginn des 20. Jahrhunderts, argwöhnisch beobachtet von den europäischen Nachbarn. Es geriet so ins Fadenkreuz der Imperialmächte England und Frankreich wie auch der Finanz- und Wirtschaftseliten der Vereinigten Staaten von Amerika. Die Folgen waren katastrophal.

Als eindrucksvoller Beweis in einer ganzen Kette von Belegen für das, was sich bereits lange vor Ausbruch des Ersten Weltkriegs gegen das Deutsche Reich vorbereitete, ist die Aussage des britischen Admirals Sir Charles Ottley zu werten. 1908 schrieb er dem Ersten Seelord, eine äußerst wirkungsvolle Methode, Deutschland zu vernichten, sei die Seeblockade, die während seiner Amtszeit als Marinegeheimdienstchef ein ständiges Thema gewesen sei. Die Mühlen der Seestreitkräfte würden »*die deutsche Industrie sowie die Bevölkerung vielleicht nur langsam…, aber überaus fein zermahlen. Früher oder später würde Gras auf den Straßen Hamburgs wachsen, Tod und Untergang würde sich ausbreiten.«*[249]

Die gleichen Überlegungen äußerte 1907 der britische Oppositionsführer und ehemalige Premierminister Arthur Balfour in einem Gespräch mit dem US-Botschafter in London, Henry White: »*Wir sind vermutlich Narren, dass wir keinen Grund dafür*

---

[249] Zit. wie Effenberger: Europas Verhängnis 14/18 – Die Herren des Geldes greifen zur Weltmacht, S. 39 f.

finden, Deutschland den Krieg zu erklären, bevor die Deutschen zu viele Schiffe bauen und uns den Handel wegnehmen.« Und er setzte hinzu, es wäre für Großbritannien vielleicht einfacher, einen Krieg zu führen, als *»unseren Lebensstandard zu senken«.*[250]

Das war die Zielrichtung in der britischen Führungsschicht. Schon eine Akte der Admiralität von 1907 enthielt Pläne für einen Krieg gegen Deutschland. Argumente waren unter anderem, dass Deutschland eine Flotte in Konkurrenz zu England aufbaue, der deutsche Handel rasch wachse und ein großer Teil des Geldes, das Deutschland bei Verhängung einer Seeblockade entginge, zwingend nach England flösse.[251]

Auch in Frankreich wuchsen Feindseligkeit und Missgunst gegen den Nachbarn, außerdem sann man auf Rache für die Niederlage von 1871. Treibende Kräfte waren unter anderem Außenminister Théophile Delcassé und General Ferdinand Foch (später Marschall und Verhandlungsführer 1918 in Compiègne), beide kompromisslose Deutschenhasser, die schon lange vor 1914 in Verhandlungen mit den Briten standen. Es war also seither nur noch eine Frage des bestmöglichen Zeitpunkts für den Kriegseintritt gegen das Deutsche Reich.

Durch den Mord an dem fortschrittlich gesinnten österreichischen Thronfolger Franz Ferdinand durch serbische Nationalisten am 28. Juni 1914 in Sarajewo wurde eine Lawine losgetreten, die das Deutsche Reich schließlich unter sich begrub. Dabei handelte es sich jedoch nicht um ein Naturereignis, sondern um ein geheimdienstlich und durch ein zwischenstaatliches Netz von Verträgen gut vorbereitetes Intrigenspiel gegen die deutsche Nation, die als imperialer Faktor von der Landkarte getilgt werden sollte.

Dass der Erste Weltkrieg bereits Jahre vor seinem Beginn in London, Paris und an der New Yorker Wallstreet geplant worden

---

[250] Zit. wie ebd., S. 41.
[251] Vgl. ebd., S. 39 ff.

war, kann nach der Öffnung lange verschlossener Archive inzwischen als Faktum betrachtet werden. Daran zu erinnern ist allerdings ein Sakrileg, das heißt, es verstößt gegen die aufgezwungene Political Correctness und wird umgehend sanktioniert. Was über die jüngere deutsche Geschichte gesagt, geschrieben und gedacht wird, obliegt nicht einer vorurteilsfreien, unabhängigen Wissenschaft, sondern es liegt in der Hand von Manipulatoren.

Ein Beispiel für diese Geschichtsklitterung bietet der als bedeutendster Historiker des 20. Jahrhunderts gepriesene ehemalige Nazi Fritz Fischer mit seinem 1961 erschienenen Werk »Griff nach der Weltmacht«. Er ging von der Hauptschuld Deutschlands am Ersten Weltkrieg aus und suchte akribisch eine Kontinuität aggressiven deutschen Weltmachtstrebens in der ersten Hälfte des 20. Jahrhunderts, also vom Kaiserreich bis zur NS-Diktatur, nachzuweisen. Deutschland habe es 1914 »*bewußt auf einen Konflikt mit Rußland und Frankreich ankommen*« lassen, so Fischer.[252] Dabei ignorierte er weitgehend die gegen Deutschland gerichtete Bündnis- und Geheimpolitik der Imperialmächte England und Frankreich und lastete die historische Verantwortung für den Ausbruch des »allgemeinen Krieges« Deutschland an.

Wer sich gegen derartige Fälschungen wendet, wird mit dem Makel des Geschichtsrevisionismus belegt oder als Nationalist, Verschwörungstheoretiker, Russlandfreund etc. diffamiert und kann sich aus der offiziellen Wissenschaft und Publizistik verabschieden.

---

[252] A. a. O., S. 97

Die Destabilisierung der Weimarer Republik

Das nach dem Ersten Weltkrieg als Weimarer Republik verfassungsrechtlich neu aufgestellte Deutsche Reich war von vornherein durch die riesigen Reparationslasten geschwächt und von nationalen und nationalistischen Kräften infrage gestellt. Die Inflation von 1923 und steigende Arbeitslosigkeit führten zu einer völligen Verarmung breiter Bevölkerungskreise. Unter diesen Bedingungen entwickelte sich die 1920 gegründete Nationalsozialistische Deutsche Arbeiterpartei (NSDAP) mit gezielter Unterstützung durch auswärtige Förderer innerhalb weniger Jahre zur stärksten politischen Kraft in Deutschland vor SPD, KPD und Zentrum.

Nachdem die Nationalsozialisten bei den Reichstagswahlen vom 5. März 1933 bei einer Wahlbeteiligung von 88,74 Prozent einen Stimmenanteil von 43,9 Prozent erzielten, waren die Tage der ersten deutschen Demokratie gezählt. Das Regime des bereits am 30. Januar 1933 von Reichspräsident Paul von Hindenburg zum Reichskanzler ernannten Parteivorsitzenden der NSDAP, Adolf Hitler, beseitigte in kürzester Zeit mit Notverordnungen, Gleichschaltungsgesetzen und Terror den demokratischen Rechtsstaat.

Dass der Aufstieg der NSDAP aus dem Ausland gefördert wurde, ist erwiesen. Die Hitler-Partei erhielt Zuwendungen aus den USA, und Hitler wurde von einem hochrangigen US-Geheimagenten namens Ernst Hanfstaengl[253] beraten und finanziell unterstützt. 1923 wurde ihm ein Darlehen in Höhe von tausend Dollar gewährt, damals viel Geld. Hanfstaengl führte ihn in die Münchner Hautevolee ein und beriet ihn bei der Abfassung sei-

---

[253] Ernst Hanfstaengl (1887–1975) war ein erfolgreicher deutsch-amerikanischer Geschäftsmann mit guten Verbindungen zur Münchener Oberschicht. In den 1930er-Jahren war er Auslandspressechef der NSDAP, später Berater von US-Präsident Franklin D. Roosevelt.

nes Mitte der 1920er-Jahre erschienen politisch-ideologischen Programm- und Propagandawerks »Mein Kampf«.

Der Frage nach den Finanziers Hitlers und der NSDAP ging der russische Historiker Nikolay Starikov in seinem Buch »Wer hat Hitler gezwungen Stalin zu überfallen?« nach. Er fand Belege dafür, dass seit Anfang der 1920er-Jahre Zuwendungen von interessierten Kreisen aus den USA kamen und die Transaktionen über Schweizer Banken abgewickelt wurden. Zu Hitler schreibt er: »*Die Entscheidung, ihn an die Spitze Deutschlands zu stellen, wurde nicht in Berlin, sondern in London und Washington getroffen.*«[254] Des Weiteren vertritt Starikov die Ansicht, England, Frankreich und die Finanz- und Wirtschaftseliten der USA hätten von vornherein die Absicht verfolgt, nicht nur Deutschland ein für alle Mal zu vernichten, sondern es in einen Vernichtungskrieg gegen die bolschewistische UdSSR zu schicken.

Demgegenüber vertrat der ehemalige Herausgeber der *Frankfurter Allgemeinen Zeitung* und Hitlerbiograf Joachim Fest die Ansicht, Hitler sei von der deutschen Großindustrie gefördert und unterstützt worden.[255] Das trifft zwar für die Zeit des bereits etablierten Nationalsozialismus zu, nicht jedoch für dessen Anfangsphase in den 1920er-Jahren. Denn welches Interesse sollten deutsche Industrielle zu der Zeit an einer kleinen Gruppe von Extremisten gehabt haben, die über keinerlei Einfluss verfügten?

Mit Hitler konnte die Weimarer Republik destabilisiert, schließlich beendet und Deutschland gegen die Sowjetunion aufgestellt werden. Im mörderischen Zweiten Weltkrieg verloren 70 Millionen Menschen das Leben, darunter etwa 27 Millionen Soldaten und Zivilisten der Sowjetunion. Das Deutsche Reich als Staatsgebilde wurde 1945 besiegt, von den Siegermächten besetzt

---

[254] Starikov: Wer hat Hitler gezwungen Stalin zu überfallen? Vilnius 2017, S. 119. Dazu auch Hermann Ploppa: Hitlers amerikanische Lehrer. Die Eliten der USA als Geburtshelfer der Nazi-Bewegung. Marburg 2008
[255] Vgl. Joachim Fest: Hitler. Eine Biographie. Frankfurt am Main 1973

Hitler 1923 auf »Propagandafahrt«

und zerteilt. Es wurde eliminiert, und auf seinem Staatsgebiet wurden unter dem Diktat der Besatzung zwei Verwaltungsgebiete zu Staaten erklärt: die BRD und die DDR. Beide standen unter Kuratel und waren nicht souverän.

Das trifft auch nach dem Zusammenschluss (Wiedervereinigung genannt), der de facto eine Eingliederung der DDR in die BRD war, auf die neu entstandene Bundesrepublik Deutschland in der Nachfolge der alten BRD zu. Festzuhalten ist, dass es das Deutsche Reich in seiner Ausformung von 1871 nicht mehr gibt, auch wenn Gruppierungen wie die Reichsbürger anderer Ansicht sind. Dabei hat die rechtliche Beurteilung unabhängig von der ideologischen Einschätzung des zwischen 1933 und 1945 herrschenden verbrecherischen Naziregimes zu erfolgen.

Was die ehemals deutschen Ostgebiete angeht, die durch das Potsdamer Abkommen vom 2. August 1945 zunächst unter polnische Verwaltung gestellt und kurz darauf von Polen annektiert wurden, besteht bis dato ein ungelöstes Problem. Zwar wurde aus friedenspolitischen Gründen 1970 mit dem Warschauer Vertrag und 1990 durch den Deutschen Bundestag und die Volkskammer der DDR die Oder-Neiße-Grenze als polnische Westgrenze anerkannt, aber es bestehen Zweifel, ob damit ein Verzicht auf die ursprünglich bis zu einer »Friedenskonferenz« unter polnische Verwaltung gestellten Gebiete jenseits dieser Grenze (Schlesien, Ostpreußen, Pommern und Teile Ostbrandenburgs) erfolgen konnte. Die daraus erwachsenden Fragen bedürfen einer genauen, auch staatsrechtlichen Untersuchung, um zu einer Klärung zu gelangen.

Dass es sich hier um eine schwärende Wunde im Verhältnis beider Völker handelt, wurde 2017 schlagartig sichtbar an der Forderung der polnischen Regierung nach Reparationen in Höhe von etwa einer Milliarde Dollar. Außenminister Witold Waszczykowski erklärte, auf den deutsch-polnischen Beziehungen liege der Schatten der deutschen Aggression von 1939 und ungelöster Nachkriegsfragen. Er verlangte ein *»ernstes Gespräch mit den Deutschen«* und schätzte die »Wiedergutmachung« sogar auf einen Betrag in dreistelliger Milliardenhöhe ein.[256] Dazu vertraten führende polnische Politiker die Ansicht, dass der 1953 von Polen unterzeichnete Verzicht gegenüber der DDR keine souveräne Handlung gewesen, sondern unter dem Druck der Sowjets entstanden sei. Doch nachdem in Polen erkannt wurde, dass mit diesen Forderungen ein außerordentlich heikles Thema angeschnitten wurde, ist es stiller um die Reparationen geworden.

Ein weiterer wunder Punkt in der Nachkriegsgeschichte Deutschlands ist die sogenannte Stalin-Note vom 10. März 1952.[257] Es handelt sich um ein Angebot der Sowjetunion an die anderen drei Hauptsiegermächte des Zweiten Weltkriegs, über ei-

---

[256] Vgl. Deutsche Welle, 4.9.2017; www.dw.com/de/polen-fordert-eine-billion-dollar-von-deutschland/a-40355079

[257] Zur Stalin-Note: www.1000dokumente.de/index.html?c=dokument_ru&dokument=0031_not&l=de (28.9.2020). Vgl. auch: www.kas.de/de/web/geschichte-der-cdu/kalender/kalender-detail/-/content/stalin-schlaegt-den-drei-westmaechten-vor-verhandlungen-ueber-einen-friedensvertrag-mit-einer-gesamtdeutschen-regierung-aufzunehmen-stalin-note-. (28.9.2020)

nen Friedensvertrag mit Deutschland zu verhandeln. Bedingung war die Neutralität eines künftigen vereinten Deutschlands, die unter polnischer Verwaltung stehenden Ostgebiete ausgenommen. Da zur selben Zeit unter der Regierung Adenauer in Geheimverhandlungen bereits die Wiederbewaffnung und der Beitritt zur NATO beschlossen wurde, boykottierten die westlichen Alliierten den sowjetischen Vorschlag. Auch Konrad Adenauer wies ihn als unseriöses »Störmanöver«, mit dem die Westintegration der BRD blockiert werden sollte, zurück und vergab damit eine unwiederbringliche Chance.

Das EU-Parlament provozierte Russland, und Putin antwortete

Stalin und Hitler – Verursacher des Zweiten Weltkriegs?

Von den deutschen sogenannten Qualitätsmedien ignoriert oder nur kurz abgetan, erschien am 18. Juni 2020 in der US-Zeitschrift *The National Interest* ein langer Essay des russischen Präsidenten Wladimir Putin mit dem Titel »Gemeinsame Verantwortung vor Geschichte und Zukunft« zum »75. Jahrestag des Großen Sieges« in englischer Sprache.[258] Am 19. Juni 2020 veröffentlichte die Botschaft der Russischen Föderation in Berlin den Artikel auf Deutsch.[259] Im Vergleich zu dem, was von westlichen Spitzenpolitikern sonst so zu hören und zu lesen ist, handelt es sich um ein publizistisches und politisches Glanzstück.

Anlass für diese denkwürdige Veröffentlichung, die ohne Übertreibung als eines der wichtigsten politischen und geschichtlichen Dokumente seit 1945 zu sehen ist, war nicht nur der 75. Jahrestag des Sieges über Nazideutschland, vielmehr war es die dreiste Provokation durch das Parlament der Europäischen Union, das

---

[258] https://nationalinterest.org/feature/vladimir-putin-real-lessons-75th-anniversary-world-war-ii-162982
[259] https://russische-botschaft.ru/de/2020/06/19/75-jahrestag-des-grossen-sieges-gemeinsame-verantwortung-vor-geschichte-und-zukunft/

sich am 19. September 2019 auf Initiative von 18 polnischen EU-Abgeordneten eine Resolution leistete, mit der Russland eine wesentliche Mitschuld am Zweiten Weltkrieg zugeschoben wurde, und zwar »*in der Erwägung, dass vor 80 Jahren, am 23. August 1939, die kommunistische Sowjetunion und das national-sozialistische Deutsche Reich den als Hitler-Stalin-Pakt bekannten Nichtangriffspakt und dessen Geheimprotokolle unterzeichneten, womit die beiden totalitären Regime Europa und die Hoheitsgebiete unabhängiger Staaten untereinander aufteilten und in Interessen-sphären einteilten und damit die Weichen für den Zweiten Weltkrieg stellten...*«[260] Die historische Unkenntnis und ideologische Be-fangenheit zahlreicher Mitglieder dieses höchsten europäischen Gremiums zeigte sich an dem Abstimmungsergebnis: 535 Ja-Stimmen, 66 Nein-Stimmen, 52 Enthaltungen.

Der russische Präsident mochte diese Schuldzuweisung nicht auf sich beruhen lassen und antwortete mit einer Abhandlung, die deutlich seine Handschrift trägt. Er beginnt mit einem per-sönlichen Rückblick auf das Schicksal seiner Familie im Zweiten Weltkrieg und danach: »*Man pflegt zu sagen: Der Krieg hat eine tiefe Spur in der Geschichte jeder Familie hinterlassen. Hinter diesen Worten stehen das Schicksal von Millionen Menschen, ihr Leiden und der Schmerz des Verlustes. Stolz, Wahrheit und Erinnerung. Für meine Eltern ist der Krieg die schrecklichen Qualen des belagerten Leningrads, wo mein zweijähriger Bruder Witja starb, wo meine Mutter durch ein Wunder am Leben blieb.*«[261] Für ihn und seine Altersgenossen, so schreibt Putin, sei es wichtig, »*dass unsere Kin-der, Enkel und Urenkel begreifen, welchen Prüfungen und Qualen ihre Vorväter standgehalten haben*«. Er halte es in Verantwortung

---

[260] Europäisches Parlament: Bedeutung der Erinnerung an die europäische Ver-gangenheit für die Zukunft Europas, 19.9.2019; www.europarl.europa.eu/do ceo/document/TA-9-2019-0021_DE.html

[261] Zit. wie https://russische-botschaft.ru/de/2020/06/19/75-jahrestag-des-gros sen-sieges-gemeinsame-verantwortung-vor-geschichte-und-zukunft/

gegenüber der Vergangenheit und Zukunft für seine Pflicht, *»alles zu tun, um eine Wiederholung der schrecklichen Tragödien zu verhindern«*. Deshalb habe er den Artikel über den Zweiten Weltkrieg und den »Großen Vaterländischen Krieg« geschrieben.

Putin geht dann in bemerkenswerter Weise auf die Vorkriegszeit ein – er bezeichnet seine Ausführungen als *»Offensichtliches«*, und das sollte nicht nur den für die unsägliche EU-Resolution verantwortlichen Abgeordneten, sondern allen westlichen Politikern ins Geschichtsbuch geschrieben werden: *»Die eigentlichen Ursachen des Zweiten Weltkriegs ergeben sich in vieler Hinsicht aus den Entscheidungen, die zu den Ergebnissen des Ersten Weltkrieges getroffen wurden. Der Vertrag von Versailles wurde für Deutschland zu einem Symbol tiefer Ungerechtigkeit. Tatsächlich ging es um die Beraubung des Landes, das den westlichen Verbündeten riesige Reparationen zahlen musste, die seine Wirtschaft erschöpften. Der Oberbefehlshaber der alliierten Armeen, Marschall von Frankreich, Ferdinand Foch, gab dem Versailler Vertrag eine prophetische Bezeichnung: ›Das ist kein Frieden. Das ist ein Waffenstillstand auf 20*

Waffenstillstandsunterzeichnung 1918 im Salonwagen von Marschall Foch

Jahre‹. Gerade die nationale Demütigung bildete den Nährboden für radikale und revanchistische Stimmungen in Deutschland.«

Damit sei das deutsche Volk in einen neuen Krieg getrieben worden, so Putin. Es sei paradox, aber westliche Staaten, vor allem Großbritannien und die USA, hätten direkt oder indirekt dazu beigetragen: *»Ihre Finanz- und Industriekreise investierten durchaus aktiv in deutsche Fabriken und Werke, die Rüstungserzeugnisse produzierten. Und unter der Aristokratie und dem politischen Establishment gab es viele Anhänger radikaler, rechtsextremer, nationalistischer Bewegungen, die sowohl in Deutschland als auch in Europa an Stärke gewannen.«*

Hinsichtlich der Einschätzung von Versailles für die Fehlentwicklung in der Weimarer Republik befindet sich Wladimir Putin im Einvernehmen mit dem französischen Staatspräsidenten Emmanuel Macron. In einem Gespräch mit der *Süddeutschen Zeitung* im April 2020 äußerte er die Ansicht, die Bestrafung Deutschlands durch den erzwungenen Vertrag von 1919 sei ein Fehler gewesen, weil das den Boden für den Aufstieg des Nationalsozialismus bereitet habe.[262]

Das Münchner Abkommen

In einem längeren Abschnitt beschäftigt sich Putin mit der Gründung des Völkerbundes und dem Münchner Abkommen, in Russland »die Münchner Verschwörung« genannt. Der Völkerbund sei eines der wichtigsten Ergebnisse des Ersten Weltkriegs gewesen: *»Auf diese internationale Organisation wurden große Hoffnungen zur Gewährleistung eines dauerhaften Friedens, der kollektiven Sicherheit gesetzt. Es war eine progressive Idee, deren konsequente Umsetzung ohne Übertreibung eine Wiederholung*

---

[262] Süddeutsche Zeitung, 17.4.2020; www.sueddeutsche.de/politik/corona bonds-eu-macron-merkel-walter-borjans-1.4879890

der Schrecken des globalen Krieges hätte verhindern können.« Doch das Bündnis sei von den Siegermächten Großbritannien und Frankreich dominiert worden und dadurch ineffizient und bedeutungslos geworden.

Wiederholte Forderungen der Sowjetunion nach einem gleichberechtigten, vertraglich abgesicherten System kollektiver Sicherheit seien ignoriert worden, so Putin weiter. *»Und im Fall des Münchner Abkommens, an dem neben Hitler und Mussolini die Staats- und Regierungschefs Großbritanniens und Frankreichs teilnahmen, kam es mit voller Zustimmung des Völkerbundrates zu einer Zergliederung der Tschechoslowakei.«* In diesem Zusammenhang betont Putin, *»dass sich Stalin im Unterschied zu vielen damaligen europäischen Führern nicht mit einem persönlichen Treffen mit Hitler befleckte, der damals in westlichen Kreisen als ein durchaus respektabler Politiker galt, und ein willkommener Gast in den europäischen Hauptstädten war.«*

Auf die Annexion der tschechoslowakischen Gebiete, an der neben Nazideutschland auch Polen beteiligt gewesen sei, geht Putin genauer ein: *»Sie entschieden im Voraus und gemeinsam, wer welche tschechoslowakische Ländereien bekommen wird. Am 20. September 1938 teilte der polnische Botschafter in Deutschland, Jozef Lipski, dem Außenminister Polens, Jozef Beck, die Versicherungen Hitlers mit, dass, wenn es zwischen Polen und der Tschechoslowakei zu einem Konflikt bezüglich der polnischen Interessen in Tschechien komme, das Reich sich auf die polnische Seite stellen werde. Der Nazi-Führer gab sogar Hinweise und Ratschläge, dass der Beginn der polnischen Aktionen erst nach der Besetzung des Sudetenlands durch die Deutschen erfolgen solle.«*

Polen sei sich bewusst gewesen, so Putin, *»dass seine Eroberungspläne ohne Unterstützung durch Hitler zum Scheitern verurteilt gewesen wären«.*[263] Er zitiert die Aufzeichnung eines Gespräches des

---

[263] Anfang Oktober 1938 besetzten polnische Truppen das tschechoslowakische Olsagebiet (Teschen), während Deutschland in das Sudetenland einmarschierte.

deutschen Botschafters in Warschau, Hans-Adolf von Moltke, mit Jozef Beck vom 1. Oktober 1938 über die polnisch-tschechischen Beziehungen und die Position der UdSSR in dieser Frage: *»Dort steht geschrieben, Herr Beck … habe sich für die loyale Interpretation der polnischen Interessen auf der Münchner Konferenz sowie für die Aufrichtigkeit der Beziehungen während des tschechischen Konflikts sehr bedankt. Die Regierung und die Öffentlichkeit von Polen würden die Position des Führers und Reichskanzlers voll und ganz würdigen«.*

Das sind erstaunliche Aussagen, die durch Archivmaterial belegt werden können. Putin schreibt: *»Die Teilung der Tschechoslowakei war grausam und zynisch. München zerstörte sogar jene formellen und zerbrechlichen Garantien, die auf dem Kontinent geblieben waren, und zeigte, dass gegenseitige Vereinbarungen nichts wert sind. Gerade das Münchner Abkommen diente als Auslöser, nach dem ein großer Krieg in Europa unvermeidlich wurde. Heute möchten europäische Politiker, vor allem polnische Spitzenpolitiker, München ›verschweigen‹. Warum? Nicht nur deswegen, weil ihre Länder damals ihre Verpflichtungen verraten haben und das Münchner Komplott unterstützten, wobei einige sogar an der Teilung der Beute teilnahmen, sondern auch weil es unangenehm ist, sich daran zu erinnern, dass sich nur die UdSSR an jenen dramatischen Tagen für die Tschechoslowakei eingesetzt hat.«*

Weiter führt Putin aus, die Sowjetunion habe versucht, auf der Basis ihrer internationalen Verpflichtungen, darunter auch der Abkommen mit Frankreich und der Tschechoslowakei, *»die Tragödie zu verhindern«*, Polen habe hingegen, *»seine Interessen verfolgend, mit allen Kräften die Schaffung eines kollektiven Sicherheitssystems in Europa verhindert«*. Am 19. September 1938 habe der polnische Außenminister Jozef Beck dem polnischen Botschafter in Berlin, Jozef Lipski, vor seinem Treffen mit Hitler geschrieben: *» Im Laufe des vergangenen Jahres hat die polnische Regierung viermal das Angebot abgelehnt, sich der internationalen Einmischung zum Schutz der Tschechoslowakei anzuschließen.«*

»Kaminzimmer«-Verhandlungen im Rahmen des Münchner Abkommens vom 29. September 1938: Deutschland, das Vereinigte Königreich, Frankreich und Italien entschieden über das Schicksal des Sudetenlandes. Die Tschechoslowakei, welche das Gebiet an das Deutsche Reich abtreten sollte, sowie die mit ihr verbündete Sowjetunion waren zur Konferenz nicht eingeladen

Über die Intentionen der damaligen Großmächte Großbritannien und Frankreich, damals die wichtigsten Verbündeten der Tschechen und Slowaken, schreibt Putin, sie hätten sich dafür entschieden, »*auf ihre Garantien zu verzichten und dieses osteuropäische Land zum Zerreißen vorzuwerfen.*« Es folgt eine brisante, aber durchaus stimmige Analyse: »*Nicht nur vorzuwerfen, sondern die Bestrebungen der Nazis in den Osten zu lenken, mit dem Ziel, dass Deutschland und die Sowjetunion unvermeidlich aufeinanderstoßen und einander ausbluten könnten. Gerade darin bestand die westliche Politik der ›Befriedung‹. Und nicht nur in Bezug auf das Dritte Reich, sondern auch auf andere Teilnehmer des sogenannten Antikomintern-Pakts – das faschistische Italien und das militaristische Japan.*«

Der Hitler-Stalin-Pakt

In der damals entstandenen Situation schloss die Sowjetunion einen Nichtangriffspakt mit Deutschland ab, den Hitler-Stalin-Pakt, in Russland Molotow-Ribbentrop-Pakt genannt. Aber das war keine außergewöhnliche Handlung oder Schandtat (wie die polnische Regierung in jüngster Zeit mehrmals behauptet hat). Vielmehr war die Sowjetunion das letzte der europäischen Länder, das Derartiges mit Deutschland unterzeichnet hat, und es handelte sich um eine durch Archivmaterial belegte Sicherheits- und Abwehrstrategie der sowjetischen Führung *»vor dem Hintergrund der realen Gefahr, mit einem Zweifrontenkrieg konfrontiert zu werden – mit Deutschland im Westen und mit Japan im Osten, wo bereits intensive Kämpfe am Fluss Chalcha stattfanden«.* Das »Münchner Komplott« habe der Sowjetunion gezeigt, *»dass die westlichen Länder Sicherheitsfragen lösen werden, ohne Rücksicht auf die sowjetischen Interessen zu nehmen und bei passender Gelegenheit eine antisowjetische Front bilden zu können«.*

In der heutigen, von den westlichen Siegermächten beeinflussten deutschen Geschichtsschreibung werden diese Zusammenhänge zumeist verschwiegen oder falsch dargestellt. Putin schreibt dazu, man könne Stalin zu Recht vieles vorwerfen, nicht jedoch einen Mangel an Verständnis der äußeren Bedrohungen für die Sowjetunion, die versuchte, nicht allein gegen das Deutsche Reich und seine etwaigen Verbündeten dazustehen. Im Übrigen habe der Oberste Sowjet in einer Verordnung vom 24. Dezember 1989 die Geheimprotokolle zum Hitler-Stalin-Pakts offiziell als einen *»Akt der persönlichen Macht«,* der nicht dem Willen des sowjetischen Volkes entsprach, verurteilt.

Man wisse nicht, schreibt Putin, ob es geheime Protokolle und Anhänge zu den Abkommen der anderen Länder mit Nazideutschland gab. Aber heute zögen es diese Staaten vor, *»sich nicht an die Abkommen zu erinnern, unter denen die Unterschriften der*

Nazis und westlicher Politiker stehen«. Nicht zu vergessen sei dabei *»die rechtliche oder politische Bewertung dieser Zusammenarbeit, darunter auch der stillschweigenden Kompromissbereitschaft einiger europäischer Politiker mit den barbarischen Plänen der Nazis bis zu ihrer direkten Förderung.«* Zitiert wird der zynische Satz des polnischen Botschafters Jozef Lipski zu einem Gespräch mit Hitler am 20. September 1938: *»Für die Lösung der jüdischen Frage werden wir ihm ... ein schönes Denkmal in Warschau aufstellen.«*

Es folgt eine Aufforderung an andere Staaten, den Prozess der Öffnung ihrer Archive, *»die Veröffentlichung bisher unbekannter Dokumente aus der Vorkriegs- und Kriegszeit zu intensivieren«.* Russland sei bereit für eine Zusammenarbeit an Forschungsprojekten von Historikern.

Bewahrung des historischen Gedächtnisses

Im Weiteren geht Putin auf den Zweiten Weltkrieg und die Rolle Russlands bei der Bekämpfung des deutschen Faschismus ein. Er schreibt: *»Es war naiv zu glauben, dass Hitler keine weiteren territorialen Ansprüche erheben würde, nachdem er mit der Tschechoslowakei fertig war. Diesmal gegenüber seinem jüngsten Komplizen bei der Teilung der Tschechoslowakei – Polen. Als Anlass diente hier übrigens auch das Erbe von Versailles – das Schicksal des so genannten Danziger Korridors. Die darauffolgende Tragödie Polens liegt voll und ganz auf dem Gewissen der damaligen polnischen Führung, die die Bildung des Militärbündnisses zwischen England, Frankreich und der Sowjetunion verhinderte, sich auf die Hilfe der westlichen Partner verließ und sein Volk unter die Walze der Hitler-Zerstörungsmaschine stellte ... Und die militärpolitische Spitze Polens flüchtete bis zum 17. September auf das Territorium Rumäniens und verriet ihr Volk, das den Kampf gegen die Eindringlinge fortsetzte.«*

Auch die Rolle Frankreichs und Englands sieht Putin kritisch: Ein *»direkter Verrat«* an ihren Bündnisverpflichtungen gegenüber Polen sei nicht zu übersehen, weil sie zunächst nicht in die Offensive gingen. Die Sowjetunion habe abgewartet und sich dem Bündnis Deutschlands, Italiens und Japans verweigert. Die westlichen Länder seien mit den sowjetischen Aktionen, die dem Wunsch nach Sicherheit gedient hätten, einverstanden gewesen. Die russische Armee habe seinerzeit Gebiete bis an die sogenannte Curzon-Linie besetzt, *»die nicht zu Polen gehören und die Polen nach dem Ersten Weltkrieg gewaltsam besetzt hatte«*, so der ehemalige britische Premierminister David Lloyd George.[264] Insofern sei das russische Vorrücken nicht mit dem der Deutschen zu vergleichen. Hitler habe dann die Sowjetunion angegriffen (»Unternehmen Barbarossa«), weil ihm klar gewesen sei, *»dass gerade die Sowjetunion die Hauptstärke war, die ihm in Europa gegenüberstand, und dass der bevorstehende Kampf im Osten den Ausgang des Weltkriegs bestimmen würde«.* Er sei überzeugt gewesen, dass der Feldzug nach Moskau kurz und erfolgreich sein würde.

Putin fährt fort: *»Der Zweite Weltkrieg brach nicht von heute auf morgen aus, er begann nicht unerwartet, nicht plötzlich. Und die deutsche Aggression gegen Polen war auch nicht unerwartet. Es ist das Ergebnis vieler Tendenzen und Faktoren in der Weltpolitik jener Zeit.«* Daher sei es ungerecht zu behaupten, der zweitägige Besuch des Naziaußenministers Ribbentrop in Moskau sei der zentrale Grund, der zum Zweiten Weltkrieg geführt habe. Der russische Präsident vertritt die Ansicht, alle führenden Länder hätten seinen Ausbruch *»in dem einen oder anderen Maße zu verantworten«*, jedes dieser Länder habe *»nicht wiedergutzumachende Fehler in der selbstgefälligen Zuversicht begangen, dass man andere überlisten, einseitige Vorteile für sich gewinnen und dem heranrü-*

---

[264] Im Krieg gegen die durch Bürgerkrieg geschwächte Sowjetunion (1919–1921) hat Polen unter Marschall Piłsudski sowjetische Gebiete im Baltikum, in Weißrussland und der Ukraine annektiert.

ckenden globalen Unheil ausweichen kann«. Diese Kurzsichtigkeit, der »Verzicht auf die Schaffung eines Systems der kollektiven Sicherheit«, habe Millionen Menschenleben und riesige Verluste gefordert.

Ausdrücklich betont Putin, er wolle nicht die Rolle eines Richters übernehmen in der Absicht, »jemanden zu beschuldigen oder zu rechtfertigen oder gar eine neue Runde der internationalen Informationskonfrontation im historischen Bereich loszutreten, die Staaten und Völker gegeneinander aufbringen kann«. Er ist der Meinung, »dass die Suche nach ausgewogenen Bewertungen vergangener Ereignisse der akademischen Wissenschaft mit einer breiten Vertretung namhafter Forscher überlassen werden sollte«, um »Wahrheit und Objektivität« herzustellen. Ein derartiger Ansatz würde es ermöglichen, »die damals begangenen Fehler nicht mehr zu wiederholen und eine friedliche und erfolgreiche Entwicklung für die kommenden vielen Jahre sicherzustellen«.

Allerdings, so Putin weiter, seien »viele unserer Partner« nicht zu einer Zusammenarbeit bereit. »Im Gegenteil, um ihre Ziele zu erreichen, erhöhen sie die Anzahl und das Ausmaß der Informationsangriffe gegen unser Land, wollen es dazu bringen, dass es sich rechtfertigt und schuldig fühlt; sie verabschieden durch und durch scheinheilige politisierte Resolutionen. So wurde in der am 19. September 2019 vom Europäischen Parlament gebilligten Entschließung zur ›Erhaltung des historischen Gedächtnisses für die Zukunft Europas‹ die UdSSR zusammen mit Nazideutschland direkt beschuldigt, den Zweiten Weltkrieg entfesselt zu haben.« Aber in dieser Resolution, die offenbar Skandale bezwecke und reale Gefahren in sich berge, fehle »jegliche Erwähnung von München« (also der Rolle Polens nach dem Münchner Abkommen).

Wer den Konsens einer Friedenspolitik bewusst infrage stelle, zerstöre »die Grundlagen des gesamten Nachkriegseuropas«, schreibt Putin. Es sei eine Gemeinheit, wenn in den Erklärungen zum 75. Jahrestag des Endes des Zweiten Weltkriegs alle Mitglieder der Anti-Hitler-Koalition außer der UdSSR aufgelistet werden. In diesem Zusammenhang stellt er fest, dass es keine Archivdokumente gibt, »*die die Absicht der Sowjetunion bestätigen würden, einen Präventivkrieg gegen Deutschland zu starten*«. Als abscheulich empfindet er die gegenwärtig stattfindende Ermordung von Erben der Gegner des Faschisten Stepan Bandera und der Neonazis in der Ukraine.

Dem opferreichen Widerstand der Sowjetunion widmet Putin einen längeren Abschnitt, der das dramatische Geschehen in dem vom Krieg überzogenen Land verdeutlicht und die für den Sieg über Nazideutschland entscheidenden Leistungen der Roten Armee hervorhebt – frei von antideutschen Tendenzen. Die genannten Zahlen sind erschreckend und sollten russophobe deutsche Politiker und Journalisten beschämen: »*Fast 27 Millionen Sowjetbürger starben an den Fronten, in deutscher Gefangenschaft, an Hunger oder unter Bombenangriffen sowie in den Ghettos und Öfen der Todeslager der Nazis. Die UdSSR verlor jeden siebten Bürger…*«

Putin setzt auf die »Großen Fünf«

Gegen Ende des Artikels geht Putin auf den historischen Revisionismus ein, »*dessen Erscheinungen wir heute im Westen beobachten*«. Er sei gefährlich, »*weil dadurch das Verständnis von den Grundsätzen einer friedlichen Entwicklung grob und zynisch verzerrt wird, die 1945 mit den Konferenzen von Jalta und San Francisco gestiftet wurden*«. Die wichtigste historische Errungenschaft der damaligen Zeit liege in der Einigung »*auf einen Mechanismus, der es den führenden Mächten ermöglichen könnte, bei allen zwischen ihnen auftretenden Meinungsverschiedenheiten doch im durch die Diplomatie vorgegebenen Rahmen zu bleiben*«. Denn die gewaltsame Regelung von Streitigkeiten sei eine ernste Gefahr für die Existenz der Menschheit geworden, und das hätten die Sieger des Zweiten Weltkriegs seinerzeit nach den ersten Atombombenabwürfen begriffen.

Putin ist überzeugt, dass die UNO mit ihrem Sicherheitsrat immer noch ihre Hauptaufgabe erfüllt: die *»Verhinderung eines großen Krieges oder eines globalen Konflikts«*. Die Forderung, das Vetorecht abzuschaffen, hält er für unverantwortlich, weil die UNO damit das Schicksal des Völkerbundes teilen würde. Es gehe darum, weiterhin Formen friedlicher Koexistenz und Interaktion zu finden – soweit es den Wunsch und den Willen dafür gebe. Putin setzt dabei auf ein Treffen der Staats- und Regierungschefs der Atommächte China, USA, Frankreich, Großbritannien und Russland und nennt als zu erörternde Themen die Lage der Weltwirtschaft, Friedenserhalt, Verbesserung der globalen und regionalen Sicherheit, strategische Rüstungskontrolle sowie gemeinsames Vorgehen gegen Terrorismus, Extremismus und weitere Herausforderungen und Bedrohungen.

Dem ist zu entnehmen, dass Putin, der seine Hoffnungen auf Ausgleich und Frieden ostentativ auf einen Gipfel der »Großen Fünf« richtet, nach einer Phase ständiger Zurückweisungen ganz offensichtlich das Vertrauen in Deutschland als friedenspolitische Macht verloren hat. Das ist verständlich, dazu haben nicht zuletzt US-affine Politikerinnen wie Angela Merkel, Ursula von der Leyen und Annegret Kramp-Karrenbauer beigetragen, aber auch extrem russophobe Politiker wie Frank-Walter Steinmeier, Norbert Röttgen oder Reinhard Bütikofer, um nur einige von vielen zu nennen.

Immerhin bemüht sich Wladimir Putin, Deutschland als Einflussgebiet der USA nicht bloßzustellen, sondern unter Verwendung von Archivmaterial den Blick auf die Hintergründe des Zweiten Weltkriegs zu lenken, für den Deutschland nicht allein die Verantwortung trägt, Russland schon gar nicht. Insofern ist seine Abhandlung eine Klarstellung, und zugleich ist sie ein friedenspolitisches Dokument von weltgeschichtlicher Bedeutung.

Das sahen einige der Mainstream-Medien, die zeitversetzt dann doch Stellung nahmen, natürlich ganz anders. Der Leitende Redakteur für Geschichte der *Welt* schrieb: »*Schuld am Zweiten Weltkrieg waren neben Hitler und dem Dritten Reich Großbritannien, Frankreich und Polen – aber keinesfalls Stalin und die Sowjetunion... Eine schier atemberaubende Geschichtsklitterung...*«[265] Auf *FAZ.net* hieß es unter der Überschrift »Stalins gelehriger Schüler«, Putin schiebe die Hauptschuld am Ausbruch des Zweiten Weltkriegs dem Münchner Abkommen von 1938 zu, bei dem England und Frankreich die Zerstückelung der Tschechoslowakei akzeptiert hätten. Dem sei außer Geschichtsklitterung »*eine gewisse verbohrte Konsistenz*« zu bescheinigen, die »*nahtlos an das stalinistische Geschichtsbild*« anschließe.[266] Offenbar reichte das noch nicht. Ohne dem Leserpublikum den Inhalt der Abhandlung Putins zur Kenntnis zu geben, war einen Tag später zu lesen: »*... was Putin zur Wahrheit erklärt, hat es in sich: Es besteht aus Auslassungen, Verzerrungen und Lügen.*«[267]

Die Geschichtsklitterer beanstanden Geschichtsklitterung, es erfolgt keine seriöse inhaltliche Auseinandersetzung, wozu Putin aufgefordert hat. Aber es war nichts anderes zu erwarten, die Fronten sind längst abgesteckt. Inzwischen wird fast allem, was aus Russland kommt, mit Häme und Hetze begegnet.

---

[265] Zit. wie www.nachdenkseiten.de/?p=60551
[266] FAZ, 1.7.2020; www.faz.net/aktuell/feuilleton/debatten/wladimir-putin-und-das-geschichtsbild-russlands-16838462.html
[267] FAZ.net, 2.7.2020; www.faz.net/aktuell/politik/ausland/putin-macht-mit-geschichtsklitterung-politik-16841953.html

Permanente Propaganda gegen Russland

Es wird keine Gelegenheit ausgelassen, Russland zu verdächtigen, zu beschuldigen, zu diffamieren, und zwar nicht erst seit der Wiederbelebung des Kalten Krieges in den 1990er-Jahren. Der an der Hebräischen Universität in Jerusalem lehrende Professor für internationale Beziehungen Guy Laron veröffentlichte zu diesem Thema 2020 im Mai-Heft von *Le Monde Diplomatique* einen Artikel mit dem Titel »Petite histoire de la Russophobie« (Kleine Geschichte der Russophobie).[268] Über eine vermutete Einflussnahme der Sowjetunion während der Wirtschaftskrise in Großbritannien 1926, die einen Generalstreik zur Folge hatte, schreibt er: »*Ohne Beweise vorlegen zu können, behauptete die konservative Regierung, die Sowjetunion habe zu den Unruhen beigetragen, und brach 1927 die diplomatischen Beziehungen zur Sowjetunion ab. Die britischen Konservativen empfanden die drei epochalen Phänomene ›Infragestellung des Freihandels, Aufstieg der Arbeiterparteien und Anwachsen antikolonialer Bewegungen‹ als Bedrohung britischer Interessen.*«[269]

Laron berichtet, dass schon 1924 die Unterhauswahlen mit einem vom britischen Geheimdienst MI6 gefälschten Brief zugunsten der Konservativen (Tories) beeinflusst wurden. Angeblich kam der Brief von einem engen Mitarbeiter Stalins, er

---

[268] Vgl. www.monde-diplomatique.fr/2020/05/LARON/61779
[269] Zit. wie NachDenkSeiten, 13.7.2020; www.nachdenkseiten.de/?p=62883 (Übersetzung: Gerhard Kilper)

belastete die Arbeiterpartei, die dann nach einer spektakulären Enthüllung in der konservativen *Daily Mail* die Wahlen verlor.[270]

Parallelen zu dem Dossier des britischen Ex-Agenten Steele, der *»als Erster hypothetisch eine heimliche Zusammenarbeit zwischen dem Kandidaten Donald Trump und Russland aufbrachte«*, bieten sich nach Laron an. Er geht aber noch weiter und stellt die Frage nach einem Zusammenhang *»zwischen den offensichtlich gewordenen Ungleichheiten unserer Gesellschaften und dem Wiederaufleben der Russophobie«*. Dabei geht er auf den bekannten britischen Konservativen Leopold Amery ein, der 1936 eine *»gegenseitige Neutralisierung der drei Gefahren Deutschland, Russland und Japan«* empfahl. Diesen Strategieansatz habe der damalige Premierminister Stanley Baldwin mit der Feststellung übernommen, *»wenn es einen Krieg in Europa geben sollte, dann den der ›Bolschos‹ gegen die Nazis«*.

Kampagnenpolitik

Die Strategie ist im Grunde seit den 90er-Jahren des 20. Jahrhunderts dieselbe, denn wieder werden die Deutschen gegen die »Bolschos« in Stellung gebracht. Die propagandistischen Vorbereitungen sind seit Längerem schon unübersehbar. Ohne jegliche Beweise werden ständig neue Anschuldigungen gegen Russland erhoben, die das Klima vergiften und eine Kooperation unmöglich machen.

Eine Hauptrolle bei diesen Kampagnen spielt die deutsche Bundeskanzlerin. Mitte Mai 2020 drohte sie Russland wegen eines 2015 erfolgten Hackerangriffs auf den Bundestag mit ernsten Konsequenzen. Obwohl keine Beweise vorlagen, sprach sie von »harten Evidenzen« für eine russische Beteiligung und nannte das

---

[270] Vgl. auch Richard Norton-Taylor: Zinvoviev letter was dirty trick by MI6, The Guardian, 4.2.1999

einen »ungeheuerlichen« Vorgang. *»Ich nehme diese Dinge sehr ernst«,* sagte sie, *»weil ich glaube, dass da sehr ordentlich recherchiert wurde. Ich darf sehr ehrlich sagen: Mich schmerzt das.«[271]*

Bei ihrer Befragung durch Abgeordnete sprach die Kanzlerin von einer Strategie der *»hybriden Kriegsführung«* Russlands, die auch *»Desorientierung«* und *»Faktenverdrehung«* beinhalte. *»Die müssen wir beachten, und die können wir auch nicht einfach verdrängen. Das ist nicht nur irgendwie ein Zufallsprodukt, das ist durchaus eine Strategie, die dort angewandt wird.«* Anschließend sagte Merkel, dass sie sich weiter um ein gutes Verhältnis zu Russland bemühen wolle – die seit Jahren übliche Heuchelei im Umgang mit Russland.

Als bekannt wurde, dass die NSA die Kommunikation in Deutschland abhört und überwacht, wobei sogar das Handy der Bundeskanzlerin betroffen war, sprach Frau Merkel nicht von einem »ungeheuerlichen Vorgang«. Warum auch, die USA haben gemäß dem Zusatzabkommen zum Truppenstationierungsvertrag das Recht, die Kommunikation in Deutschland zu überwachen.

Im Juli 2020 griff die Bundeskanzlerin den »russischen Hackerangriff« auf den Deutschen Bundestag erneut auf und schlug den EU-Mitgliedsstaaten vor, gemeinsame Sanktionen zu verhängen. Angeblich war der russische Militärgeheimdienst GRU an dem Vorgang beteiligt, wie deutsche Ermittlungsbehörden aufgrund nachrichtendienstlicher Informationen herausgefunden haben wollten. Dazu sagte der europapolitische Sprecher der Linksfraktion Andrej Hunko: *»Es mag sein, dass hinter dem ›Bundestags-Hack‹ russische Staatsangehörige stecken, vielleicht wurde diese Fährte aber auch gelegt. Eine solche Verschleierung digitaler Spuren ist hinlänglich bekannt und wird auch von westlichen Geheimdiensten praktiziert. Eine Beteiligung der russischen Regierung,*

[271] Zit. wie FAZ, 13.5.2020; www.faz.net/2.1652/merkel-droht-russland-wegen-hackerangriff-mit-konsequenzen-16767763.html sowie www.tagesschau.de/investigativ/ndr-wdr/hacker-bundestag-117.html

wie von der Bundesregierung in einigen Medien kolportiert, ist je-
denfalls nicht belegt.«[272]

Zur selben Zeit erhob der britische Außenminister Dominic Raab schwere Vorwürfe gegen Russland und erklärte, es sei *»bei-nahe sicher«*, dass russische Akteure in die Unterhauswahlen 2019 eingreifen wollten.[273] Damit nicht genug, meldete das britische Nationale Zentrum für Cyber-Sicherheit (NCSC), eine russische Hackergruppe spähe Institute zur Forschung und Entwicklung von Impfstoffen gegen Covid-19 aus, *»mit ziemlicher Sicherheit«* im Auftrag Moskaus.[274] Allgemeine Empörung bei Politik und Medien: Die Russen! Sofort forderte Angela Merkel im Einvernehmen mit den Briten eine europäische Antwort. Vergessen war bereits, dass kurz zuvor Donald Trump versucht hatte, den in der Entwicklung befindlichen Covid-19-Impfstoff der deutschen Firma CureVac exklusiv für die USA zu kaufen.[275]

Kurz darauf trat Merkel schon wieder in Aktion, und zwar wegen Chinas Hongkong-Politik: Peking stelle mit seinem Sicherheitsgesetz für Hongkong das Prinzip »ein Land, zwei Systeme« infrage. Das sei eine besorgniserregende Entwicklung.[276] Sobald es gegen Russland oder China geht, ist die deutsche Bundeskanzlerin zur Stelle, so auch hinsichtlich der Demonstrationen im Oktober 2020 in Weißrussland gegen den dortigen Präsidenten Lukaschenko. Angeblich waren die Wahlen gefälscht worden. Das mag sein oder auch nicht, jedenfalls hatte Lukaschenko zweifellos die Mehr-

---

[272] Zit. wie www.dielinke-nrw.de/parlament/bundestag/detail-bundestag/news/bundestags-hack-keine-cyber-sanktionen-gegen-russland/

[273] Vgl. ARD-Tagesschau, 16.7.2020; www.tagesschau.de/ausland/corona-spionage-101.html

[274] Vgl. Deutsche Welle, 16.7.2020; www.dw.com/de/london-russische-hacker-sp%C3%A4hen-forschung-zur-corona-impfstoffen-aus/a-54204019

[275] Vgl. Welt.de, 15.3.2020; www.welt.de/wirtschaft/article206555143/Corona-USA-will-Zugriff-auf-deutsche-Impfstoff-Firma.html

[276] Vgl. Deutschlandfunk, 13.7.2020; www.deutschlandfunk.de/hongkong-bundeskanzlerin-merkel-betont-notwendigkeit.1939.de.html?drn:news_id=1150877

heit der Bevölkerung hinter sich, die den Verfall der Ukraine nach der kalten Übernahme durch die USA vor Augen hatte.

Doch am 6. Oktober 2020 empfing Angela Merkel die Oppositionsführerin Swetlana Tichanowskaja,[277] wie sie schon die ukrainische Oppositionelle Julia Timoschenko und kurz zuvor den russischen Oppositionellen Nawalny empfangen und hofiert hatte. Ähnlich wie in Venezuela der US-Günstling Juan Guaidó, war Tichanowskaja, eine kaum bekannte junge Politikerin, die bei der Wahl etwa 10 Prozent der Stimmen erhalten hatte, von den USA, Deutschland und anderen westlichen Staaten als »eigentliche« Gewinnerin der Wahl und »eigentliche« Präsidentin Weißrusslands ausgerufen worden. Regime Changes im Sinne der USA sind angesagt, und Angela Merkel mischt kräftig mit.

Wie einseitig und ideologisch bei der Beurteilung von Wahlen vorgegangen wird, kam bereits in zwei eklatanten Fällen ans Licht. Der zweite Wahlkampf von Boris Jelzin, der Russlands Ausverkauf betrieb, wurde nachweislich von mehreren US-Agenten organisiert.[278] Und die Wahl von George W. Bush zum amerikanischen Präsidenten wurde 2000 trotz nachgewiesener Manipulation in Florida (wo sein Bruder Jeb Gouverneur war) nahezu widerspruchslos anerkannt.

Wenn Merkel in ihrer Rede zur deutschen EU-Ratspräsidentschaft am 8. Juli 2020 für Wahrheit und Transparenz in »unserer« Demokratie und für einen effektiven Schutz vor Desinformation, Hass und Hetze eintrat, war das wieder nur Heuchelei, mit der man der Bevölkerung Sand in die Augen streut.[279] Denn gerade Merkel ist es, die durch Hetzkampagnen, Diffamierung und Ver-

---

[277] Vgl. ARD-Tagesschau, 6.10.2020; www.tagesschau.de/inland/tichanowskaja-merkel-belarus-101.html
[278] Vgl. Michael Kramer: Rescuing Boris, TIME, 15.7.1996; http://content.time.com/time/subscriber/article/0,33009,984833-1,00.html
[279] Vgl. www.bundeskanzlerin.de/bkin-de/aktuelles/rede-von-bundeskanzlerin-merkel-zur-deutschen-eu-ratspraesidentschaft-2020-vor-dem-europaeischen-parlament-am-8-juli-2020-in-bruessel-1767368

leumdung den Hass gegen Russland schürt, und Desinformation ist auch das Tagesgeschäft vieler Politiker und Medien, wie sich ständig in Fernsehen, Rundfunk und Zeitungen erweist. Wäre es nicht so verhängnisvoll, könnte man es als Kuriosum bezeichnen: Politiker und Journalisten, die hetzen und lügen, wollen Hetze und Fake News bekämpfen, natürlich in ihrem Sinne.

Meinungsmache und Deutungshoheit

Ein Musterbeispiel für die permanent stattfindende Hetze lieferte am 9. Juli 2020 wieder einmal die bekanntermaßen gegen Russland agitierende Redaktion des ZDF-*Heute-Journals*, im Studio diesmal nicht der NATO-Propagandist Claus Kleber[280], sondern die ebenso russlandfeindliche Moderatorin Marietta Slomka. Indem sie auf den soeben veröffentlichten Verfassungsschutzbericht für das Jahr 2019 einging, verkündete sie, als handelte es sich um Berichterstattung: *»Ausführlich widmet sich der Verfassungsschutzbericht auch den Aktivitäten ausländischer Geheimdienste, allen voran Chinesen und Russen. Bei den russischen Umtrieben wird nicht nur der mutmaßliche Auftragsmord an einem Georgier mitten in Berlin genannt, sondern vor allem die endlosen Serien von Cyberattacken und Propagandakampagnen. Hetze und Fake News auf deutschen Internetplattformen zu platzieren, bleibt demnach eine der Lieblingstätigkeiten des russischen Militärgeheimdienstes GRU. Das passt in eine Zeit, in der in Russland selbst Regierungskritiker systematisch mundtot gemacht werden.«*[281]

Das Heute-Journal als Sprachrohr des Verfassungsschutzes und die Schattenproblematik! Nach außen wird etwas bekämpft,

---

[280] Am 4. April 2019 rief Kleber für einen Moment den Krieg gegen Russland aus. Dazu: Wolfgang Bittner: Der neue West-Ost-Konflikt, S. 62 ff.
[281] www.zdf.de/nachrichten/heute-journal/heute-journal-vom-9-juli-2020-100.html

das man selber (unbewusst) praktiziert.[282] Als ob Hetze und Fake News nur woanders stattfänden, als ob es in den deutschen Medien, einschließlich der öffentlich-rechtlichen Sender, korrekt zuginge und Regierungskritiker hierzulande Gehör fänden oder Demonstranten ernsthaft nach ihren Beweggründen gefragt würden.

Ein Video über die Razzia bei einem *»kritischen Online-Medium«* in Russland, gegründet von dem kriminellen Ex-Öloligarchen und Kremlkritiker Michail Chodorkowski[283], rundete den »Bericht« des *Heute-Journals* ab. Eine *»Offensive gegen die Meinungsfreiheit«,* so hieß es da, *»die Journalisten können nur vermuten, was die Polizei diesmal hier will«.* Es gehe um alles Mögliche, sagt eine Redakteurin in die Kamera. Dann schwenkt das Bild auf die Verhaftung des mutmaßlichen NATO-Spions Iwan Safronow. *»Ein angesehener Journalist und zuletzt sogar Berater der russischen Raumfahrtorganisation Roskosmos«,* sagt der Moderator. Safronow sei Militärexperte, dem der russische Inlandsgeheimdienst SFB Spionage für die NATO vorwerfe, dem 30-Jährigen drohten wegen Hochverrats bis zu 20 Jahre Haft.

Keine kritischen Fragen, keine Hintergrundrecherche, Safronow wird fotogen hinter Gitterstäben gezeigt. Sein Anwalt sagt, sie betrachteten das Urteil des Bezirksgerichts (offenbar ging es um die Verhaftung) als unfair und rechtswidrig und würden in die Berufung gehen. Die Kamera richtet sich auf einige Demonstranten. Angst gehe um, dass die Pressefreiheit in Russland *»noch mehr als jetzt schon«* eingeschränkt werde, ist zu hören. *»Ich denke, dass er wohl jemandem in die Quere gekommen ist«,* sagt eine Kollegin des Verhafteten. Es sei beängstigend, dass so etwas in ihrem

---

[282] Vereinfacht nach C. G. Jungs analytischer Psychologie
[283] Chodorkowski, bis 2003 Vorstandsvorsitzender des privaten Yukos-Konzerns, war wegen Steuerhinterziehung und Betrugs zehn Jahre inhaftiert und wurde 2013 von Putin amnestiert. Der Milliardär, ein erbitterter Gegner Putins, lebt heute in London.

Land passiere. *»Und auch wer protestiert, lebt gerade gefährlich«*, heißt es weiter, es habe 25 Festnahmen gegeben.

So sieht in Deutschland »objektive Berichterstattung« aus, nicht nur im ZDF. Die Journalisten Uli Gellermann, Friedhelm Klinkhammer und Volker Bräutigam haben in ihrem Buch »Die Macht um acht: Der Faktor Tagesschau« zahlreiche Beispiele für Meinungsmanipulation durch die ARD-Tagesschau gesammelt. Wer das liest, verliert endgültig den Glauben an die Seriosität der Medienberichterstattung in Deutschland. Mainstream und auch Fake News auf fast allen Kanälen.

Ein weiteres Beispiel für die gezielte Propaganda gegen Russland sind die Ereignisse um die Olympischen Winterspiele 2014 in Sotschi. Russland hatte sich bemüht, ein guter Gastgeber zu sein, aber bereits vorher setzte eine massive Diffamierungskampagne ein (wie auch 2008 gegen China bei der Olympiade in Peking). Schon 2013 gab es einen Boykottaufruf wegen »Anfeindungen gegen Homosexuelle«, nachdem in Russland verboten wurde, Minderjährige über homosexuelle Lebensformen zu informieren. US-Präsident Barack Obama und deutsche Politiker kritisierten das russische Gesetz, im Gespräch war eine kurzfristige Verlegung der Olympischen Spiele nach Vancouver.[284] Dann berichteten deutsche Medien über Regimegegner, Doping oder die »grausame Abschlachtung« streunender Hunde. Die Bild-Zeitung titelte: »Putin lässt WM-Städte durch ›Hunde-KGB‹ säubern«.[285]

Nach der Olympiade behauptete der angebliche Whistleblower Grigorij Rodtschenkow, der Direktor des Moskauer Dopingkontrolllabors war, die russischen Sportler seien reihenweise gedopt worden. Nachdem er sich in die USA abgesetzt hatte,

---

[284] Vgl. Welt.de, 11.8.2013; www.welt.de/politik/deutschland/article1188923 85/Boykott-der-Olympischen-Spiele-2014-in-Sotschi.html

[285] Bild-Zeitung, 1.2.2018; www.bild.de/politik/ausland/wladimir-putin-laesst-wm-staedte-durch-hunde-kgb-saeubern-54653860.bild.html

berichtete er in einem Interview mit der *New York Times* von staatlich unterstütztem Doping während der Olympiade, was in westlichen Medien begierig aufgenommen wurde. Die Welt-Anti-Doping-Agentur (WADA) schloss Russland wegen angeblicher Manipulation von Labordaten für vier Jahre von allen internationalen Sportgroßereignissen aus und entzog der nationalen Anti-Doping-Agentur RUSADA die Zulassung.[286]

Wie selbstverständlich begrüßte die Bundesregierung die Sperre gegen Russland. Russischen Sportlerinnen und Sportlern wurden ihre Medaillen aberkannt, und das Internationale Olympische Komitee verhängte jahrelange Sperren für weitere internationale Sportveranstaltungen. So wurde die Biathletin Olga Saizewa, die ihre Unschuld beteuerte, lebenslang gesperrt.[287] Der russische Regierungschef Dmitri Medwedew kritisierte die Strafen gegen sein Land und die Sportler als »*antirussische Hysterie von chronischem Ausmaß*«, die Sperrung von Russland für die Olympischen Spiele in den kommenden vier Jahren sei Teil einer gegen das Land gerichteten Kampagne.[288]

Erst sechs Jahre später stießen Journalisten bei einer Überprüfung der Prozessakte Saizewas auf Ungereimtheiten. Im *Spiegel* hieß es dazu: »*Mehrere Beweismittel der Schweizer Prozessakte, die der* Spiegel *in den vergangenen Wochen einsehen konnte, stützen nicht nur Saizewas Unschuld. Sie werfen auch die Frage auf, wie glaubhaft die Aufarbeitung des Sotschi-Komplotts wirklich war. Ob man womöglich dem Whistleblower des Skandals allzu sehr geglaubt hat.*«[289] Genugtuung konnte das den disqualifizierten russischen Athle-

---

[286] Vgl. ARD-Tagesschau, 9.12.2019; www.tagesschau.de/sport/wada-russland-sperre-doping-101.html

[287] Vgl. Deutsche Welle, 1.12.2017; www.dw.com/de/biathlon-star-saizewa-lebenslang-gesperrt/a-41617090

[288] Vgl. ARD-Tagesschau, 9.12.2019; www.tagesschau.de/sport/wada-russland-sperre-doping-101.html

[289] Zit. wie RT Deutsch, 6.7.2020; https://deutsch.rt.com/international/1041 88-doch-kein-russisches-staatsdoping-spiegel/

»Kollateralschaden« antirussischer Propaganda: die aller Wahrscheinlichkeit nach zu Unrecht lebenslang gesperrte Spitzensportlerin Olga
Saizewa (mit Dmitri Medwedew)

tinnen und Athleten, die sich auf Jahre aus dem internationalen
Sport verabschieden mussten, wohl kaum noch verschaffen.

Im Zusammenhang mit dieser Doping-Affäre leisteten sich
die USA wieder einmal eine ihrer politischen Anmaßungen. Ein
nach dem »Whistleblower« benannter »Rodchenkov-Act« erlaubt
US-amerikanischen Behörden, Doping weltweit als Straftat zu
verfolgen. Das fand selbst der *Spiegel* kritikbedürftig: *»Die USA
als globale Dopingpolizei, initiiert durch Rodtschenkows Geschichte?
Das klingt ziemlich abenteuerlich, weil die Vereinigten Staaten selbst
oft genug weggesehen haben, wenn Athleten des eigenen Landes unter
Verdacht standen.«[290]*

---

[290] Zit. wie ebd.

Diffamierung, Lüge, Aggression

Spektakulär war auch die Unterstellung, Russland habe im US-Wahlkampf 2016 mit Hackerangriffen Stimmung gegen Hillary Clinton gemacht und damit die Wahl zugunsten von Trump beeinflusst. Barack Obama machte Wladimir Putin persönlich für Cyberattacken gegen die Demokratische Partei verantwortlich und kündigte Vergeltungsmaßnahmen gegen Russland an: *»Einige werden wir öffentlich vollziehen, einige so, dass sie davon wissen, aber nicht jeder andere.«*[291] Hillary Clinton beschuldigte Putin, ihre Wahl aus Rache verhindert zu haben, und dabei sei es nicht nur gegen sie gegangen, sondern es habe sich um einen Angriff auf *»unser Land«* gehandelt. Sie berief sich auf veröffentlichte Erkenntnisse der US-Geheimdienste, die unter dem Begriff »Russiagate« bekannt wurden.[292]

Immer wieder wurde unterstellt, Putin persönlich habe die Hacker-Operation befohlen, das könne man *»mit hoher Sicherheit«* sagen.[293] Und das wurde so lange wiederholt, bis die amerikanische Öffentlichkeit davon überzeugt war. Die deutschen Leitmedien, in denen ohnehin ständig gegen Putin polemisiert wird, schlossen sich an. In der *Zeit* war zu lesen: *»Der Befehl kam aus dem Kreml: Die US-Geheimdienste sind sicher, dass Putin Hacker-Angriffe zur US-Wahl anordnete...«*[294] Eine Wochenzeitung, die für sich in Anspruch nimmt, seriös zu sein, beruft sich also auf Geheimdienste, die sich »sicher sind«, mehr nicht – einer der Tiefpunkte des deutschen Journalismus.

---

[291] Zit. wie Tagesspiegel, 17.12.2016; www.tagesspiegel.de/politik/scheidender-us-praesident-obama-rechnet-mit-putin-und-russland-ab/14992278.html

[292] Vgl. Tagesspiegel, 16.12.2016; www.tagesspiegel.de/politik/39-tage-nach-der-us-wahl-clinton-gibt-putin-mitschuld-an-ihrer-niederlage/14992054.html

[293] Vgl. CIA/NSA: Background to »Assessing Russian Activities and Intentions in Recent US Elections«. The Analytic Process and Cyber Incident Attributions, 24.2.2019; www.dni.gov/files/documents/ICA_2017_01.pdf

[294] Zeit Online, 7.1.2017; www.zeit.de/politik/ausland/2017-01/us-geheim dienst-russland-wladimir-putin-donald-trump-wahlbeeinflussung

Im August 2020 stellte dann der Justizausschuss des US-Senats fest, dass es sich bei dem Dossier über eine russische Wahlmanipulation und die Verbindungen Trumps nach Russland um eine Fälschung gehandelt hatte. James Comey, der damalige FBI-Chef, habe die Öffentlichkeit bewusst belogen und in die Irre geführt.[295] Auch die von Comey veranlassten Untersuchungen gegen Trumps ersten Sicherheitsberater Michael Flynn, die exzessiv ausgewalzt wurden (Flynn wurde mit langjähriger Haft bedroht), sind nach den Untersuchungen des Ausschusses »nicht sauber« gewesen. Flynn waren verbotene Beziehungen zu Russland unterstellt worden, weswegen er bereits nach zwei Wochen seiner Amtszeit entlassen wurde – es war eine von mehreren mit Erfolg durchgeführten Diffamierungskampagnen mit dem Ziel, Trump zu isolieren.

Zu »Russiagate« und den »Vergiftungsvorfällen« veröffentlichte *Swiss Policy Research* im Dezember 2020 einen Artikel, in dem es heißt: *»Für professionelle Analysten ist seit langem klar, dass die ›Russiagate‹-Legende – einschließlich der Behauptungen der ›Trump-Russia-Collusion‹ zu den angeblichen russischen Hacker-Angriffen sowie dem ›Skripal-Vergiftungsvorfall‹ und dem neueren ›Nawalny-Vergiftungsvorfall‹ – eine psychologische Operation der USA und der NATO war, die darauf abzielte, einem wiederauflebenden Russland und einem irgendwie unberechenbaren Präsidenten Einhalt zu gebieten.«[296]*

Wie in Russland diese Kampagnenpolitik gesehen wird, geht aus einer Rede von Außenminister Sergej Lawrow vom 10. Juli 2020 in Moskau hervor. Unter anderem sagte er, der Westen versuche *»jetzt aktiv, in den diplomatischen, politischen und prakti-*

[295] Vgl. www.judiciary.senate.gov/press/rep/releases/newly-declassified-document-indicates-fbi-misled-congress-on-reliability-of-steele-dossier; dazu auch: Deutsche Wirtschaftsnachrichten, 10.8.2020; https://deutsche-wirtschafts-nachrichten.de/505701/Grosse-Verwirrung-in-Washington-Russland-Dossier-gegen-Trump-war-eine-Luege
[296] Vgl. https://swprs.org/russian-hacking-nato-psyop-revealed/

schen Bereich das Konzept der ›auf Regeln ruhenden Weltordnung‹ zu implementieren«. Das sei aber nicht das Völkerrecht, sondern »der eindeutige Versuch, die Dominanz zurückzugewinnen, die der historische Westen fast seit 500 Jahren genoss«, und zwar unter Einsatz von Interessengruppen und verschiedenen Partnerschaften. Weiter sagte Lawrow: »Jene, die eine eigene Position zu Sachen haben und bereit sind, sie zu verteidigen, bleiben beiseite. Und dann, wenn in einem engen Kreis ein Konzept gebildet wird – zum Problem der Chemiewaffen, oder ein Versuch, einen Club der Ausgewählten zu schaffen, die darüber entscheiden werden, wer schuld an der Verletzung der Cybersicherheit ist, werden sie das als universell anwendbare Normen präsentieren. Wir beobachten das alles. Das sind sehr ernsthafte Probleme.«[297]

Ein Ereignis, das die von Lawrow angesprochene Situation noch verschärfte, war der Fall Nawalny, der immer wieder von Neuem dramatisiert wurde und weltweit Schlagzeilen verursachte. Nachdem sich die deutsche Bundeskanzlerin für die ärztliche Behandlung des Oppositionellen in Deutschland eingesetzt, ihn im Krankenhaus besucht und Russland eines Mordversuchs bezichtigt hatte, wurde daraus eine Staatsaffäre, die das Verhältnis Russlands zu Deutschland gravierend veränderte.

Bezeichnend ist die Dreistigkeit, mit der die Entfremdung von Russland vorangetrieben wurde. Die verantwortungslose Politik der deutschen Regierung hatte schließlich einen Skandal zur Folge, der sich nicht vertuschen ließ. Offensichtlich im Bewusstsein des Rückhalts bei Kanzlerin Merkel und Außenminister Maas erlaubte sich Nawalny einen verbalen Angriff auf den ehemaligen Bundeskanzler Gerhard Schröder. Am 7. Oktober 2020 titelte die Bild-Zeitung, indem sie eine Aussage des hofierten Nawalny zitierte: »Jetzt ist Schröder ein Laufbursche Putins, der Mör-

---

[297] www.mid.ru/de/foreign_policy/news/-/asset_publisher/cKNonkJE02Bw/content/id/4217691

der beschützt«.[298] Damit verließ *Bild* wieder einmal den Boden ethisch-moralischer Grundregeln, von denen sich die deutsche Presse allerdings schon lange verabschiedet hat, in besonderem Maße aber die Bundesregierung, die die Beziehungen zu Russland im Gefolge der USA auf das Äußerste strapaziert. Was sich in dieser Hinsicht abspielt, birgt das Gefahrenpotenzial für einen großen internationalen Konflikt in sich.

---

[298] www.bild.de/politik/ausland/politik-ausland/nawalny-ueber-den-alt-kanzler-schroeder-ist-ein-laufbursche-putins-der-moerder-b-73282284.bild.html

Die russische Position 2019/2020

Mit den Angriffen gegen Russland wegen des Anschlags auf Alexej Nawalny ist es den Amerikanern gelungen, das Nord-Stream-2-Projekt zu blockieren. Und ein weiterer Coup gelang ihnen mithilfe des für die antirussische Propaganda vereinnahmten Oppositionellen: Die deutsche Bundeskanzlerin ging offen und derart verletzend gegen Russland in Stellung, dass ihr vom Kreml Einhalt geboten werden musste.

Außenminister Sergej Lawrow erklärte am 13. Oktober 2020 im Waldai-Diskussionsforum: »*Wir wollen, dass die EU und Deutschland im Fall von Nawalny das Völkerrecht einhalten. Es gibt das Europäische Übereinkommen über Rechtshilfe in Strafsachen von 1959 und die zugehörigen Protokolle. Wir berufen uns darauf. Wir fordern Deutschland auf, seinen Verpflichtungen aus diesen internationalen Vereinbarungen nachzukommen. Und Deutschland sagt: ›Ihr habt das Völkerrecht, aber wir haben Regeln.‹ ... Aber diejenigen, die im Westen für die Außenpolitik verantwortlich sind, verstehen nicht, dass es eines respektvollen Umgangs bedarf. Vielleicht sollten wir eine Weile aufhören, mit ihnen zu sprechen. Erst recht, wenn Ursula von der Leyen erklärt, dass man mit der gegenwärtigen russischen Regierung keine geopolitische Partnerschaft eingehen kann. Dann ist das so, wenn sie das wollen.*«[299]

---

[299] Zit. wie Anti-Spiegel, 14.10.2020; www.anti-spiegel.ru/2020/lawrows-rede-im-o-ton-wir-sollten-eine-weile-aufhoeren-mit-der-eu-zu-sprechen/

Die Rede Lawrows zeigt, dass der Fall Nawalny zu einer Zäsur im deutsch-russischen Verhältnis geführt hat. Mit dem von der deutschen Regierung in Befolgung Washingtoner Direktiven verursachten Abbruch normaler diplomatischer Beziehungen ist Deutschland in eine neue Phase seiner Außenpolitik eingetreten. Angela Merkel hat das Vertrauen Russlands in eine verlässliche Politik Deutschlands durch ihr unverschämtes, jeglicher Diplomatie Hohn sprechendes Verhalten endgültig verspielt. Das wird Folgen haben, welche Politiker wie Merkel, Maas, Kramp-Karrenbauer oder auch von der Leyen offenbar nicht überschauen.

Ernüchternd ist zudem, dass die SPD den Feindseligkeiten gegen Russland nicht begegnet, im Gegenteil. So war einer Stellungnahme des Ko-Vorsitzenden Norbert Walter-Borjans zu entnehmen, dass die SPD die aggressive, US-gelenkte Regierungspolitik mitträgt. Wie Sputnik Deutschland berichtete, kritisierte er in einem Pressegespräch den »Tonfall« Lawrows und betete eine Litanei unbewiesener Anschuldigungen gegen Russland herunter, angefangen bei den angeblichen Cyberangriffen und dem Mordanschlag auf den Spion Skripal, bis hin zum sogenannten Tiergartenmord. Das seien Vorfälle, die den Fall Nawalny *»komplexer machen, als ein Fall allein«.*[300] Außerdem äußerte Walter-Borjans Zustimmung für die Entscheidung des Europäischen Rates, Sanktionen gegen Russland im Zusammenhang mit dem Anschlag auf Nawalny sowie Sanktionen gegen Belarus zu verhängen. Offensichtlich hatte der SPD-Vorsitzende – wie viele in seiner Partei – nicht begriffen, was Sergej Lawrow meinte, als er von der Notwendigkeit eines gegenseitig respektvollen Dialogs sprach.

Noch im Dezember 2019 hatte der Außenminister in einem Artikel für die russische Zeitung *Rossijskaja Gaseta* seiner Hoffnung Ausdruck gegeben, *»dass die Entscheidungsträger in der Europäischen Union strategisch denken und im Geiste großer europäischer Politiker*

---

[300] Sputnik Deutschland, 16.10.2020; https://de.sputniknews.com/politik/2020 1016328202244-walter-borjans-moskaus-tonfall-kritik/

wie beispielsweise Charles de Gaulle oder Helmut Kohl handeln werden, die Europa als unser gemeinsames Zuhause betrachteten«. Beschränkungen der Kooperation *»wegen der geopolitischen Interessen dieser oder jener Kräfte lösen Probleme nicht«*, so Lawrow, *»sie schaffen nur neue und schwächen die Position Europas im Wirtschaftsbereich«.*[301]

Lawrow zeigte sich überzeugt, *»dass man die Eigenständigkeit und Konkurrenzfähigkeit der europäischen Kulturen und Wirtschaften unter dem Globalisierungsdruck nur durch Bündelung der Vorteile aller Länder und Integrationsvereinigungen unseres gemeinsamen Eurasiens aufrechterhalten kann«.* Russland betrachte die Europäische Union als eines der Zentren der multipolaren Welt. Lawrow betonte: *»Wir sind an der Entwicklung der Beziehungen mit ihr im Sinne der von Präsident Wladimir Putin formulierten Konzeption der Großen Eurasischen Partnerschaft vom Atlantik zum Pazifik unter Beteiligung der Staaten der Eurasischen Wirtschaftsunion, der Shanghaier Organisation für Zusammenarbeit, des ASEAN und aller anderen Länder des Kontinents interessiert. Die wirtschaftliche Basis der Beteiligung der EU-Länder an dieser Partnerschaft könnte das Zusammenwirken zwischen der EU und der EAWU bilden. Die Bündelung der Potenziale der zwei großen regionalen Märkte, die Harmonisierung ihrer Handels- und Investitionsregimes wird zur Festigung der Positionen aller Teilnehmer des Welthandels beitragen.«*

Auch wenn sich Lawrow noch zuversichtlich zeigte, beklagte er: *»Bereits vor 2014 wurde zu einem Alarmsignal bei den Beziehungen zwischen Russland und der EU der Start der Initiative ›Östliche Partnerschaft‹, die im Grunde – wie sich das anschließend bestätigte – auf die Entfernung Russlands von unseren nächsten Nachbarn, mit denen wir jahrhundertealte Verbindungen haben, gerichtet ist. Trübe Folgen dieser egoistischen Politik sind bis heute zu spüren.«* Die EU zeige sich in der Praxis nicht bereit, gleichberechtigte Bezie-

---

[301] Zit. wie https://russische-botschaft.ru/de/2019/12/19/artikel-des-aussenmi nisters-der-russischen-foederation-sergej-lawrow-nachbarn-in-europa-russland-eu-30-jahre-der-beziehungen-fuer-die-zeitung-rossijskaja-gaseta-2/

hungen zu Russland zu unterhalten. Dazu Lawrow: »*Im Brüsseler Lexikon wurde der Begriff ›Europa‹ endgültig zum Synonym der ›Europäischen Union‹. Es wird so dargestellt, als ob ›wahres‹ Europa die Mitglieder der EU ist, und alle restlichen Länder des Kontinents ›den hohen Titel der Europäer‹ noch verdienen müssen. Damit wird versucht, wieder den Kontinent künstlich zu teilen, die Geografie und Geschichte werden verzerrt.*«

Die Enttäuschung von dem Verhalten westlicher Politiker war Lawrow deutlich anzumerken. Leider sei die gesamteuropäische Perspektive von vielen im Westen ausschließlich unter dem Blickwinkel des »Sieges im Kalten Krieg« wahrgenommen worden, führte er weiter aus. Die Prinzipien der gleichberechtigten Zusammenarbeit seien durch eine Illusion abgelöst worden, »*als ob die euroatlantische Sicherheit nur um die Nato aufgebaut werden soll, und der Begriff Europa sich ausschließlich mit der EU assoziieren soll.*« Alles andere seien »*gewisse ›konzentrische Kreise‹ um diese ›Zentren der Legitimität‹*«.

Lawrow ging noch genauer auf die Brüsseler EU-Politik ein: »*In konkreten Angelegenheiten in unseren Beziehungen zu Brüssel wurden wir immer öfter Augenzeugen der ›Absolutisierung‹ der übernationalen Normen der EU und Versuche ihrer rückwirkenden Anwendung gegenüber allen anderen Ländern. Uns wurde vorgeschlagen, ›fertige‹, innerhalb der EU ›gefertigte‹ Beschlüsse anzunehmen, die weder ihre Besprechung mit uns, noch die Berücksichtigung der russischen Interessen vorsahen.*« Dennoch war Lawrow überzeugt, dass Russland und die EU wichtige handelswirtschaftliche Partner bleiben, und »*große Nachbarn, die imstande sind, selbstständig die gemeinsame Verantwortung für den Frieden, Prosperität und Sicherheit dieses Teils Eurasiens zu tragen*«. Zum Schluss seinerzeit noch die versöhnlichen Worte*: »Es gibt immer mehr Signale, dass unsere EU-Partner allmählich einsehen, dass die aktuelle Situation nicht normal ist.*«[302]

---

[302] Zit. wie ebd.

Doch der gute Wille der russischen Regierung wurde ignoriert, die ausgestreckte Hand – wie schon mehrmals zuvor – ausgeschlagen. Nach der Kontroverse um den angeblich vom Kreml veranlassten Anschlag auf Nawalny fühlt sich die russische Regierung einmal mehr beleidigt und aufgrund der exzessiven Propaganda und militärischen Einkreisung ernsthaft bedroht.

Diese Einschätzung teilt der Berater des russischen Außenministers, Andrew Ilnitsky, in einer Analyse der geopolitischen Bedrohungen Russlands vom 23. Juni 2020 mit dem Titel »Neue Eindämmungsstrategie gegen Russland«. Ilnitsky schreibt: *»Westliche Bürger lassen sich mit vielen Mythen erschrecken, darunter die aggressive russische Armee, die vor den Grenzen der ›freien Welt‹ steht, und ihre ›bedrohlichen und allgegenwärtigen‹ Hacker, die sich in alles von Wahlen bis Funktionieren der öffentlichen Toiletten einmischen und gleichzeitig die Grundlagen der westlichen Demokratien unterminieren. Es ist der Gipfel des Zynismus. Man erfindet immer mehr geopolitische Anlässe für Kritik an Russland...«*[303]

Ilnitsky sieht konkrete Gefahren auf Russland zukommen. Er bezieht sich auf einen Bericht des einflussreichen Thinktanks RAND Corporation (ca. 1600 Mitarbeiter) mit Hauptsitz in Santa Monica, der das US-Verteidigungsministerium berät.[304] In der Studie wird prognostiziert, dass sich bis 2023 eine neue Kriegsform konzeptionell durchsetzen wird. Ilnitsky beurteilt das wie folgt: *»Die Rede ist von einem virtuellen sozialen Krieg, der ein Mechanismus zur Souveränitätsuntergrabung und Staatszerstörung ist. Zu den Methoden der Kriegsführung gehören politische Sanktionen und verdeckte Operationen, die darauf zusteuern, sogenannte fünfte Kolonnen in Zielländern zu schaffen. Es soll den USA eine*

---

[303] Zit. wie www.world-economy.eu/nachrichten/detail/neue-eindaemmungsstrategie-gegen-russland/

[304] Vgl. RAND Corporation, Oktober 2019: The emerging Risk of virtual societal Warfare; www.rand.org/pubs/research_reports/RR2714.html

gute Möglichkeit geben, sich Ressourcen von Diaspora oder ethnischen Gemeinden zunutze zu machen ...«

Russland verfolge gegenteilige Ziele, meint Ilnitsky: *»Die wichtigste Aufgabe im gegenwärtigen historischen Zeitraum ist der Aufbau des russischen Staates, der den Bürgern innere und äußere Sicherheit, einen gleichberechtigten Zugang zu freier moderner Medizin, Grundausbildung und einer entwickelten sozialen Infrastruktur in Gehentfernung gewährleistet. Wenn es Russland gelingt, wird es eine Macht, die ein soziales Modell für die ganze Welt setzten kann.«* Das sei *»eine sehr schwere, aber große historische Mission«.*

Ob diese »Vision« Wunschdenken bleibt oder Realität werden kann, hängt nicht zuletzt von den Plänen ab, die insbesondere in den USA verfolgt werden. Das Verhältnis zwischen der westlichen Allianz und der Russischen Föderation hat 2020 einen kritischen Höhepunkt erreicht, sodass die eher bescheidenen Vorstellungen Ilnitskys für sein Land – auch aufgrund der Sanktionen – vorerst eine Utopie bleiben.

Dass sich im Verhältnis Russlands zur westlichen Allianz Grundlegendes änderte, ging bereits aus Wladimir Putins Rede vom 24. Oktober 2014 auf der Internationen Waldai-Konferenz

Wladimir Putin bei seiner Rede an die Nation, 1. März 2018

in Sotschi hervor. Er wiederholte, was er schon jahrelang beteuert hatte: Russland wolle weder ein Imperium wiedererrichten, noch strebe es nach Vorherrschaft in der Welt. Damit trat er den Behauptungen der Bellizisten in den USA und Westeuropa entgegen, die Argumente für ihre Politik der Aufrüstung brauchten. Doch nachdem Russlands Position nicht respektiert und die Schraube der Sanktionen ständig angezogen wurde, erklärte er in seiner Rede an die Nation am 1. März 2018 in Moskau, dass Russland sich missachtet und bedroht fühle und sich schützen müsse, wofür neue atomar bestückbare Raketen mit großer Reichweite entwickelt worden seien.[305]

Zum Fall Nawalny, der von westlichen Politikern und Journalisten immer wieder hochgekocht wurde, erklärte Putin Mitte Oktober 2020 in einer Sitzung des Diskussionsklubs Waldai, die deutschen Behörden seien aufgefordert worden, den russischen Strafverfolgungsbehörden das offizielle Untersuchungsergebnis als »rechtliche Grundlage für die Einleitung eines Strafverfahrens« zu übermitteln, doch das sei nicht geschehen.[306] Fakt ist, dass Putin persönlich die Ausreise Nawalnys ermöglicht hatte, obwohl Beschränkungen vorlagen und die Grenzen wegen der Corona-Krise geschlossen waren.

---

[305] Vgl. Spiegel Online, 2.3.2018; www.spiegel.de/politik/ausland/russland-wahlrede-von-wladimir-putin-mit-versprechen-und-atomwaffen-a-1196057.html
[306] Vgl. www.stern.de/politik/ausland/-ausreise-ermoeglicht---kremlchef-putin-aeussert-sich-erstmals-zum-fall-nawalny-9463986.html

Die Systemfrage

Viele, die Bevölkerung existenziell betreffende Entscheidungen werden hierzulande nicht mehr auf demokratischem Wege getroffen, sondern von der Exekutive (Regierung und Verwaltung) dekretiert und gegebenenfalls mit Sanktionsmaßnahmen durchgesetzt. Das ist diktatorisch, aber die angeblich demokratischen Parteien und Organisationen lassen es geschehen, und die Menschen sind durch die permanente Propaganda derart indoktriniert, dass sie diese Entwicklung gar nicht wahrnehmen.

In der Corona-Krise wurden Grundrechte per Verordnung außer Kraft gesetzt. Alternativen für die Stilllegung der Gesellschaft durch Lockdowns[307] und ähnliche tief in das Leben der Menschen eingreifende Zwangsmaßnahmen wurden nicht in ausreichendem Maße geprüft. Mit Beratungsgesprächen, Konferenzen oder »Corona-Gipfeln« der Bundeskanzlerin, einzelner Minister und der »Länderchefs«, die im Grundgesetz nicht vorgesehen sind, wurde das Parlament umgangen. Die Bundeskanzlerin und der Gesundheitsminister maßten sich Verfügungsgewalt an, die ihnen nicht zustand. Und das setzte sich auf Länderebene und in den Kommunen fort, ohne dass zunächst von den Volksvertretern Einspruch erhoben wurde. Erst ganz allmählich, ab etwa Oktober 2020, regte sich Widerspruch bei einzelnen Abgeordneten des Bundestages und der Länderparlamente.

Auf internationaler Ebene wurde zudem deutlich, dass demokratische Strukturen weitgehend abgeschafft sind. Nicht legiti-

---

[307] Lockdown = Aussetzen des gesellschaftlichen Lebens, auch Shutdown genannt

mierte Privatpersonen und Nichtregierungsorganisationen steuern im Einvernehmen mit US-Behörden wie zum Beispiel dem Pentagon, der CIA oder willfährigen Politikern die Geschicke der Welt. Wie einflussreich Globalmilliardäre wie Bill Gates oder George Soros sind, erweist sich ständig aufs Neue.

Es fragt sich, warum überhaupt noch Wahlen stattfinden. Wer gewinnt, wird im Grunde von den Medien bestimmt, das heißt, von deren Eigentümern und von den politischen Akteuren im Hintergrund. Bei der Inthronisation der EU-Kommissionspräsidentin Ursula von der Leyen bedurfte es nicht einmal mehr einer Wahl, sie stand überhaupt nicht auf der Kandidatenliste. Und Politikerinnen wie von der Leyen und Merkel bestimmen dann Kommissare oder Minister, die ihre Ressorts in gewünschter Weise verwalten.

Aber eine grundlegende Systemkritik auf breiter Basis gibt es nicht. Die USA sorgen seit Langem schon dafür, dass alles Abweichende eliminiert wird; Sozialisten und Kommunisten werden ohnehin auf die eine oder andere Art aus dem Verkehr gezogen. Zulässig ist einzig das neoliberale kapitalistische System, in welcher Form auch immer. Denn es sichert den Finanz- und Wirtschaftseliten ihren Reichtum. Das ist der allumfassende Konsens, dafür werden Morde begangen und Kriege geführt. Korrumpierbare Hilfskräfte finden sich immer.

Eine geschickte, in den US-Denklaboren der Spin-Doktoren entwickelte Umdeutung aggressiven Vorgehens ist die Menschenrechtsstrategie. Damit hat sich der sogenannte Wertewesten den Vorwand geschaffen, weltweit in zum Teil inszenierte politische Konflikte moralisierend einzugreifen. Der ehemalige US-Präsident Ronald Reagan hatte die Sowjetunion einfach zum »Reich des Bösen« erklärt und sich so die Deutungshoheit für die amerikanische Aggressionspolitik verschafft.

Auf diese Weise wurden auch die mörderischen Kriege gegen Afghanistan, Jugoslawien, den Irak, Libyen, Syrien und

Jemen zur angeblichen Verteidigung der Menschenrechte und zur »Einführung demokratischer Strukturen« in diesen Ländern »legitimiert«, die heute am Boden liegen und deren eigenständige Entwicklung brutal auf Jahrzehnte hinaus verhindert wurde. Immer wieder gelang es auch, Regime Changes durchzuführen, besonders in den ehemaligen Sowjetrepubliken, im Nahen Osten sowie Mittel- und Südamerika, indem Systemgegner logistisch, finanziell und mit Waffen unterstützt wurden. Hinzu kommt die wirtschaftliche Strangulierung nicht fügsamer Staaten, die immer offener und dreister praktiziert wird. Während Deutschland »nur« unter Vormundschaft der USA steht, werden andere, de jure und de facto souveräne Länder massiv sanktioniert, erpresst und militärisch bedroht.

Wir werden »*staatlicherseits über wichtige Entwicklungen belogen und betrogen*«, konstatiert Willy Wimmer in *World Economy* vom 26. Mai 2020 und fährt fort: »*Die Staaten bedienen sich einer grandiosen Vernebelungstaktik, betrieben von in den jeweiligen Spitzenamtsstuben angesiedelten ›Spin doctors‹, hochbezahlte und regierungsamtlich tätige ›Fälscher‹. Sie stellen ihre Lügen auf den demokratischen Mechanismus ab, um mittels ihrer Verschwörungspraktiken die gewünschten Ergebnisse im Ablauf des Systems für die eigene Regierung oder das System der ›Schlepptau‹-Staaten zu bekommen. Formell soll beim Volksbetrug wenigstens alles in Ordnung sein.*« Wimmer warnt: »*In Anbetracht der nationalen und internationalen Machtstrukturen kann man sich geradezu ausrechnen, wo das enden wird. So nahe an totalitären Strukturen sind wir nach 1945 noch nicht in den ganzen Jahrzehnten gelandet.*«[308]

Insbesondere die USA setzen sich in jeglicher Hinsicht über Anstand, Moral und das Völkerrecht einfach hinweg, aber in den westlichen Satellitenstaaten regt sich kaum Widerspruch. Ein Beispiel für die Regierungskriminalität der USA ist ein Vorfall,

---

[308] www.world-economy.eu/nachrichten/detail/atlantischer-paukenschlag-huawei-fliegt-aus-grossbritannien-raus/

der sich im August 2020 ereignet hat. US-Kriegsschiffe hatten vier unter liberischer Flagge fahrende Öltanker, die iranisches Öl nach Venezuela bringen sollten, auf hoher See aufgebracht und die Ladungen konfisziert. Insgesamt 1,116 Millionen Barrel Rohöl wurden in US-Besitz »überführt«, also mittels international geächteter Piraterie gestohlen. Zwei Monate später, im Oktober 2020, wurde das Öl für etwa 40 Millionen Dollar verkauft. Der Anwalt der US-Regierung sprach von *»Entschädigung«*, wobei er die Erklärung, was entschädigt werden sollte, schuldig blieb.[309] Westliche Regierungen und ihre Herrschaftsmedien schwiegen zu diesem Kapitalverbrechen.

Die Rede von Weltgemeinschaft und westlicher Wertegemeinschaft erweist sich, insbesondere mit Blick auf die USA, als propagandistisches Betrugsmanöver. Das von dort ausgehende egoistische Prinzip »Immer mehr und am meisten für mich« hat zu untragbaren gesellschaftlichen Verhältnissen geführt, der Raubtierkapitalismus hat der Welt Not und Elend, Konflikte und Kriege beschert. Doch anstatt nach humanen Gesellschafts- und Wirtschaftsmodellen zu forschen, versuchen sich diejenigen, die von den bestehenden Verhältnissen profitieren, ihre Pfründen zu erhalten und ihren Einfluss weiter auszubauen. Ein großer Umbruch, ein »Great Reset« ist geboten, aber nicht so, wie sich das die Wirtschafts- und Finanzeliten, die sich in Davos beim Weltwirtschaftsforum und anderswo verabreden, vorstellen.[310] Sollten sie sich mit ihren Plänen einer umfassenden Digitalisierung, Überwachung und Privatisierung durchsetzen, ist das der Beginn einer weltweiten Versklavung. Es liefe nicht auf eine Herrschaft der Weisen hinaus, wie hier und da zu hören ist, sondern auf eine Diktatur der Milliardäre.

---

[309] Vgl. Die Freiheitsliebe, 31.10.2020; https://diefreiheitsliebe.de/politik/der-wilde-westen-usa-klauen-iranisches-oel-und-verkaufen-es-fuer-40-millionen-dollar/

[310] Dazu das Kapitel »Warnung vor der Dominanz der Kapitaleliten«

US-Präsidentschaft

Donald Trump und das Establishment

In seiner Antrittsrede als neuer Präsident der Vereinigten Staaten wandte sich Donald Trump am 20. Januar 2017 an das amerikanische Volk und erklärte nach mehrmaliger Erneuerung seines Anspruchs »America first!«: *»Wir übertragen die Macht von Washington zurück an euch, das Volk.«*[311] In ungewöhnlich scharfer Weise nahm er Stellung gegen die Politik seiner zur Vereidigung erschienenen Vorgänger: *»Zu lange hat eine kleine Gruppe hier, in der Hauptstadt unseres Landes, die Früchte eingefahren, während die Menschen da draußen dafür bezahlt haben. Washington ging es gut, aber die Menschen konnten an diesem Wohlstand nicht teilhaben; den Politikern ging es gut, aber die Arbeitsplätze wanderten ab und die Fabriken wurden geschlossen. Das Establishment hat sich nur selbst geschützt, aber nicht die Bürger unseres Landes. Ihre Siege waren nicht die Siege des Volkes, ihre Siege waren nicht eure Siege. Während sie hier gefeiert haben, in der Hauptstadt eures Landes, gab es für ganz viele Familien da draußen im ganzen Land wenig zu feiern. Das alles ändert sich gerade hier und jetzt.«*

Damit erklärte Trump der Machtelite in den USA den Krieg. Er kündigte an, keine Interventionskriege mehr zu führen, Frieden mit Russland herzustellen und die amerikanischen Soldaten

---

[311] Zit. wie YouTube: Donald J. Trump als US-Präsident vereidigt; www.youtube.com/watch?v=UVelzOWD1bk (21.1.2017, inzwischen offenbar gelöscht), sowie YouTube: Antrittsrede von Präsident Donald J. Trump; www.youtube.com/watch?v=TPDWyVPZcBQ (6.11.2020)

aus Syrien abzuziehen. Und er fuhr fort: »*Wir werden die Freundschaft und das Wohlwollen aller Nationen auf der Welt suchen, aber wir machen das in dem Wissen, dass es das Recht aller Nationen ist, ihre eigenen Interessen an die erste Stelle zu setzen. Wir möchten unsere Lebensart niemandem vorschreiben, aber wir lassen sie als leuchtendes Beispiel dastehen, wir werden als leuchtendes Beispiel ausstrahlen, dem alle folgen können. Wir werden alte Allianzen wiederherstellen, neue Allianzen bilden... Die Bibel lehrt uns, wie schön es ist, wenn die Völker Gottes friedlich zusammenleben.*«

Bereits in einem Interview mit der *New York Times* vom 23. November 2016 hatte Donald Trump gesagt: »*Ich denke, in den Irak zu gehen, war einer der größten Fehler in der Geschichte unseres Landes. Syrien – wir müssen das Problem lösen, weil wir ständig dabei sind zu kämpfen, immer zu kämpfen.... Ich möchte gern mit Russland gut auskommen, und ich denke, dass auch Russland gerne mit uns gut auskommen möchte. Das ist in unserem gemeinsamen Interesse... Wäre es nicht schön, wenn wir gut mit Russland auskämen? Wäre es nicht schön, wenn wir gemeinsam gegen den Islamischen Staat vorgingen?... Wir müssen dem Wahnsinn, der sich in Syrien abspielt, ein Ende setzen.*«[312]

Doch schon wenige Monate nach seiner Wahl wurde Trump von der Washingtoner Realität eingeholt, er war umstellt von »Beratern« und Bürokraten, die ihn in wesentlichen politischen Fragen beeinflussten oder boykottierten. Dabei ist zu berücksichtigen, dass die US-Präsidenten zwar theoretisch über Krieg und Frieden beschließen können, praktisch jedoch nur den Frühstücksdirektor der »Nebenregierung« darstellen. Entscheidungen von weltpolitischer Bedeutung werden hinter ihrem Rücken gefällt. Das führte in der Regierung Trump zu ständigen Auseinandersetzungen.

Die führenden westlichen Politiker und ihre Leitmedien hatten die Bellizistin Hillary Clinton favorisiert, die der Welt wo-

---

[312] www.nytimes.com/2016/11/23/us/politics/trump-new-york-times-interview-transcript.html

möglich einen dritten Weltkrieg beschert hätte, und den polternden, oft jeglichen Anstand vergessenden Trump – insbesondere wegen seiner beabsichtigten Annäherung an Russland – systematisch verteufelt.[313] Der unberechenbare, neurotische Trump wurde zu einer Unperson, wozu er selber beitrug.

Noch während des Wahlkampfs hatte der damalige deutsche Außenminister Frank-Walter Steinmeier entgegen aller diplomatischen Regeln Donald Trump einen »*Hassprediger*« genannt und in anmaßender Weise Angaben über Trumps künftige Außenpolitik gefordert.[314] Kanzlerin Angela Merkel hatte ihn zur Einhaltung demokratischer Grundwerte ermahnt, die sie selber nicht einhält.[315] Auch viele andere deutsche Politiker hatten im Chor mit den Anhängern der Clinton-Obama-Kriegsallianz ihre Abscheu kundgetan. Das hatte wiederholte Anfeindungen Trumps gegen Deutschland zur Folge.

Im Laufe seiner Präsidentschaft versuchte Trump seine in der Antrittsrede geäußerten Absichten durchzusetzen, doch er stieß auf heftigen Widerstand des US-Establishments und dessen Hilfskräfte. Von Anfang an wurde ihm von seinen Gegnern vorgeworfen, er unterhalte illegale Kontakte nach Russland und habe sich bei den Präsidentschaftswahlen vom »russischen Regime« unterstützen lassen. Sonderermittler Robert Mueller, der im Mai 2017 mit der Aufklärung der Vorwürfe beauftragt worden war, schloss im März 2019 die Untersuchungen, in die Trumps Sohn Don, sein Schwiegersohn Jared Kushner sowie weitere Mitarbeiter einbezogen waren, mit der Erklärung ab, eine Verschwörung mit dem Kreml sei nicht nachweisbar.[316]

---

[313] Vgl. NachDenkSeiten, 10.11.2016; www.nachdenkseiten.de/?p=35765#more-35765

[314] Vgl. Spiegel Online, 10.11.2016; www.spiegel.de/politik/deutschland/frank-walter-steinmeier-hofft-auf-klarstellungen-von-donald-trump-a-1120658.html

[315] Vgl. Die Bundesregierung, 9.11.2016; www.bundesregierung.de/breg-de/aktuelles/zusammenarbeit-auf-basis-gemeinsamer-werte-411570

[316] Vgl. dazu: Wolfgang Bittner: Der neue West-Ost-Konflikt, S. 242 ff.

Damit nicht genug. Anfang Oktober 2019 wurde ein Amtsenthebungsverfahren gegen Donald Trump eingeleitet, weil er den ukrainischen Präsidenten Wolodymyr Selenskyj und auch die chinesische Regierung in Telefongesprächen aufgefordert hätte, Korruptionsermittlungen gegen den ehemaligen US-Vizepräsidenten Joe Biden und seinen Sohn Hunter Biden zu veranlassen.[317] Es ist erneut erstaunlich, was sich die Anti-Trump-Koalition und die amerikanischen Medien an bösartigen, hasserfüllten Angriffen gegen den amtierenden Präsidenten leisteten. Er sollte, koste es, was es wolle, zu Fall gebracht werden. Aber wie immer man zu Donald Trump steht: Wäre er des Amtes enthoben oder ermordet worden, dann wäre der fundamentalistisch-evangelikale Vizepräsident Mike Pence sein Nachfolger geworden, und die Kriegsgefahr hätte zugenommen.

Die guten Vorsätze Trumps blieben allmählich auf der Strecke, und sein guter Wille – unterstellt, er sei wirklich vorhanden gewesen – verging ihm. In der Weltpolitik unerfahren und ständig attackiert, zeigte er sich mehr und mehr von seiner aggressiven und chaotischen Seite. Er begann zwar keine neuen Kriege wie seine Vorgänger, aber er forcierte die Aufrüstung und kündigte friedensbewahrende internationale Verträge. Er ging mit Wirtschaftssanktionen weiterhin gegen Russland sowie den Iran, Venezuela, Syrien und den Konkurrenten China vor, und er stärkte dem britischen Premier Boris Johnson den Rücken beim Austritt aus der Europäischen Union.

Im Juni 2020 zog sich Trump dann noch aus der WHO zurück mit der Begründung, sie stehe unter Kontrolle Chinas. Die Überlegung, dass sie unter Kontrolle der Bill-und-Melinda-Gates-Stiftung stehen könnte, wie kritische Beobachter behaupten, ist ihm anscheinend nicht gekommen. In der Einstellung zum Internationalen Gerichtshof blieb er auf der Linie der Vorgän-

---

[317] Vgl. Spiegel Online, 2.10.2019; www.spiegel.de/politik/ausland/ukraine-affaere-drei-szenarien-fuer-donald-trump-a-1289629.html

gerregierungen und billigte Sanktionen gegen Mitarbeiter des Gerichts, um Verurteilungen amerikanischer Soldaten wegen Kriegsverbrechen in Afghanistan zu verhindern.[318]

Innenpolitisch gebärdete sich Trump diktatorisch. So wies er während der Aufstände wegen der Ermordung des Afroamerikaners George Floyd in Minneapolis durch vier Polizisten die Polizei an, schärfstens durchzugreifen.[319] Bei weiteren Demonstrationen drohte er mit Waffengewalt und dem Einsatz von Militär.[320] Schließlich disqualifizierte er sich während des Wahlkampfes 2020, als er in einer Rede zum Auftakt erklärte: »*Wenn die Linken an die Macht kommen, werden sie die Vorstädte zerstören und eure Waffen konfiszieren ... Biden ist ein trojanisches Pferd für den Sozialismus.*«[321] Anstatt dem korrupten Biden seine kriminellen Aktivitäten in der Ukraine und anderswo vorzuhalten, lieferte Trump erneut einen Beleg für seinen Populismus und die Fehleinschätzung seiner politischen Gegner. Biden als Sozialisten anzusehen, war an Absurdität nicht zu überbieten.

Joe Biden – ein korrupter Bellizist

Wie schon 2016 war auch 2020 die Entscheidung, wer Präsident der Vereinigten Staaten wird, eine Wahl zwischen Pest und Cholera. Die führenden Politiker der westlichen Welt und ihre Medien favorisierten den 77-jährigen Joe Biden, der als politisch erfahrener Retter in der Not gegen den verhassten Donald Trump auftrat. Die besonderen politischen Erfahrungen dieses korrup-

[318] Vgl. ARD-Tagesschau, 12.6.2020; www.tagesschau.de/ausland/trump-istgh-sanktionen-101.html

[319] Vgl. Zeit Online, 3.9.2020; www.zeit.de/politik/ausland/2020-09/black-lives-matter-joe-biden-klagen-donald-trump-drohung

[320] Vgl. Süddeutsche Zeitung, 2.6.2020; www.sueddeutsche.de/politik/trump-militaer-washington-floyd-1.4924335

[321] Zit. wie Tagesschau, 28.8.2020; www.tagesschau.de/sendung/tagesschau/

ten und hochkriminellen ehemaligen Vizepräsidenten wurden geflissentlich verschwiegen.

Biden war 1972 für den Bundesstaat Delaware in den US-Senat eingezogen, hatte 1988 und 2008 vergeblich für die Präsidentschaft kandidiert und war dann nach der Wahl Obamas 2009 und nochmals 2013 Vizepräsident geworden. Als Senator hatte er sich für die Zergliederung Jugoslawiens sowie die Bombardierung Serbiens eingesetzt und Präsident Bill Clinton entsprechend bestärkt. Nach dem Anschlag auf das World Trade Center 2001 forderte er mehr Bodentruppen in Afghanistan und drängte auf den Erlass des USA PATRIOT Act, wodurch wesentliche Bürgerrechte auf Dauer eingeschränkt wurden. 2003 stimmte er für den Irakkrieg, 2011 propagierte er den Krieg gegen Libyen. Wiederholt forderte er ein Eingreifen in Syrien und die Absetzung Assads.

Zu den Wirtschaftssanktionen gegen Russland äußerte Biden 2014 in einer Rede, dass die US-Regierung – er sagte »wir« – Russland »echte Kosten« auferlegt habe, das Land also ruinieren wolle, und zwar in Kooperation mit der EU, die sich zunächst gesperrt habe.[322]

Besonderen Einsatz zeigte Joe Biden bei der Destabilisierung und kalten Übernahme der Ukraine, wobei er von Außenminister John Kerry, CIA-Chef John Brennan, Senator John McCain und weiteren hochrangigen US-Politikern unterstützt wurde. Wie bereits bei anderen Regime Changes, Konflikten und Kriegen profitierte die US-amerikanische Führungsschicht von dem Wechsel, so auch Joe Bidens Sohn Hunter, der schon seit Jahren, offensichtlich durch Patronage, in verschiedene, gut dotierte Ämter befördert worden war. Im Mai 2014, also kurz nach dem Putsch in Kiew, erhielt er einen eigens für ihn geschaffenen Vorstandsposten im Verwaltungsrat der Burisma Holdings, dem

---

[322] Vgl. www.youtube.com/watch?v=JLO7uKVarB8 (5.1.2015)

größten nichtstaatlichen Gasproduzenten der Ukraine.[323] Weitere Vorstandsämter bei Burisma gingen an den ehemaligen Wahlkampfleiter Kerrys, Devon Archer, den früher bei Merrill Lynch und J. P. Morgan tätigen Investmentbanker Alan Apter sowie Polens Ex-Staatspräsident Aleksander Kwasniewski. Ihnen folgte im Februar 2016 noch Josef Kofer Black, von 1999 bis 2002 Direktor des CIA Counterterrorist Centers.

Seinerzeit begann der ukrainische Generalstaatsanwalt Wiktor Schokin wegen Interessenkollision, Korruption und Vetternwirtschaft zu ermitteln. 2018 wurde dann bekannt, dass Joe Biden den ukrainischen Präsidenten Petro Poroschenko und Premierminister Arsenij Jazenjuk, beide Günstlinge der USA, genötigt hatte, Schokin zu entlassen.[324] Zu vermuten ist, dass die Ermittlungen den US-Vizepräsidenten und seinen Sohn schwer belastet hätten. Denn abgesehen von der Patronage hat Burisma Medienberichten zufolge 2014 und 2015 mehr als drei Millionen US-Dollar an eine Firma namens Rosemont Seneca Bohai LLC gezahlt, die bis zu 50 000 Dollar monatlich an Hunter Biden zahlte. Der wiederum war zusammen mit Christopher Heinz, dem Stiefsohn von John Kerry, Eigentümer von Rosemont Seneca Partners.[325]

Es handelte sich um eines der üblichen Beziehungs- und Korruptionsgeflechte der US-amerikanischen Führungsschicht. Insofern zeigten die in die Washingtoner Obama-Clinton-Kamarilla eingebundenen Politiker und Journalisten, die eifrig wegen angeblicher Beziehungen Trumps zum Kreml polemisierten, wenig Interesse, die Vorwürfe zu überprüfen. Erst als Trump im

---

[323] Vgl. Wolfgang Bittner: Die Eroberung Europas durch die USA, S. 48 f. mit weiteren Nachweisen sowie UKRAINE CRISIS, 27.9.2019; http://uacrisis.org/de/73460-burisma

[324] Vgl. Epoch Times, 29.4.2019; www.epochtimes.de/politik/welt/der-ehemalige-us-vize-praesident-joe-biden-und-die-ukraine-illegale-einflussnahme-auf-die-us-wahl-2016-a2870649.html

[325] Vgl. Washington Examiner, 27.9.2019; www.washingtonexaminer.com/politics/john-kerrys-son-cut-business-ties-with-hunter-biden-over-ukrainian-oil-deal sowie https://de.wikipedia.org/wiki/Burisma_Holdings

Joe Biden (re.) mit Bundeskanzlerin Angela Merkel und dem ukrainischen Präsidenten Petro Poroschenko bei der Münchner Sicherheitskonferenz 2015

Oktober 2020 im Wahlkampf Korruptionsvorwürfe gegen Biden erhob, kamen dessen Machenschaften in der Ukraine ans Licht. Biden zeigte sich empört: *»Es ist der letzte Versuch in dieser verzweifelten Kampagne, mich und meine Familie zu verleumden.«*[326] Lautete die Frage zuvor, warum geschäftliche Kontakte amerikanischer Politiker nach Russland ein Staatsverbrechen sein sollten, war jetzt zu fragen, warum dem manifesten Korruptionsverdacht gegen den Präsidentschaftskandidaten und seinen Sohn nicht nachgegangen wurde. Die Frage erledigte sich durch die folgenden Ereignisse.

[326] Zit. wie Zeit Online, 21.10.2020; www.zeit.de/politik/ausland/2020-10/us-praesidentschaftswahl-joe-biden-korruptionsvorwuerfe-ukraine-donald-trump

Regierungswechsel 2021

Am 7. November 2020 wurde das vorläufige Ergebnis der Präsidentschaftswahl bekannt gegeben, wonach eine knappe Mehrheit der Stimmen auf Joe Biden entfiel, der sich noch vor der Feststellung des amtlichen Ergebnisses als neuer Präsident ausrief. Nicht die staatlichen Wahlleiter verkündeten das Ergebnis, sondern die privaten Fernsehsender hatten den Sieger proklamiert, indem sie ihren eigenen Hochrechnungen folgten. Damit wurden die von der US-Führungselite gewünschten politischen Fakten geschaffen, bevor die offiziellen Ergebnisse der Einzelstaaten vorlagen und das aus 538 Wahlmännern und -frauen bestehende Electoral College zusammengetreten war, um entsprechend dem amerikanischen Wahlsystem offiziell den neuen Präsidenten zu wählen.

Joe Biden ist der Garant für die Fortsetzung der unipolaren, friedensgefährdenden Außenpolitik der Präsidenten Bill Clinton, George W. Bush und Barack Obama. Unter den Ersten, die ihm gratulierten, obwohl er noch nicht gewählt war, waren Bundeskanzlerin Angela Merkel (»von Herzen«), Bundespräsident Frank-Walter Steinmeier und EU-Kommissionspräsidentin Ursula von der Leyen.

Donald Trump bestritt das Ergebnis der Auszählungen und reichte Klagen wegen Wahlfälschungen ein. Die angesehene ehemalige US-Bundesanwältin Sidney Powell sprach in einem Interview mit *Fox News* am 17. November 2020 von einem *»massiven Wahlbetrug«* durch die Demokraten in einzelnen Bundesstaaten mithilfe des Wahltechnologieanbieters Dominion Voting Systems sowie des Softwareanbieters Smartmatic. Die Software von Smartmatic sei entwickelt worden, um die Ergebnisse von Wahlen zu manipulieren. Dazu Powell: *»Sie können Stimmen in Echtzeit sehen. Sie können Stimmen in Echtzeit verschieben. Wir haben mathematisch den genauen Algorithmus identifiziert, den sie verwendet haben und den sie von Anfang an verwenden wollten, um die Stimmen* *zu ändern. In diesem Fall, um sicherzustellen, dass Biden gewinnt. ... Und sie können mit den Stimmen alles tun, was sie wollen.«[327]*

Nachdem mehrere Klagen Trumps erfolglos waren, wies er Ende November 2020 seine Mitarbeiter im Weißen Haus und die Behörden an, den Weg für die Amtsübergabe freizumachen, falls das Wahlkollegium Joe Biden wählen würde.[328] Dies geschah am 14. Dezember. Am 7. Januar bestätigte dann der US-Kongress die Wahl Bidens, und am 20. Januar 2021 wurde er unter starken Sicherheitsvorkehrungen zum 46. Präsidenten der Vereinigten Staaten vereidigt. Dennoch kündigte Donald Trump an, die Wahl weiterhin wegen Fälschungen anzufechten.

Am 6. Januar, einen Tag vor der Sitzung des Kongresses, hatten in Washington kurzfristig revolutionäre Zustände geherrscht, als Tausende Anhänger Trumps, die das Wahlergebnis nicht akzeptieren wollten, das Kapitol erstürmten (nicht auszuschließen ist, dass sich darunter Provokateure befanden).[329] Das Gebäude wurde verwüstet, und fünf Menschen kamen bei den Unruhen zu Tode. Die amerikanische Oberschicht bekam eine Ahnung von dem, was die USA anderen Völkern jahrzehntelang durch Hetze, Unterwanderung und Interventionen angetan haben, in Belgrad (2000), Kiew (2014) oder auch in Hongkong (2019/2020).

Ohne Berücksichtigung der Ursachen für die Wut der als »Plebs« oder »Mob« bezeichneten aufständischen Bürgerinnen und Bürger gab es sofort Solidaritätsbekundungen für Biden und die »amerikanische Demokratie« von fast allen westlichen Staatsoberhäuptern und führenden Politikern. Kanzlerin Angela Merkel sprach von *»verstörenden Bildern«,* die sie *»wütend und*

---

[327] Zit. wie RT Deutsch, 17.11.2020; https://deutsch.rt.com/nordamerika/109 296-trump-kampagnen-anwaltin-uberwaltigende-beweise/

[328] ZDF, 27.11.2020; www.zdf.de/nachrichten/heute-sendungen/trump-weis ses-haus-verlassen-video-100.html

[329] Vgl. YouTube, 4.1.2021; www.youtube.com/watch?v=wDafVXGX1WQ (10.1.2021)

traurig« gemacht hätten.[330] Und Außenminister Heiko Maas kommentierte auf Twitter, Trump und seine Unterstützer *»sollten endlich die Entscheidung der amerikanischen Wähler*Innen akzeptieren und aufhören, die Demokratie mit Füssen zu treten ... Aus aufrührerischen Worten werden gewaltsame Taten – auf den Stufen des Reichstages, und jetzt im #Capitol«.*[331]

Auch Joe Biden verurteilte die Erstürmung und Besetzung des Kapitols auf das Schärfste und erklärte: *»Das Kapitol zu stürmen, Fenster einzuschlagen, Büros zu besetzen, den Senat der Vereinigten Staaten zu besetzen, durch die Schreibtische des Repräsentantenhauses im Kapitol zu stöbern und die Sicherheit ordnungsgemäß gewählter Beamter zu bedrohen, ist kein Protest. Es ist Aufruhr.«* Er sei *»schockiert und traurig, dass unsere Nation – so lange Leuchtfeuer und Hoffnung für Demokratie – an so einem dunklen Moment angekommen ist«.*[332]

»Sturm auf das Kapitol« in Washington am 6. Januar 2021

[330] Zit. wie ZDF, 7.1.2021; www.zdf.de/nachrichten/politik/capitol-kongress-usa-trump-merkel-100.html
[331] Zit. wie ARD-Tagesschau, 7.1.2021; www.tagesschau.de/ausland/usa-protest-reaktionen-101.html
[332] Zit. wie ARD-Tagesschau, 7.1.2021; www.tagesschau.de/ausland/biden-reaktionen-capitol-101.html

Fassungslosigkeit und Entsetzen in der westlichen Welt, Sorge um die Demokratie, so war zu hören. Allerdings ging der »Aufstand« überraschend schnell zu Ende, und aus dem Chaos tauchte Joe Biden als eine Lichtgestalt auf, berufen, die »amerikanische Demokratie« zu retten. In Washington marschierte Militär auf, um seine Inauguration zu schützen.

Die Transatlantiker hatten einen willkommenen Anlass gefunden, dem neuen US-Präsidenten noch vor seinem Amtsantritt Ergebenheit zu bekunden. In Washington wurde umgehend ein Amtsenthebungsverfahren gegen Donald Trump wegen »Anstiftung zum Aufruhr« eingeleitet, obwohl er zugesagt hatte, die Amtsgeschäfte am 20. Januar ordnungsgemäß an Joe Biden zu übergeben. Allerdings hatte er seine Anhänger zuvor mehrmals zum Protest gegen die Wahlentscheidung aufgerufen und »Verständnis und Sympathie« für die Aufständischen gezeigt (später mahnte er Gewaltlosigkeit an).

Silicon Valley erhob sich über die Exekutive, indem die Konten von Twitter, Facebook, Instagram, Snapchat und Twitch des Weißen Hauses sowie von Donald Trump geschlossen wurden, um ihm seine Kommunikationskanäle zu nehmen.[333] Dieser dreiste Angriff des digital-finanziellen Komplexes (des »Big Tech«) auf die Rede- und Meinungsfreiheit und damit auf die Verfassung der Vereinigten Staaten wurde von den Trump-Gegnern durchweg begrüßt. Trump sollte als »Gefährder« ein für alle Mal ausgeschaltet werden. Die Vorsitzende des Repräsentantenhauses Nancy Pelosi, eine militante Gegnerin Trumps, sagte: »… *jeder Tag kann eine Horrorschau für Amerika sein*«.[334] Aber die Horrorschau der USA für die Welt läuft schon seit Langem.

---

333 Vgl. ARD-Tagesschau, 13.1.2021; www.tagesschau.de/inland/gesellschaft/regulierung-netzwerke-101.html
334 Zit. wie ZDF-heute, 8.1.2021; www.zdf.de/nachrichten/politik/trump-will-nicht-biden-amtsuebergabe-100.html

Corona-Krise –
eine Entwicklung

Nach Zerstörung des World Trade Centers am 11. September 2001 und der Weltfinanzkrise 2008 ist die 2020 von der Weltgesundheitsorganisation ausgerufene Corona-Pandemie das dritte einschneidende Ereignis des 21. Jahrhunderts, das gravierende Folgen für die gesamte Welt nach sich zog. Die ersten Meldungen über eine neuartige, hochansteckende Lungenentzündung kamen Ende Dezember 2019 aus China. Die durch das Coronavirus SARS-CoV-2 verursachte Krankheit wurde von der WHO Covid-19 genannt.

Nachdem in der Elfmillionenstadt Wuhan in der zentralchinesischen Provinz Hubei mehr als tausend Menschen daran gestorben waren, gab Bundesgesundheitsminister Jens Spahn[335] bereits am 4. März 2020 in einer Regierungserklärung zur Bekämpfung des Coronavirus bekannt: »*Aus der Coronaepidemie in China ist eine weltweite Pandemie geworden. In Europa gibt es inzwischen mehr als 3.000 bestätigte Infektionen, bei uns in Deutschland 240, die meisten in Nordrhein-Westfalen. Die Bundesregierung und die Landesregierun-*

---

[335] Von 2005 bis 2009 gehörte Spahn dem Gesundheitsausschuss des Bundestages an, von 2006 bis 2010 war er an einem von ihm mitbegründeten Lobby-Unternehmen für den Medizin- und Pharmasektor beteiligt, von 2015 bis 2018 war er Parlamentarischer Staatssekretär im Bundesfinanzministerium. Er unterhält enge Verbindungen zu den Netzwerken American Council on Germany und Atlantik-Brücke (er war 2014 im Young-Leader-Programm) und ist Mitglied der Deutsch-Atlantischen Gesellschaft sowie Young Global Leader des Weltwirtschaftsforums (2016). 2017 war er Teilnehmer der Bilderberg-Konferenz in Chantilly/USA.

gen, das Robert-Koch-Institut und die kommunalen Behörden haben in den letzten Wochen täglich über den Stand der Dinge informiert. Wir werden weiterhin jeden Tag sagen, was wir wissen, aber auch, was wir noch nicht wissen. Wir nehmen die Situation sehr ernst…«[336]

Die Pandemie und die Folgen

Am 11. März 2020 erklärte der WHO-Generaldirektor Tedros Adhanom Ghebreyesus die Erkrankungen aufgrund zunehmender Infektionen mit dem neuen Virus zu einer Pandemie. *»Wir haben die Alarmglocke laut und deutlich geläutet«*, hieß es.[337] An den folgenden Tagen verbreitete sich das Virus mit rasanter Geschwindigkeit über die ganze Welt. Bereits Mitte März erreichte die Krise in Europa einen ersten Höhepunkt, sodass in Deutschland um den 20. März Ausgangssperren und die Schließung nicht lebensnotweniger Geschäfte und Betriebe angeordnet wurden. Hamsterkäufe, nahezu menschenleere Straßen und gesellschaftlicher Stillstand waren die Folge. Da die Medien stündlich über steigende Zahlen von Infizierten sowie über Schwererkrankte berichteten, die an Beatmungsgeräte angeschlossen werden mussten, um nicht zu ersticken, breitete sich Angst aus.

Folgende Grundgesetze wurden außer Kraft gesetzt, und Einschränkungen blieben auch nach Aufhebung der Ausgangssperren bestehen:

Artikel 1 (Würde des Menschen)
Artikel 2 (Freie Entfaltung der Persönlichkeit und Freiheit der Person)

---

[336] www.bundesgesundheitsministerium.de/presse/reden/regierungserklaerung-coronavirus.html
[337] www.who.int/dg/speeches/detail/who-director-general-s-opening-remarks-at-the-media-briefing-on-covid-19---11-march-2020

Artikel 4   (Ungestörte Religionsausübung)
Artikel 5   (Meinungsfreiheit, Pressefreiheit, Einschränkung
              der Kunstausübung)
Artikel 6   (Familienleben, Kindererziehung)
Artikel 7   (Einschränkung des Schulwesens)
Artikel 8   (Versammlungsfreiheit)
Artikel 11 (Freizügigkeit im ganzen Bundesgebiet)
Artikel 12 (Recht auf Berufsausübung)
Artikel 13 (Unverletzlichkeit der Wohnung)

Der Direktor des Deutschen Zentrums für Infektionsforschung (DZIF) an der Berliner Charité, der Virologe Prof. Christian Drosten, stellte ein von ihm und seiner Forschungsgruppe entwickeltes Testverfahren zur Feststellung des Coronavirus zur Verfügung, und die WHO übernahm das Testprotokoll als ersten diagnostischen Leitfaden.[338] Immer mehr Menschen wurden auf SARS-CoV-2 getestet, obwohl Zweifel an der Verlässlichkeit des sogenannten PCR-Tests (Poplymerase-Kettenreaktion-Test) aufkamen.[339]

In den darauffolgenden Monaten informierten täglich die WHO, das Berliner Robert Koch-Institut (RKI), die Berliner Charité und die Johns Hopkins Universität aus Baltimore/USA über den Stand der Pandemie und übermittelten erschreckende – jedoch nicht verifizierte – Zahlen von Infizierten und Todesopfern. Politik und Medien hielten die Bevölkerung mit immer neuen Horrormeldungen in Atem.

Allmählich regte sich hier und da zunächst noch verhaltene Kritik an den staatlichen Zwangsmaßnahmen zur Eindämmung der Pandemie. Dem »Chefvirologen« Drosten, der die Bundesre-

---

[338] Vgl. DZIF; www.dzif.de/de/erster-test-fuer-das-neuartige-coronavirus-china-ist-entwickelt
[339] Dazu Rechtsanwalt Dr. Reiner Füllmich, 15.11.2020; www.youtube.com/watch?v=n_BChrfJFpo (20.11.2020)

gierung beriet, wurde mangelnde Qualifikation, die Verbreitung
falscher Zahlen und Panikmache vorgeworfen. Aber Einwände
wurden von Politik und den »Staatsmedien« ausgeblendet, Kritiker wurden lächerlich gemacht oder diffamiert.

Allerdings ließ sich die Manipulation der im April 2020 verbreiteten Covid-19-Fallzahlen durch eine Tabelle aus dem RKI-
Lagebericht[340] vom 6. April 2020 beweisen. Wochenlang wurde
von einer dramatischen Zunahme von positiv Getesteten berichtet. Dabei wurde jedoch nicht berücksichtigt, dass die Zahl der
positiv Getesteten, die trotz Fehltestungen auch als Infizierte gewertet wurden, anstieg, je mehr Menschen getestet wurden. Zu-
wächse gab es nur in den gemeldeten absoluten Zahlen, kaum
jedoch prozentual (siehe Abb. unten). Diese Zahlen, die Stimmung erzeugten, waren daher für die Beurteilung der epidemio-
logischen Situation nicht zielführend.

Hinzu kam, dass Genesene weiter als Infizierte geführt wurden. Und die genannten Zahlen der an SARS-CoV-2 Verstorbenen war ebenfalls nicht valide, weil alle, bei denen Spuren des
Virus festgestellt wurde, in die Statistik einbezogen wurden. Die
tatsächlichen Todesursachen aufgrund anderer Krankheiten oder
Vorerkrankungen wurden demnach nicht berücksichtigt. Verifi-
zierbare Zahlen lagen also monatelang nicht vor, ein Manko, das

KW	Anzahl Testungen	Positiv getestet	Anzahl über- mittelnde Labore
Bis einschließ- lich KW 10	87.863	2.763 (3,14 %)	48
11	127.457	7.582 (5,9 %)	114
12	348.619	23.820 (6,8 %)	152
13	360.964	31.347 (8,7 %)	149
14	392.984	35.389 (9,0 %)	143
Summe	1.317.887	100.901	

*Lagebericht des Robert Koch-Instituts: Anzahl der Testungen in
Deutschland (06.04.2020, 0:00 Uhr)*

---

[340] www.rki.de/DE/Content/InfAZ/N/Neuartiges_Coronavirus/Situations
berichte/2020-04-08-de.pdf?__blob=publicationFile (10.4.2020)

die Bundesregierung, insbesondere der Gesundheitsminister, zu vertreten hatte. Anstatt bei der angespannten Lage Hysterie und Panik zu vermeiden, wurden sie durch fehlerhafte und unseriöse Datenübermittlung noch geschürt.

Verabsäumt wurde, sachlich über die Zahl der tatsächlich Erkrankten, der in stationärer Behandlung befindlichen Patienten und der nachweislich an Covid-19 Gestorbenen zu informieren. Auch Alter und Vorerkrankungen sowie Einwohnerzahl, Gesundheitssystem und Lebensumstände der jeweiligen Länder wurden nicht in die Beurteilung der Lage einbezogen.

Das machte die Situation vollkommen undurchsichtig, zumal die seit Anfang 2020 kursierenden Zahlen nicht ins Verhältnis zu den Evaluationen der vergangenen Jahre gesetzt wurden, was ein wesentlich gemäßigteres Bild ergeben hätte. Während bis etwa Mitte April 2020 in Deutschland keine Übersterblichkeit vorlag, sah die Situation in den vorangegangenen Wintern deutlich schlechter aus, wie statistische Zahlen belegen.[341] 2017/18 lag die sogenannte Exzess-Mortalität in Deutschland bei 25 100, und 2016/17 waren es 22 900. Nach Schätzungen des Robert Koch-Instituts gab es 2017/18 etwa neun Millionen grippebedingte Arztbesuche, 2018/19 waren es 3,8 Millionen.[342] Durch Grippeerkrankungen verursachte Arbeitsunfähigkeiten wurden für 2018/19 mit 2,3 Millionen angegeben. Darüber wurde kaum berichtet.

Warum also jetzt diese Panikmache und die massiven Einschränkungen, fragten sich viele Menschen. Dass das Coronavirus hochansteckend und gefährlich war, ließ sich nicht bestrei-

---

[341] Vgl. statista: Influenza assoziierte Übersterblichkeit (Exzess-Mortalität) in Deutschland für die Saisons von 1984 bis 2019; https://de.statista.com/statistik/daten/studie/405363/umfrage/influenza-assoziierte-uebersterblichkeit-exzess-mortalitaet-in-deutschland/

[342] Vgl. www.deutsche-apotheker-zeitung.de/news/artikel/2019/10/04-10-2019/mild-oder-schlimm-wie-war-die-letzte-grippesaison sowie Robert Koch-Institut: Bericht zur Epidemiologie der Influenza in Deutschland Saison 2018/19; https://edoc.rki.de/bitstream/handle/176904/6253/RKI_Influenzabericht_2018-19.pdf?sequence=1&isAllowed=y

ten, das sind aber viele andere Viruserkrankungen auch. Skepsis kam auf, ob es zu verantworten war, deswegen mit unabsehbaren Folgen einen ganzen Staat auf unbestimmte Zeit lahmzulegen und die Bevölkerung in derart massiver Weise zu maßregeln. Zu prüfen wäre gewesen, ob der Paragraf 32 des Infektionsschutzgesetzes[343] eine generelle, unbeschränkte Möglichkeit dafür bot und ob die pauschalen Einschränkungen der Grundrechte per Verordnungen auf unbestimmte Zeit nicht gegen Artikel 19, Absatz 1 und 2 des Grundgesetzes verstießen. Doch weder die Regierung noch das Parlament kümmerte das.

Artikel 19 lautet: »*(1) Soweit nach diesem Grundgesetz ein Grundrecht durch Gesetz oder auf Grund eines Gesetzes eingeschränkt werden kann, muß das Gesetz allgemein und nicht nur für den Einzelfall gelten. Außerdem muß das Gesetz das Grundrecht unter Angabe des Artikels nennen.*

(2) In keinem Falle darf ein Grundrecht in seinem Wesensgehalt angetastet werden.«

Eine irreale, unbegrenzte Ausnahmesituation

Täglich wurden neue Zahlen von Infizierten und Todesopfern bekannt gegeben. Das Fernsehen berichtete über den Erstickungstod von Opfern und zeigte schreckliche Bilder von überfüllten Kliniken mit leidenden Patienten und überfordertem Personal. Restriktive Maßnahmen wurden verlängert, unter anderen eine Maskenpflicht und ein Abstandsgebot eingeführt, ein Ende war nicht in Sicht. Erstaunlicherweise fand eine Auseinandersetzung um das profitorientierte Gesundheitssystem, die Privatisierung von Krankenhäusern sowie die seit Jahren nicht mehr aktualisierten Notfallpläne für Epidemien nicht statt. Bundeskanzlerin Angela Merkel

---

[343] Ermächtigung, durch Rechtsverordnungen Gebote und Verbote zur Bekämpfung übertragbarer Krankheiten zu erlassen

erklärte in einer WHO-Videokonferenz vom 24. April 2020: *»Wir alle wissen, dass wir mit der Pandemie leben müssen, bis wir einen Impfstoff gefunden haben.«[344]* Zu dieser Zeit war allerdings klar, dass es bis zur Zulassung eines relativ sicheren (nicht genbasierten) Impfstoffes Jahre dauern konnte; manche sprachen auch von jährlich wiederkehrenden Pandemien und von Mutationen des Virus.

Bundes-, Landes- und Kommunalpolitiker verfügten aufgrund der Corona-Pandemie über gesteigerte Macht über die Bevölkerung. Sie verhängten unter Ausschluss parlamentarischer Kontrolle und Missachtung grundgesetzlich verbürgter Rechte Kontakt- und Versammlungsverbote oder dekretierten Schutzmaskenzwang und Ähnliches. Familien wurden in ihre Wohnungen weggesperrt, Schulen, Kindertagesstätten, Universitäten, Bibliotheken, Freizeiteinrichtungen und viele Geschäfte geschlossen, auch Büros, Fabriken und andere Unternehmen. Öffentliche Einrichtungen standen wochenlang nicht mehr zur Verfügung. Dadurch entstand eine irreale Ausnahmesituation, wie sie nur aus autoritär regierten Staaten und aus Kriegszeiten bekannt ist. Und die Untertanen, die um ihr Leben bangten, fügten sich. Man habe Angst, hieß es überall.

Erfreulich waren von Anfang an positive Nebeneffekte wie eine gesteigerte Hilfsbereitschaft und Anteilnahme in der Bevölkerung, auch eine Besinnung auf Wesentliches. Andererseits nahm die Blockwartmentalität zu, Denunzianten hatten Konjunktur. Je länger die Krise andauerte, desto deutlicher wurde, dass die Maßnahmen zur Eindämmung der Viruserkrankung für die Menschen gravierende Folgen hatten. Doch der Umgang mit der Epidemie schien alternativlos zu sein (Angela Merkel), und eine Diskussion wurde unterbunden.

Die Regierung legte einen Corona-Rettungsschirm (Wirtschaftsstabilisierungsfonds) mit der Unsumme von 600 Milliar-

---

[344] www.bundesregierung.de/breg-de/aktuelles/pressestatement-von-bundes kanzlerin-merkel-im-rahmen-der-who-spenden-videokonferenz-1746960

den Euro auf, mit dem unverschuldet in Schwierigkeiten geratene Unternehmen mit Kapital versorgt werden sollten.[345] 400 Milliarden waren für Garantien vorgesehen und jeweils 100 Milliarden für Eigenkapitalbeteiligungen des Staates an Firmen sowie für Kreditprogramme der Förderbank KfW. Bundesfinanzminister Olaf Scholz erklärte: »*Der Fonds ist mit der nötigen Finanzkraft ausgestattet, um unsere Volkswirtschaft und Unternehmen zu schützen.*«[346] Allein neun Milliarden gingen zur Abwendung der Insolvenz an die Lufthansa.

Der Redakteur der *NachDenkSeiten*, Jens Berger, kommentierte: »*Wie Krisen dafür genutzt werden, im Schatten der Angst und der öffentlichen Aufregung Entscheidungen durchzudrücken, die ganz und gar nicht im Interesse der Allgemeinheit sind, hat Naomi Klein in ihrem epochalen Buch ›Die Schock Strategie‹ ausführlich geschildert. Warum sollte die ›Coronakrise‹ da eine Ausnahme machen? Und so landen schon wieder Milliarden an Steuergeldern, die erst in der Zukunft von uns bezahlt werden müssen, unter dem Deckmäntelchen der ›Krisenhilfe‹ direkt und indirekt in den Taschen von Milliardären und auf den Konten von Finanzkonzernen aus New York und London. Und die Medien? Die befinden sich im Schlaf der Gerechten und regen sich lieber über angebliche ›Verschwörungstheoretiker‹ auf, als die unglaubliche Umverteilung von Vermögen von unten nach oben zu thematisieren.*«[347]

Das »Framing« der Bundesregierung und des Robert Koch-Instituts, mit dem die Stimmungslage der Bevölkerung gesteuert werden sollte, hatte offensichtlich Erfolg. Es herrschte relative Ruhe im Land, bei vielen eine Art Schockstarre, obwohl die Einschränkungen und Belastungen erheblich und Gewissheiten

---

[345] Vgl. www.bmwi.de/Redaktion/DE/Artikel/Wirtschaft/Corona-Virus/unter stuetzungsmassnahmen-faq-08.html
[346] Zit. wie ARD-Tagesschau, 8.7.2020; www.tagesschau.de/wirtschaft/rettungs schirm-101.html
[347] www.nachdenkseiten.de/?p=61272

weitester Bevölkerungskreise hinfällig geworden waren. Eine Wirtschafts- und Finanzkrise bahnte sich an. Dennoch wurde die von den USA oktroyierte Aggressions- und Sanktionspolitik beibehalten und der Militäretat trotz der immensen Kreditaufnahmen noch erhöht. Über Jahre hinweg war an den Etats für Gesundheit, Soziales und Bildung unter Berufung auf einen ausgeglichenen Haushalt (die »schwarze Null«) gespart worden, doch jetzt war auf einmal ungeheuer viel Geld da.

Hoffnung auf ein absehbares Ende der Corona-Pandemie kam von der Bill-und-Melinda-Gates-Stiftung, die mit der Bundesregierung und Regierungen anderer Länder über die Entwicklung eines Impfstoffs verhandelte. Der Milliardär Bill Gates[348] erwartete einen Durchbruch für Anfang 2021. »*Um den Impfstoff sieben Milliarden Menschen zur Verfügung zu stellen, brauchen wir fast 14 Milliarden Dosen*«, sagte er.[349] Eine Impfpflicht kam ins Gespräch, wurde aber nach Protesten zunächst wieder verworfen.

Die Bundesregierung wurde in der Corona-Krise unter anderen von Bill Gates und der von ihm initiierten Impfallianz Gavi mit Sitz in Genf beraten. Diese in öffentlich-rechtlicher Partnerschaft tätige Stiftung wurde am 29. Januar 2000 beim Weltwirtschaftsforum in Davos gegründet und setzt sich weltweit für den Zugang zu Impfungen ein. Mitglieder, die erhebliche Zahlungen geleistet haben, sind die Bill-und-Melinda-Gates-Stiftung, Regierungen von Industrie- und Entwicklungsländern, die WHO, die Weltbank, UNICEF, Impfstoffhersteller sowie Nichtregierungsorganisationen, Gesundheits- und Forschungseinrichtungen und weitere private Geldgeber.[350]

---

[348] Das Vermögen des Microsoft-Gründers, eines der reichsten Menschen der Welt, beträgt ca. 115,4 Milliarden US-Dollar. Vgl. statista, Stand 1.10.2020; https://de.statista.com/statistik/daten/studie/181482/umfrage/liste-der-top-25-milliardaere-weltweit/

[349] Zit. wie www.evangelisch.de/inhalte/175726/15-09-2020/bill-gates-hofft-auf-herdenimmunitaet-durch-impfungen-gegen-corona (30.9.2020)

[350] Vgl. Gavi – The Vaccine Alliance; www.gavi.org/our-alliance/work-with-us

Kritik und Gegenkritik

Als bekannt wurde, dass die Bill-und-Melinda-Gates-Stiftung in zahlreiche Pharmafirmen investiert hat, so auch in die deutsche CureVac, die an der Entwicklung eines Impfstoffes arbeitete und vom Bund mit 252 Millionen Euro gefördert wurde,[351] kamen Zweifel hinsichtlich des Altruismus von Gates und seiner Stiftung auf. Es stellte sich heraus, dass Gates auch verschiedene Forschungsinstitute und sogar Medien sponsert, beispielsweise folgende:

Charité	335 000 Dollar
WHO	4 000 000 000 Dollar
Robert Koch-Institut	253 000 Dollar
Die Zeit	297 000 Dollar
Spiegel Online	2 500 000 Dollar
Merck Sharp & Dohme	8 000 000 Dollar[352]

Damit bestehen manifeste Einflussmöglichkeiten der Gates-Stiftung auf die Pharmaindustrie, wissenschaftliche Institute und Medien. Kritik daran wurde zunächst nur in einigen alternativen Medien laut.

Der Investigativjournalist und Herausgeber des viel frequentierten Internetportals KenFM, Ken Jebsen, warnte vor einer ernsten Gefährdung des Rechtsstaats. Er sagte: *»Wer jetzt nicht aufsteht, wacht in der Diktatur auf.«*[353] Darüber hinaus vertrat er die Ansicht, Bill Gates strebe gemeinsam mit anderen Milli-

---

[351] Vgl. Curevac, 16.5.2020; www.curevac.com/2020/03/16/curevac-mit-neuigkeiten-zum-vorstand/ sowie Hartmannbund, 4.9.2020, www.hartmannbund.de/detailansichten/aktuelle-meldungen/meldung/curevac-erhaelt-252-millionen-euro-vom-bund/

[352] Vgl. www.youtube.com/watch?v=L_w1hbu5_i4, ab Min. 2:30 (29.9.2020)

[353] Ken Jebsen: Gates kapert Deutschland!, 4.5.2020; https://kenfm.de/gates-kapert-deutschland/

ardären eine globale Dominanz an. In einer aufsehenerregenden Philippika, die bei YouTube schon bald 3,3 Millionen Aufrufe erreichte, aber kurz darauf gesperrt wurde, bezeichnete Jebsen die »Merkel-Maßnahmen« als grundgesetzwidrig und rief zum Widerstand auf. Die WHO – so Jebsen – werde nicht von den Staaten der Welt kontrolliert, sondern von der Bill-und-Melinda-Gates-Stiftung, die als Sponsor bestimme, *»was weltweit an Gesundheitsmaßnahmen durchgesetzt wird«*. Das Ehepaar Gates kaufe sich überall ein, es *»setzt auf Impfstoffe und zieht dazu alle Register«*.

Jebsen, der bereits zuvor als Verschwörungstheoretiker und Antisemit diffamiert worden war, wurde scharf angefeindet. Gegen ihn und seine Familie gab es Morddrohungen, und sein Internetportal wurde boykottiert. Bei einer Protestveranstaltung in Stuttgart entging er am 9. Mai 2020 nur knapp einem Anschlag: Auf ihn wurde ein Explosivkörper geworfen, der jedoch nicht explodierte – ein erschreckendes Zeichen, wie weit Hass und Intoleranz inzwischen gehen.[354] In den deutschen Leitmedien fand sich über das Attentat kein Wort.

Auch andere Kritiker hielten die politische Situation trotz der ab September 2020 wieder steigenden Infektionszahlen für bedenklich. Der Arzt Bodo Schiffmann, der durch seine tägliche kritische Video-Berichterstattung in der Corona-Krise Bekanntheit erlangte, sieht die Bundesrepublik ebenfalls auf dem Weg in eine Diktatur.[355] Und der Blogger Uli Gellermann, der scharfzüngig und provokativ die *Rationalgalerie* betreibt, sagte: *»Die Angst vor dem Tod ist das aktuelle Herrschaftsinstrument. ... Jetzt wäre die Stunde der verfassungstreuen Opposition, könnte man den-*

---

[354] Vgl. Sputnik Deutschland, 10.6.2020; https://de.sputniknews.com/panorama/20200610327348425-ken-jebsen-anschlag/ sowie KenFM, 9.6.2020; https://kenfm.de/anschlagsversuch-auf-ken-jebsen-tagesdosis-9-6-2020/; zur Wirkung des Explosivkörpers, eines sog. Polenböllers, siehe www.youtube.com/watch?v=l8PoLuKUqMQ

[355] Vgl. www.dailymotion.com/video/x7tl4pr?start=5858, ab Min. 1:42:30 (30.9.2020)

ken. Aber zur Verfassung, zur Einschränkung der Freiheitsrechte von den LINKEN oder den Grünen kein Wort.«[356]

Zum Thema Herrschaft durch Angst weist der Psychologe und Kognitionsforscher Rainer Mausfeld in seinem Buch »Angst und Macht – Herrschaftstechniken der Angsterzeugung in kapitalistischen Demokratien« auf die Psychotechnik der *»propagandistischen Erzeugung von vorgeblichen Bedrohungen«* hin.[357] An anderer Stelle schreibt Mausfeld: *»Die auf diese Weise erzeugte Unsicherheit lässt sich dann wiederum zur Angsterzeugung für Machtzwecke nutzbar machen. Ein Kreislauf der Erzeugung von Verwirrung und Angst, dem nur schwer zu entkommen ist. Die gesellschaftlichen Begleiterscheinungen der dadurch ausgelösten starken irrationalen Affekte und der dadurch erzeugten sozialen Spaltungen zeigen sich immer deutlicher. Und werden sicherlich weitere Vorwände für eine Verstärkung autoritärer und repressiver Maßnahmen liefern.«*[358] Nicht umsonst wird Mausfeld, ein exzellenter Analyst des Versagens der repräsentativen Demokratie und der Medien, weitgehend ignoriert.

Die Berichterstattung in den Mainstream-Medien war weiterhin regierungskonform, Argumente der Kritiker wurden, sofern man sie nicht verschwieg, als Verschwörungstheorien oder Unsinn abgetan. Man dürfe die Bevölkerung nicht verunsichern, war von offizieller Seite zu hören. Jebsen wurde in Presse, Fernsehen und Rundfunk aufgrund seiner Popularität weiterhin ungewöhnlich scharf angegriffen und im *Spiegel* vom 17. Juni 2020 mit falschen Behauptungen in einer Weise diskreditiert, die als Rufmord zu bezeichnen ist.[359] Offensichtlich sollte die Glaubwürdigkeit sei-

---

[356] https://kenfm.de/virulente-meinungsfreiheit-verhaftungen-am-rosa-luxem
burg-platz/
[357] Frankfurt am Main 2019. Vgl. auch Rainer Mausfeld: Das Schweigen der
Lämmer. Frankfurt am Main 2018
[358] Daniela Dahn und Rainer Mausfeld: Tamtam und Tabu. Frankfurt am Main
2020, S. 201 f.
[359] Vgl. www.spiegel.de/panorama/leute/verschwoerungstheoretiker-ken-jebsen-
ein-verbales-maschinengewehr-a-81948d79-f7b3-428e-9506-04a9bd56cd29

nes Internetportals beeinträchtigt werden. Da durfte der Hinweis nicht fehlen: Auffällig seien seine Verbindungen zu Russland.

Aber viele Bürger waren zutiefst verunsichert. Sie fragten sich zu Recht, wie lange der Ausnahmezustand, der große Teile der Gesellschaft lahmlegte und unabsehbare Folgen für die Wirtschaft und das Finanzsystem hat, noch andauern sollte. Die obrigkeitlichen Zwangsmaßnahmen bewirkten eine zunehmende »Verohnmachtung« der Gesellschaft. Das ging so weit, dass den Menschen verboten wurde, auf die Straße zu gehen oder sterbende Verwandte im Altenpflegeheim aufzusuchen. Als bekannt wurde, dass der ehemalige britische Premier Gordon Brown wegen der Corona-Pandemie eine Weltregierung forderte,[360] erzeugte das bei vielen politisch informierten Bürgerinnen und Bürgern nicht nur in Deutschland Misstrauen gegenüber den Regierungen und ihren Aktivitäten. Ebenso die Äußerung von Bundestagspräsident Wolfgang Schäuble, die Corona-Krise sei eine *große Chance*« für die Durchsetzung von bisher stagnierenden Vorhaben in der Europäischen Union. Vieles geschah hinter den Kulissen und entsprach nicht dem Mehrheitswillen der Bevölkerung.

Ab April 2020 wurde in einzelnen Städten, zum Beispiel in Berlin auf dem Rosa-Luxemburg-Platz, jeden Samstagnachmittag gegen die per Verordnungen auferlegten Beschränkungen der Bürgerrechte protestiert. Es kamen immer mehr Menschen, die sich die Bevormundungen und Einschränkungen nicht mehr gefallen lassen wollten. Bald waren es Tausende, unter ihnen Kleingewerbetreibende und Soloselbstständige, die ihre Existenzgrundlage verloren hatten.

Für die Berliner Politikerkaste und andere »staatstragende« Politiker und Journalisten waren es irgendwie abartige Leute, die da demonstrierten. Von Verschwörungstheoretikern, Querfrontlern,

---

[360] The Guardian, 26.3.2020; www.theguardian.com/politics/2020/mar/26/gordon-brown-calls-for-global-government-to-tackle-coronavirus

Rechtsextremen oder linken Aktivisten war die Rede.[361] Ken Jebsen, Ulrich Gellermann, Bodo Schiffmann, der Fotograf und Aktionskünstler Kai Stuth oder Michael Ballweg als Gründer der Initiative Querdenken 711 wurden genannt. Jebsen wurde am 11. April 2020 bei einer Demonstration in Berlin kurzfristig festgenommen und anschließend des Platzes verwiesen,[362] Gellermann erhielt unter Androhung eines Bußgelds von 3500 Euro Zutrittsverbot zum Rosa-Luxemburg-Platz.[363] Beide besaßen Presseausweise und hatten eine unverzügliche Änderung des dekretierten Zustands gefordert.

Jebsen sagte in einem Statement auf seiner Webseite: » *Wann verwandelt sich der Rechtsstaat in eine Tyrannei?… Sind die umfassenden Einschränkungen demokratischer Grundrechte bei einer Sterberate durch Corona von 0,37 % überhaupt gerechtfertigt? Läuft hier nicht etwas vollkommen aus dem Ruder? Wegen der Sicherheit? Wer die Freiheit aufgibt, um Sicherheit zu gewinnen, wird am Ende beides verlieren.«*[364] Gellermann rief in

---

[361] Vgl. www.tagesspiegel.de/gesellschaft/medien/querfront-protest-vor-der-volks buehne-wie-die-ard-verschwoerungstheoretikern-auf-den-leim-ging/25755124.html

[362] Vgl. www.youtube.com/watch?v=b7yl2Efoc6w (27.5.2020)

[363] Vgl. KenFM am Set: »Hygiene-Demo« Rosa-Luxemburg-Platz am 18.04. 2020 in Berlin; https://kenfm.de/kenfm-am-set-hygiene-demo-rosa-luxemburg-platz-am-18-04-2020-in-berlin/

[364] Vgl. https://kenfm.de/corona-cops-quarantaene-wann-wird-befehlsverweige rung-zur-pflicht/

einem Interview zum Widerstand auf. Er sagte, jetzt sei es möglich, »die Demokratie zu knechten«, wo sich »unter dem Deckmantel des Virus« alle möglichen Belehrer wichtigmachten und eine »ungeheuerliche Einengung« der Meinungs- und Versammlungsfreiheit vornähmen.[365]

Viele unabhängige Journalisten, aber auch Gesundheitsexperten und Ärzte protestierten schon seit Beginn der Corona-Krise gegen das rigorose staatliche Vorgehen und die massiven Eingriffe in das gesellschaftliche Leben. Der Ex-Chefredakteur der *taz* Arno Luik schrieb: »*Dieses Virus, nochmals, ist gefährlich. Aber ist es so gefährlich, dass die Grundwerte der Gesellschaft in die Tonne getreten werden müssen? Dass weltweit in nahezu allen Staaten nach der Devise gehandelt wird, die ein US-Offizier im Vietnamkrieg so ausdrückte: ›Wir mussten das Dorf zerstören, um es zu retten‹. Sie verordnen eine Medizin, aber über die Risiken und Nebenwirkungen haben sie sich offenbar keine großen Gedanken gemacht. Sie sagen nur, das muss so sein – zu ›unserem Schutz‹. Und die regierenden Politiker berufen sich dabei auf ›Experten‹. Allerdings werden jene Experten, die abweichende Meinungen haben, einfach ignoriert, oft verspottet, häufig auch medial.*« Luik kommt zu dem Schluss: »*Auf jeden Fall sickert so autoritär-totalitäres Denken in das Staats- und Rechtssystem ein. Ein Virus, auf die Dauer gefährlicher als das Corona-Virus.*«[366]

Zur Propaganda um das Coronavirus und zum Einfluss des »Chefvirologen« Drosten nahm der Journalist und Medienkritiker Walter van Rossum wie folgt Stellung: »*Noch bevor SARS-CoV-2 einen Namen hatte, verbreitete es sich als Gerücht in der Welt. Am 26. Februar gab es 18 Menschen in Deutschland, die positiv getestet waren. Am selben Tag richtete der NDR Christian Drosten, dem Erfinder dieses Tests, eine eigene Sendung von 30 bis*

---

[365] Vgl. KenFM am Set; https://kenfm.de/kenfm-am-set-hygiene-demo-rosa-lu xemburg-platz-am-18-04-2020-in-berlin/

[366] NachDenkSeiten, 15.4.2020; www.nachdenkseiten.de/?p=60207

60 Minuten Dauer ein – die tägliche Pandemieshow in 50 Folgen.
Was wäre aus SARS-CoV-2 bloß ohne seine Propagandavorhut ge-
worden?« Van Rossum fasst zusammen: *»Am 14. Juni 2020 lautet*
der Stand der Dinge: Seit Ausbruch der Pandemie in Deutschland
wurden 186.269 Infizierte gemeldet. ... Wie es diesen Infizierten
geht, scheint niemanden richtig zu interessieren oder es könnte die
Macht der schieren Quantität brechen. ... Am 14. Juni leiden von 80
Millionen Einwohnern etwa 2.000 an einer schweren Grippe, einige
Alte werden daran sterben ...«[367]

Zur Stützung seiner These, bei der Covid-19-Erkrankung
handele es sich um nicht mehr als eine schwere Grippe, stellt
van Rossum einen bemerkenswerten Vergleich mit der Schwe-
negrippe-Pandemie von 2009 an: *»Natürlich hatte auch der*
Schweinegrippeerreger H1N1 viele Menschen dahingerafft – vor al-
lem auch jüngere und gesunde. Schätzungen sprechen von 150.000
bis 575.000 Toten. In Deutschland wurden über 200.000 Fälle
bestätigt, 300 Menschen starben. In der Regel jedoch verlief die Er-
krankung harmlos.«

2009 wurden unter Bundesgesundheitsminister Philipp Rösler[368] 34 Millionen Impfdosen für etwa eine halbe Milliarde Euro
beschafft, von denen 28,2 Millionen später entsorgt werden
mussten. In Zusammenhang mit dem Impfstoff Tamiflu, der
2005 bei der Vogelgrippe-Epidemie und 2009 bei der Schwe-
negrippe-Pandemie zum Einsatz kam, gab es Korruptionsskanda-
le, in die der damalige Verteidigungsminister Donald Rumsfeld
und sein Freund, US-Vizepräsident Dick Cheney, verwickelt waren (beide Multimillionäre).

Van Rossum weiter zur Schweinegrippe: *»Diese Pandemie fand*
in Deutschland nicht statt, kein Lockdown, keine Beeinträchtigung
der Grundrechte. Man hat bloß das Gesundheitssystem vergeblich in

---

[367] Rubikon, 27.6.2020; www.rubikon.news/artikel/die-propaganda-pandemie
[368] Rösler lebt seit 2013 in der Schweiz und ist Mandatsträger in mehreren Auf-
sichtsräten von Unternehmen, u. a. Aufsichtsrat bei Siemens Healthineers.

Alarmzustand versetzt und sinnlose Impfdosen gekauft. Die Schweinegrippe wäre nicht bemerkt worden, ohne die Agenturen und Interessengruppen, die ihre Karriere intensiv befördert haben. Also denen, die einen unbekannten oder den Subtyp eines bekannten Erregers entdeckten und denen, die es verstanden aus den Mysterien des Unbekannten die Dämonen des Bösen zu zaubern.«

Seinerzeit initiierte der Bundestagsabgeordnete und Lungenarzt Wolfgang Wodarg eine Untersuchung des Europarates, dessen Ausschuss für Soziales, Gesundheit und Familie den Mangel an Transparenz im Umgang mit der Pandemie kritisierte und feststellte, dass die WHO Vertrauen der europäischen Öffentlichkeit verspielt habe.[369] Nach und nach wurde eine Gemengelage aus Unfähigkeit, Alarmismus, Panikmache und Korruption sichtbar, dazu eine große Verunsicherung der Bevölkerung.

Der Herausgeber der *NachDenkSeiten* Albrecht Müller war der Meinung, das Schüren von Angst und Emotionen sei eines der wirksamsten Mittel zur Manipulation der Bevölkerung. Müller, der Planungschef im Bundeskanzleramt unter Willy Brandt und Helmut Schmidt war und einer der profundesten Kenner der Politikszene ist, sprach hinsichtlich der Corona-Pandemie von *»grotesken Verhältnissen«* und vom Versagen der Politik und der Medien: *»Wir sind am Ende mit der Demokratie«*, sagte er, *»wir sind am Ende mit den demokratischen Medien.«[370]*

Durchaus seriöse Kritiker der staatlichen Corona-Politik befürchteten wiederholte Quarantäneanordnungen bis hin zum Lockdown sowie Impfzwang mit ungenügend evaluierten Sera und eine stillschweigende Beibehaltung der Einschränkung von Grundrechten. Rainer Mausfeld schreibt: *»Die Krise zeigt in besonderer Weise, wie schnell die Zentren der Macht bereit sind, die demokratische Maske fallen zu lassen und autoritär durchzuregieren. Alles natürlich*

---

[369] Vgl. www.zeit.de/politik/2010-01/europarat-panikmache-schweinegrippe
[370] KenFM, 22.4.2020; https://kenfm.de/am-telefon-zur-mediale-berichterstattung-in-zeiten-der-corona-krise-albrecht-mueller/

stets nur zum Wohle des Volkes. Wie schnell war das Parlament quer durch alle Parteien bereit, sich selbst in ein Wachkoma zu versetzen.«[371]

Dagegen stellten die Journalisten der Leitmedien die Vorgehensweise der Exekutive überhaupt nicht infrage. In der auflagenstarken *Westdeutschen Allgemeinen Zeitung* wurde am 20. Juni 2020 für eine »klare Linie« plädiert: *»Wer sich nicht gegen Corona immunisieren lässt, stellt sich außerhalb der Gesellschaft und darf weder mit Risikogruppen in Kontakt kommen noch an gesellschaftlichen Ereignissen teilnehmen. Keine Immunität? Bitte draußen bleiben bei Stadion und Sauna, Kirche und Kino, Bus und Bahn.«* Und die Perspektive wird mitgeliefert: *»Selbst dann wird uns eine Corona-Impfung nicht die gute alte Zeit zurückbringen. Aber sie kann die Zukunft erträglicher machen.«*[372]

Der Virologe Drosten warnte im April und Mai 2020 vor der Gefahr einer »extrem gefährlichen« zweiten Coronavirus-Infektionswelle. Neuerliche Corona-Ausbrüche hätten auf die Gefahr von Aerosol-Übertragungen hingewiesen. Das Virus sei sehr ansteckend, es bedürfe einer grundlegenden Überarbeitung der Richtlinien. Vor allem das Personal in Kitas und Schulen sollte einmal pro Woche getestet werden. Auf die Frage nach weniger Zwang und mehr Eigenverantwortung antwortete Drosten in einem Interview: *»Die Eigenverantwortung ist ja so das schwedische Modell, und wir sehen in diesen Tagen – wir werden das in den nächsten Monaten noch stärker sehen –, dass dort eine sehr hohe Übersterblichkeit entstanden ist.«*[373]

Ein pensionierter Richter schrieb im Onlinemagazin *Telepolis*, das nach eigenen Angaben *»kritisch die gesellschaftlichen, politischen, wissenschaftlichen, kulturellen und künstlerischen Aspekte des digitalen Zeitalters«* reflektiert: *»Es ist verantwortungslos zu be-*

---

[371] Daniela Dahn und Rainer Mausfeld: Tamtam und Tabu, S. 195 f.

[372] www.waz.de/meinung/corona-impfung-warum-dafuer-schon-jetzt-geplant-werden-muss-id229556466.html

[373] Deutschlandfunk, 25.5.2020; www.deutschlandfunk.de/virologe-drosten-zu-aerosol-uebertragung-im-alltag-eher.694.de.html?dram:article_id=477312

haupten, dass wir jetzt in grundrechtsfreien Zeiten leben. Diese vermeintlichen ›Schutzpatrone der Grundrechte‹ haben entweder nicht begriffen, wie Grundrechte funktionieren, oder es liegt ihnen daran, Verunsicherung zu erzeugen.«[374]

Diese »staatstragende« Aussage mit dem Hinweis auf Verschwörungstheorien ist repräsentativ für viele Juristen und auch für Ärzte[375], die unter dem Eindruck der Angst einflößenden offiziellen Verlautbarungen nicht mehr abzuwägen vermochten, ob die weitgehenden obrigkeitlichen Maßnahmen verhältnismäßig waren. Das gilt auch für die Exekutivorgane der Gesundheitsbehörden, Ordnungsämter und Polizei.

In einem Bescheid des Berliner Polizeipräsidenten vom 26. August 2020 heißt es zur Begründung eines Versammlungsverbots nach Paragraf 15 Absatz 1 des Versammlungsgesetzes: *»Die öffentliche Sicherheit umfasst den Schutz zentraler Rechtsgüter wie Leben, Gesundheit, Freiheit, Ehre und Eigentum des Einzelnen sowie die Unversehrtheit der Rechtsordnung und die staatlichen Einrichtungen und Veranstaltungen. Unter dem Begriff der öffentlichen Ordnung versteht man die Gesamtheit der ungeschriebenen Regeln, deren Befolgung nach der herrschenden sozialen und ethischen Anschauung als unerlässliche Voraussetzung eines geordneten menschlichen Zusammenlebens anzusehen ist (vgl. BVerfGE 69, 315, 352). ... Sie richten sich mit Ihrer Versammlung gegen die Maßnahmen der Regierung bzw. der einzelnen Landesregierungen zur Eindämmung des SARS-CoV-2 Virus, die Sie für überzogen halten. Sie sehen Ihre Freiheitsrechte dadurch unverhältnismäßig eingeschränkt, was mit einer Fehleinschätzung der eigentlichen Gesundheitsgefahren, die von dem SARS-CoV-2-Virus ausgehen, einhergeht.«*[376]

---

[374] www.heise.de/tp/features/Corona-Rechtsstaat-auf-dem-Pruefstand-470 6155.html

[375] Zu den Einwendungen der Medizinwissenschaftler und der Ärzteschaft siehe die Kapitel »Weitere Expertenmeinungen« und »Die Ärzteschaft formiert sich«

[376] https://img1.wsimg.com/blobby/go/74e92e2f-7c73-4d74-b272-819b48 90ad68/downloads/Versammlungsverbot-Berlin.pdf?ver=1598454880331

Artikel 8 des Grundgesetzes lautet: (1) Alle Deutschen haben das Recht, sich ohne Anmeldung oder Erlaubnis friedlich und ohne Waffen zu versammeln. (2) Für Versammlungen unter freiem Himmel kann dieses Recht durch Gesetz oder auf Grund eines Gesetzes beschränkt werden.

Der Polizeipräsident verbietet also eine Versammlung, weil er annimmt, es liege eine unmittelbare Gefahr für die öffentliche Sicherheit und Ordnung nach Paragraf 15 Absatz 1 des Versammlungsgesetzes vor. Nach seiner Meinung schätzt der Antragsteller die von dem Coronavirus ausgehenden Gefahren falsch ein. Das berechtigt ihn nach seiner Meinung dazu, ein Versammlungsverbot auszusprechen. Damit werden die Grundrechte der Versammlungsfreiheit und der Meinungsfreiheit der Auslegung durch ein Exekutivorgan unterworfen.

Das trifft auch auf die Schließung von Schulen, Kindergärten, Gaststätten oder auf Reisebeschränkungen, Beherbergungsverbote und andere Anordnungen zu, mit denen Grundrechte außer Kraft gesetzt werden. Aber es fand weder eine seriöse Auseinandersetzung mit den Gefahren des Coronavirus noch eine vorurteilsfreie Prüfung der Verhältnismäßigkeit statt. Amtsträger verboten jetzt während der Krise, was nach ihrer Ansicht gegen die Maßnahmen der Regierung oder gegen die öffentliche Sicherheit und Ordnung verstieß, wodurch die Grundrechte beliebig ausgelegt und in ihrem Wesensgehalt (Artikel 19 Absatz 2 des Grundgesetzes) verletzt wurden. Dass damit die Prinzipien der Demokratie infrage gestellt wurden, war den Verantwortlichen ganz offensichtlich nicht klar. Wenn jemand anderer Meinung war als die Regierung, hätte die Möglichkeit bestehen und das Recht gelten müssen, dies öffentlich kundzutun. Doch das wurde weitgehend verhindert.

Panikmache und Aktionismus

Trotz des begründeten Widerspruchs führten die zahlreichen Proteste nicht zu einem Umdenken in Politik und Medien, im Gegenteil. Politiker, die jahrzehntelang zugeschaut haben, wie das Gesundheitswesen erodierte, wie Krankenhausbetten abgebaut und Kliniken privatisiert wurden, spielten sich jetzt als Retter in der Not auf und verlangten weitgehende Überwachung. Kritik wurde zurückgewiesen, Internetseiten wurden gesperrt, Interviews aus dem Netz genommen. Panikmache und Aktionismus! Die meisten Betten auf den Intensivstationen der Krankenhäuser, die vom Bundesgesundheitsministerium hoch subventioniert wurden, blieben den Sommer über leer, und es gab nicht die prognostizierte Übersterblichkeit, wie die Statistik beweist.

Der deutsche Staat hatte, so die offizielle Version, etwas gegen die Corona-Epidemie und für die Bevölkerung getan. Aber zuallererst wäre zu prüfen gewesen, ob das auf breiter freiwilliger Basis geschehen kann, und zwar mit sachlichen Informationen, Aufklärung, Empfehlungen, Diskussionen usw. Stattdessen wurde – unterstützt von Panik verbreitenden Medien – auf obrigkeitlich-diktatorische Weise vorgegangen. Wie sich gezeigt hat, bedeutet das die Demontage der Demokratie, die als Volksherrschaft ohnehin nur noch rudimentär vorhanden ist.[377]

Einen Skandal gab es im Mai 2020, als der Auswertungsbericht zur Corona-Krise eines Mitarbeiters des Bundesinnenministeriums an die Öffentlichkeit geriet.[378] Oberregierungsrat Stephan Kohn, Politologe und Verwaltungswissenschaftler, hatte auf der Grundlage von Fachgutachten einen 83-seitigen Bericht mit dem Titel »Coronakrise 2020 aus Sicht des Schutzes Kriti-

---

[377] Dazu: Rainer Mausfeld: Tamtam und Tabu, S. 104 ff.
[378] Vgl. Süddeutsche Zeitung, 19.5.2020; www.sueddeutsche.de/politik/coronavirus-innenministerium-whistleblower-wichtigtuer-1.4912746

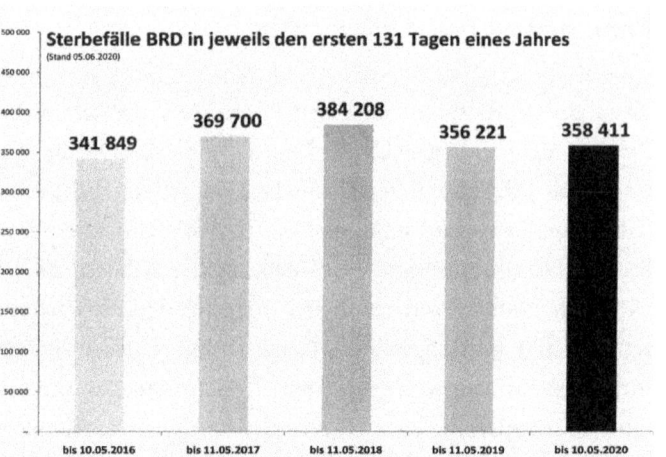

Sterbefälle BRD in jeweils den ersten 131 Tagen eines Jahres
(Stand 05.06.2020)

341 849	369 700	384 208	356 221	358 411
bis 10.05.2016	bis 11.05.2017	bis 11.05.2018	bis 11.05.2019	bis 10.05.2020

Nach den Auswertungen des Statischen Bundesamts vom 5. Juni 2020 ist für die ersten Monate des Jahres 2020, für die eine Pandemie ausgerufen wurde, in Deutschland keine auffallende Übersterblichkeit zu verzeichnen

scher Infrastrukturen«[379] verfasst. Er sandte das Positionspapier, wonach sich die Corona-Krise als »Fehlalarm« erweist, zunächst intern an seinen Abteilungsleiter, das Kanzleramt und den Corona-Krisenstab sowie an alle Landesregierungen.

Kohn bemängelte gravierende Fehlleistungen des Krisenmanagements und Defizite bei der Regelung der Maßnahmen. Nicht ausreichend berücksichtigt worden sei die zentrale Erkenntnis aus allen bisherigen Studien, Notfallübungen und Risikoanalysen, dass bei der Bekämpfung einer Pandemie Kollateralschäden entstehen, die erheblich größer sein können als der Schaden durch ein Virus. Die Bundesregierung bezeichnete er als den *»größten Produzenten von Fake News, gegen die er gerade in der Krise vorzugehen propagierte«.* Damit sei *»ein wichtiges Unterstützungspotential zur Bewältigung der Krise blockiert«* worden. Es habe keine pro-

---

[379] https://behoerden.blog/wp-content/uploads/2020/05/Bericht-KM4-Corona-1_geschw%C3%A4rzt.pdf

fessionelle Entscheidungsvorbereitung und keine Folgenabschätzungen gegeben. Insofern könnte das Krisenmanagement *»einen gigantischen vermeidbaren Schaden für unsere Gesellschaft anrichten, der das Potential des Coronavirus bei weitem übertreffen und unvorstellbares Leid auslösen kann«.* Dadurch könne *»die Stabilität unseres Gemeinwesens und der Bestand unserer staatlichen Ordnung gefährdet sein«.* Außerdem drohten dem Staat *»hohe Schadensersatzforderungen wegen offenkundiger Fehlentscheidungen«.*

Nach Kenntnis von Kohn sind die Gesamtkosten der Schutzmaßnahmen oder des Neuverschuldungsbedarfs wie auch die *»gesundheitlichen Kollateralschäden«* und die Auswirkungen auf die Wirtschaft und die Entwicklung am Arbeitsmarkt in keiner Sitzung des Krisenstabes erörtert worden. Die vom Robert Koch-Institut gelieferten Daten seien als Grundlage für die Entscheidungsfindung unbrauchbar gewesen, *»vielfach spekulativ, teilweise unplausibel«.* Die Bewertungen seien durch die vorgelegten Daten nicht gedeckt gewesen. Aber leider bestehe der Lagebericht des Krisenstabs *»alleine aus einer Aufbereitung dieser Daten«.* Ein Sicherheitskonzept könne jedoch *»nur dann als wissenschaftlich begründet und optimiert gelten, wenn es den Selektionsprozess von Theorien nicht vorzeitig schließt, sondern auch in der sich entwickelnden Krise noch laufend offenhält«.*

Des Weiteren schreibt Kohn: *»Mit Blick auf die breite Fachdiskussion im Internet und die darin diskutierten vielfältigsten Thesen und im Vergleich dazu das enge Spektrum der im Krisenmanagement einbezogenen Thesen müssen Zweifel daran bestehen, ob die Vorgabe der Wissenschaftlichkeit in der Corona-Krise ausreichend realisiert wird. Die Auswahl der einbezogenen Wissenschaftler scheint einseitig zu sein. Die starke Fixierung auf das Robert-Koch-Institut (RKI) und teils massive Abwertung von wissenschaftlichen Gegeneinschätzungen durch RKI sowie die Öffentlichkeitsarbeit der BReg führen dazu, dass nicht alle wissenschaftlichen Meinungen ausreichend berücksichtigt werden.«* Bei dem Bemühen des Krisenmanagements um eine Bewältigung der Virusinfektion seien Maßnahmen getroffen worden, »*die im Verlaufe der Krise zu einer eigenständigen Gefahr geworden sind*«. Die Intensivierung von digitalen Kommunikations- und Interaktionstechnologien beizubehalten, bedeutet für Kohn »*nicht nur eine starke Veränderung der Alltagskultur, sondern auch eine noch stärkere Abhängigkeit als bisher von Kritischen Infrastrukturen sowie einen graduellen Verlust an Persönlichkeitsschutz (z. B. in Bezug auf personenbezogene Daten, sowie weitere Betrugs-, Missbrauchs- und Manipulationsgefahren)*«.

Kohn kommt zu dem Ergebnis: »*Beendet werden müssen nicht nur die Maßnahmen, sondern insbesondere die Stimmung, die von öffentlichen Stellen und den Medien bis heute verbreitet wird und als Alarmismus wahrgenommen wird. Dieser Alarmismus muss unverzüglich eingestellt werden. Denn mit einer durch die Maßnahmen der letzten Wochen nicht nur etwas belasteten, sondern schwer traumatisierten Bevölkerung werden wir den zweiten, sehr viel länger andauernden Teil der Krise viel schwerer bewältigen, als den ersten.*«

Eine wichtige, überaus beeindruckende Bewertung der Krise aus dem Haus des Innenministers! Zu den Thesen Kohns fand sogar eine Aktuelle Stunde im Bundestag statt. Doch das blieb ohne Auswirkungen auf die Corona-Politik der Bundesregierung. Kohn wurde als »Wichtigtuer« diffamiert und suspendiert, sein Bericht ignoriert.

Als Argument für die Beibehaltung der drakonischen Regelungen wurde oft angeführt, dass die Verbote in der Bevölkerung auf große Zustimmung stießen. Bei *Telepolis* hieß es, man könne den Eindruck haben, »*dass die Akzeptanz umso größer war, je tiefer die Einschnitte in das Alltagsleben waren*«.[380] Eine erstaunliche Rabulistik! Dass die Bevölkerung sich in ihrer obrigkeitsgläubigen Mentalität und in der geschürten Angst vor

---

[380] Telepolis, 21.4.2020; www.heise.de/tp/features/Corona-Rechtsstaat-auf-dem-Pruefstand-4706155.html

Version: 2.0.1

A U S W E R T U N G S B E R I C H T

des Referats KM 4 (BMI)

– erstellt von ORR K

Coronakrise 2020 aus Sicht des
Schutzes Kritischer Infrastrukturen

Auswertung der bisherigen Bewältigungsstrategie und Handlungsempfehlungen

Folgende Prämissen liegen meiner Arbeit zu Grunde:

1. Handlungsleitend und Grundlage von Entscheidungen sollten wahrheitsgemäße, fundierte Sachverhaltsbeschreibungen sein.

2. Das Handeln von verantwortlichen Menschen sollte rational sein

3. Die in demokratischen Wahlen bestimmten Regierungen (Exekutive) auf den Ebenen Bund, Land und Kommune, haben als höchstes Ziel, die materiellen und ideellen Interessen der Bevölkerung zu wahren, zu schützen, zu garantieren.

Deckblatt des Berichts von »Whistleblower« Stephan Kohn zur
»internen Evaluation des Corona-Krisenmanagements«

einem in Aussicht gestellten Erstickungstod oder schrecklichen Folgeschäden erst einmal allem fügt, ist kein Argument, eher ein Warnsignal.

Der Ökonom und ehemalige Investmentbanker Prof. Christian Kreiß resümierte am 13. Juni 2020 auf einer Corona-Demonstration in Ulm: »*Die Zahl der Corona-Toten weltweit liegt momentan unter 0,5 Millionen. Etwa 1,5 Milliarden Schüler wurden weltweit aus den Schulen ausgesperrt. Laut Wall Street Journal werden viele davon in der Dritten Welt nicht wieder in die Schulen zurückkehren, vor allem Mädchen, vor allem Farbige.«*[381]

Kreiß blickte auf Deutschland: *»Momentan sind bei uns über 20 Prozent der arbeitenden Menschen arbeitslos, die meisten davon auf Kurzarbeit. In Baden-Württemberg war im April jedes vierte Produktionsunternehmen geschlossen. Die Auftragseingänge der Industrie sind von Januar bis April um 38 Prozent gesunken. Das verheißt für die kommenden Monate gar nichts Gutes für den Arbeitsmarkt. Es sind hunderttausende Operationen in unserem Land ausgefallen, u. a. gegen Krebs, hunderttausende Arztbesuche unterblieben. Wegen Corona-Maßnahmen, wegen Corona-Angst. Man schätzt die Folgetoten auf 125.000. ... Zum Vergleich die Zahl der Corona-Toten in Deutschland am 9. Juni 2020: unter 9.000; Durchschnitts- und Medianalter: etwa 80, praktisch alle mit mehreren schweren Vorerkrankungen (multimorbid vorerkrankt).«* Kreiß warnte vor der *»Bündelung von Macht in den Händen sehr weniger, sehr vermögender, nicht demokratisch gewählter Menschen«*, die durch die Lockdowns, *»durch die bewusste Angstverbreitung«* dramatisch zunehme.

Das sah Gellermann ähnlich: *»Eigentlich und wesentlich ist das Land in OBEN und UNTEN, in ARM und REICH, in UNTERTANEN und HERRSCHAFTEN gespalten.«* Doch eine *»neue Spaltung«* überlagere ideologisch die eigentliche: *»Die Spaltung in Anstecker und Sterile, in Gefährder und Gefährdete, in Kämpfer gegen den Virus-Tod und Kämpfer um eine lebendige Gesellschaft.«*[382] Diese Spaltung reiche bis in die Familien, bis in die Freundschaften – die Erfahrung vieler Menschen.

Es stellte sich immer mehr heraus, dass das Coronavirus hochansteckend ist, aber die Frage, ob die Voraussetzungen für eine Pandemie vorlagen, wurde von offizieller Seite ignoriert. Regie-

---

[381] Zit. wie KenFM, 14.6.2020; https://kenfm.de/wer-profitiert-vom-lockdown-rede-von-prof-dr-christian-kreiss-auf-der-corona-demo-vom-13-6-2020-in-ulm/

[382] Rationalgalerie, 9.7.2020; www.rationalgalerie.de/home/spaltung-deutschlands

rungen, die den Notstand mit schwerwiegenden Folgen ausgerufen hatten, sperrten sich gegen jegliche Kritik. Stattdessen richtete die EU in Zusammenarbeit mit Journalisten, Plattformen (Google, Facebook, Twitter etc.), Regierungen und nationalen Behörden ein »Frühwarnsystem gegen Desinformation« ein, um gegen die Verbreitung von »Verschwörungstheorien« im Zusammenhang mit dem Coronavirus vorzugehen.[383] Die westliche Zivilisation müsse geschützt werden, so war zu hören und zu lesen. Nie zuvor hatte die Regierungen das gesundheitliche Wohlbefinden der Menschen so sehr interessiert, jetzt war Zensur angesagt.

Kontrolle und Überwachung

Seit dem 16. Juni 2020 ist eine »Corona-App«[384] der Bundesregierung verfügbar, und schon nach wenigen Tagen hatten sich aufgrund dringender Empfehlungen von Regierung und Medien mehr als zehn Millionen »User« dazu entschieden, die Applikation aufs Smartphone herunterzuladen. Dass dies mit Risiken verbunden ist, wurde kaum thematisiert. Ein Zugriff der Behörden auf die persönlichen Nutzerdaten, wie es von Minister Spahn geplant war, wurde zwar vermieden und ist angeblich technisch nicht möglich, aber die von der App genutzte Schnittstelle (API), die *»speziell für die verschiedenen nationalen Corona-Apps von den Betreibern der Smartphone-Betriebssysteme Apple (iOS) und Google (Android) entwickelt [wurde], ist weder quelloffen noch transparent«*, so Jens Berger. Er folgert: *»Hier ist man also den beiden Softwaregiganten auf Gedeih und Verderb ausgeliefert, und gerade*

---

[383] Vgl. EUR-Lex, 8.6.2020; https://eur-lex.europa.eu/legal-content/DE/TXT /?qid=1591873061977&uri=CELEX:52020JC0008 sowie www.heise.de/news ticker/meldung/Coronavirus-EU-aktiviert-erstmals-Fruehwarnsystem-gegen-Desinformation-4676943.html (10.7.2020)

[384] www.bundesregierung.de/breg-de/themen/corona-warn-app (20.6.2020)

diese beiden Konzerne gelten sicher nicht als vorbildlich in Sachen Datenschutz.«[385]

Berger hält die Corona-Warn-App für ein *»großes soziales Experiment«* und bezweifelt deren Sinn und Zweck: *»Gedacht ist die App vor allem für Szenarien, in denen die Nutzer sich längere Zeit (mehr als 15 Minuten) in der unmittelbaren Nähe von Personen aufhalten, die später positiv getestet werden. Das Vorbeigehen im Supermarkt gehört ebenso wenig dazu wie der kurze Plausch auf der Straße. Denkbare Szenarien sind der gemeinsame Aufenthalt in einem Restaurant oder die Fahrt in einem Zug. Genau für diese Szenarien gibt es aber bereits durch die Sammlung und Speicherung von Personendaten eine Lösung, die den Gesundheitsämtern eine Nachverfolgung ermöglicht…«*

Nun ist die Corona-App zwar freiwillig, was aber nicht ausschließt, dass mit ihrer Nutzung verschiedene Vorteile bzw. Nachteile verbunden werden könnten, wobei unberücksichtigt bleibt, dass nicht jeder ein geeignetes Smartphone besitzt oder besitzen will. Berger warnt, und damit ist er nicht allein: *»Im ›Erfolgsfall‹ wird es sicherlich nicht bei der vergleichsweise harmlosen Corona-App bleiben.«* Wenn die Regierung merke, dass die Bürger sich unter bestimmten Rahmenbedingungen freiwillig per App selbst kontrollieren, werde dies nur der Startschuss für weitere Projekte sein, *»die dann auch aus Datenschutzperspektive alles andere als harmlos sind«.*

Es ist nicht mehr zu übersehen: Schon mit der Novelle zum BKA-Gesetz von 2008 und erst recht in der Fassung vom 1. Juni 2017[386], das weitgehende Eingriffe in die Intimsphäre der Bürger zulässt, beschritt der Gesetzgeber den Weg in den Überwachungsstaat. Juristen äußerten seinerzeit die Ansicht, sie hätten

---

[385] www.nachdenkseiten.de/?p=62113
[386] Gesetz über das Bundeskriminalamt und die Zusammenarbeit des Bundes und der Länder in kriminalpolizeilichen Angelegenheiten (gültig ab 25. Mai 2018)

das Jahre zuvor nicht für möglich gehalten.[387] Aber es geht immer noch weiter: Der Überwachungsstaat möchte künftig von jedem Menschen wissen, wo er sich aufhält, was er tut und wie sein biologischer Zustand ist. Alles wird über die Köpfe der Bürger und zum Teil ohne parlamentarische Kontrolle beschlossen, sodass Wahlen in Zukunft eigentlich überflüssig werden.

Einen Versuch, dem unbegrenzten Abschöpfen von Handydaten (Namen, Anschriften, Kontoverbindungen etc.) bei Telefongesellschaften und Internetprovidern Einhalt zu gebieten, unternahm das Bundesverfassungsgericht mit Beschluss vom 17. Juli 2020.[388] Voraussetzung sei eine »konkrete Gefahr« oder der Anfangsverdacht einer Straftat, so entschieden die obersten Richter, aber Auskünfte über die Bestandsdaten seien grundsätzlich zulässig. Damit lässt das Gericht einen großen Ermessensspielraum, sodass die Beschränkungen für die Praxis weiterhin sehr gering sein dürften.

Zu begrüßen ist ein im Juli 2020 ergangenes Urteil des Europäischen Gerichtshofs zum Datentransfer, anwendbar auch auf die USA. Das Gericht erklärte die Datenübertragung persönlicher Daten von der EU in die USA für grundsätzlich illegal, weil die Überwachungsgesetze der USA EU-Bürger nicht angemessen schützten.[389] Das hat erhebliche Auswirkungen auf Serviceanbieter wie Facebook, Google, Microsoft, Apple und Yahoo. Obwohl es naiv wäre zu glauben, dass US-Geheimdienste wie NSU und CIA ihre Bespitzelungspraktiken ändern, ist das Urteil ein Wegweiser.

Die Maßnahmen zur Bekämpfung der Corona-Epidemie eröffneten nun weitere Kontroll- und Überwachungsmöglichkei-

---

[387] Dazu: Wolfgang Bittner: Anzapfen, verwanzen, ausspähen. der Freitag, 20.11.2008; www.freitag.de/autoren/der-freitag/anzapfen-verwanzen-ausspahen

[388] Vgl. www.bundesverfassungsgericht.de/SharedDocs/Pressemitteilungen/DE/2020/bvg20-061.html;jsessionid=AEE374408FDFDDBEE35BD241111C50C8.2_cid394

[389] Vgl. Süddeutsche Zeitung, 16.7.2020; www.sueddeutsche.de/digital/privacy-shield-schrems-facebook-1.4968965

ten – und das wird noch nicht das Ende sein. Die Erfahrung hat gezeigt: Wo immer sich Eingriffs- und Spitzelmöglichkeiten für Geheimdienste, Polizei und andere Behörden auftun, wird davon Gebrauch gemacht, Gesetze hin oder her. Zum Beispiel hat die Polizei in Hamburg und Augsburg rechtswidrig die wegen der Corona-Ansteckungsgefahr von Restaurants verpflichtend für die Gesundheitsämter gesammelten Gästedaten für Ermittlungszwecke in Strafsachen benutzt.[390] Die Corona-App dürfte ein weiterer Meilenstein auf der Autobahn in eine »schöne neue Techno-Welt« sein, die der Weltbevölkerung – von wem auch immer – aufgezwungen wird.

Kritik an der Corona-Politik der Regierung wurde von den öffentlich-rechtlichen Medien zunächst fast völlig verschwiegen. Erst nach größeren Demonstrationen (bei denen die Polizei »*hart durchgriff*«[391]) änderte sich das. Der Chefredakteur Fernsehen des Südwestrundfunks und Moderator des ARD-Politmagazins *Report Mainz*, Fritz Frey, fragte rhetorisch: »*Warum also sollten wir uns Protestlern zuwenden, die zwar laut, aber eben nur eine Minderheit sind?*« Und er gab eine Antwort, die ebenso bestürzend ist wie seine Frage: »*Wir tun es trotzdem, weil Verfassungsschützer und Innenminister warnen.*«[392]

Gewarnt wurde vor Verschwörungstheoretikern, linken Systemfeinden, Kremlpropagandisten, Antisemiten, Reichsbürgern usw. oder auch vor mitdemonstrierenden AfD-Politikern, selbst wenn es sich um Bundestagsabgeordnete handelte. Das wurde von den staatstragenden Medien folgsam übernommen, von den Exekutivorganen sowieso. Von selbsternannten Richtern zu »Pro-

---

[390] Vgl. www.augsburger-allgemeine.de/politik/Die-Polizei-ermittelt-mit-Corona-Gaestedaten-aus-Restaurants-id57698221.html

[391] www.welt.de/politik/deutschland/article207509655/Berlin-Ueber-100-Festnahmen-bei-Demonstration-gegen-Corona-Massnahmen.html

[392] www.ardmediathek.de/daserste/player/Y3JpZDovL3dkci5kZS9CZWl0cmFnLWY1Y2U2YTJlLTEwNTktNGEwYi1hZjRlLWI2MzY4MTYyMzc3YQ/ard-extra-die-corona-lage (30.6.2020)

testlern« erklärte Kritiker fallen der Verachtung anheim, sie dürfen sogar diffamiert werden.

Am 17. Oktober 2020 teilte die Redaktion des Internetportals KenFM mit: »*YouTube hat unseren Kanal wegen eines angeblichen Verstoßes gegen die Community-Richtlinien verwarnt und wir können ab sofort eine Woche lang keine neuen Videos auf unseren Kanal hochladen. Wir sollen gegen folgende Community-Richtlinie verstoßen haben: ›Auf YouTube sind keine Inhalte erlaubt, in denen der Nutzen des von der Weltgesundheitsorganisation (WHO) oder lokalen Gesundheitsbehörden empfohlenen Social Distancing oder der Selbstisolation ausdrücklich infrage gestellt wird und die dazu führen könnten, dass Menschen sich nicht an diese Empfehlungen halten.‹*«[393] Der Herausgeber Ken Jebsen wurde aufgrund von Lügen und Diffamierungen zu einer Persona non grata. In einem taz-Artikel wurde seiner Bank empfohlen, ihm das Konto zu sperren.[394] Auch Wolfgang Wodarg und die Professoren Sucharit Bhakdi und Matthias Schrappe waren von Zensurmaßnahmen betroffen.[395] Doch das alles scheint erst der Anfang einer umfassenden Zensur und Unterdrückung unliebsamer Meinungen zu sein.

Im Herbst 2020 ist die Bevölkerung gespalten in Befürworter und Gegner der Corona-Maßnahmen. Wer guten Gewissens demonstriert, muss sich nach der Protestaktion – wenn er identifiziert wird – auf allerlei gefasst machten. Es kam zu Beschimpfungen, tätlichen Angriffen, Denunziation, Kündigung der Arbeitsstelle, der Wohnung oder des Bankkontos usw. Die politische (und religiöse) Fanatisierung weiter Bevölkerungskreise hat in den letzten Jahren dramatisch zugenommen, und in der

---

[393] https://kenfm.de/youtube-verwarnt-kenfm-und-sperrt-neue-uploads-fuer-eine-woche/
[394] Vgl. taz, 8.9.2020; https://taz.de/GLS-Konto-fuer-Ken-Jebsen/!5708135/
[395] Vgl. ZDnet, 23.12.2020; www.zdnet.de/88390137/covid-19-youtube-sperrt-zahlreiche-videos-und-konten-von-regierungskritikern/

Corona-Krise erreichte sie einen vorläufigen Höhepunkt. Schuld daran haben nicht zuletzt Politik und Massenmedien, die keine von der offiziellen Linie abweichenden Ansichten zulassen.

Ein Exponent paternalistischer Willkür ist der bayerische Ministerpräsident Markus Söder, der mit Blick auf die Ereignisse in Washington vor einer »Corona-RAF« warnte und weitere Betätigungsfelder für den Verfassungsschutz ins Gespräch brachte. Am 10. Januar 2020 sagte er in einem Interview mit der *Welt am Sonntag*: »*Aus bösen Gedanken werden böse Worte und irgendwann auch böse Taten. Deswegen müssen wir auch in Deutschland nicht nur die Sicherheitsmaßnahmen für die demokratischen Institutionen verbessern, sondern grundlegend die sektenähnliche Bewegung der ›Querdenker‹ und anderer vergleichbarer Gruppierungen in den Blick nehmen.*«[396]

Wie immer man zu den »Querdenkern« und anderen Kritikern staatlicher (Zwangs-)Maßnahmen steht: Deren Äußerungen – soweit sie nicht gegen Gesetze verstoßen – aus dem öffentlichen Debattenraum auszusperren ist ein erschreckendes Zeichen für den Niedergang des demokratischen Rechtsstaates. Unter dem Vorwand von Gesundheitsfürsorge oder Terrorismusbekämpfung geht eine Erosion der Bürgerrechte vonstatten, die in der Bevölkerung aufgrund der permanenten Indoktrination kaum wahrgenommen wird.

Widerstand gegen die Corona-Maßnahmen

Am 1. und am 29. August 2020 fanden in Berlin Großdemonstrationen gegen die Corona-Politik der Bundesregierung statt. Aufgerufen hatten mehrere Organisationen, maßgeblich Querdenken 711, eine von dem Stuttgarter IT-Unternehmer Michael Ballweg gegründete Vereinigung. In ihrem Internetauftritt heißt

---

[396] www.welt.de/politik/deutschland/article224044124/Corona-und-Sicherheit-Markus-Soeder-warnt-vor-einer-Corona-RAF.html

es: *»Wir sind Demokraten. Rechtsextremes, linksextremes, faschistisches, menschenverachtendes Gedankengut hat in unserer Bewegung keinen Platz. Gleiches gilt für jede Art von Gewalt.«*[397]

Für den 1. August war zu einem »Tag der Freiheit« aufgerufen worden.[398] Die *taz* kündigte die Demonstration unter dem Titel »Auf zum letzten Gewäsch« wie folgt an: *»Die Corona-Demos sind zurück. Am Wochenende wollen die Organisatoren tausende Verschwörer [sic!], Impfgegner und Rechte in Berlin auf die Straße bringen.«*[399] Die anschließende »Berichterstattung« war dementsprechend. Im Rundfunk Berlin-Brandenburg hieß es am 2. August 2020: *»Bei der entfesselten Demonstration von Corona-Leugnern vereinen sich in Berlin erstmals Protestmilieus aus Ost und West über die gemeinsame Ablehnung von Staat und Medien«,* darunter seien *»zahlreiche Reichsbürger, Pegida-Anhänger, radikale AfD-Sympathisanten und andere Rechtsextremisten«.* Der jeweilige Anlass oder das Motto, unter dem eingeladen wird, sei *»austauschbar, ja egal. Dafür reisen sie dann aus dem Osten an: Vor allem Männer vom Land um Berlin herum, verbittert und voller Wut, die oft in Hass umschlägt.«*[400]

Zu fragen ist, wo die Journalisten leben, die derart überheblich und unreflektiert über Menschen herziehen, die ein Anliegen haben, sei es nun berechtigt oder nicht. Das gilt auch für Politiker, denen das Verständnis für die arbeitende oder auch arbeitslose Bevölkerung vollkommen verloren gegangen ist. Gerade diese Demonstrierenden verzweifeln mehr und mehr an der praktizierten Politik, die von den Medien ohne Wenn und Aber propagandistisch begleitet wird.

In der *Tagesschau* war am noch am selben Tag mit entsprechenden Bildern zu sehen und zu hören: *»unverantwortlich«,*

---

[397] https://querdenken-711.de/

[398] Vgl. https://kenfm.de/demonstration-am-1-august-2020-in-berlin-das-ende-der-pandemie-der-tag-der-freiheit/

[399] taz, 29.7.2020; https://taz.de/Corona-Demos-in-Berlin/!5699293/

[400] www.rbb24.de/politik/thema/2020/coronavirus/beitraege_neu/2020/08/analyse-demonstration-corona-leugner-pegida-berlin-mitte.html

Corona-Großdemonstration in Berlin am 1. August 2020

»zynisch«, »gefährlicher Blödsinn«.[401] Vonseiten der Politik wurde harsche Kritik an den Protesten der Corona-Gegner in Berlin laut. Kanzlerin Merkel, Bundespräsident Steinmeier und auch Gesundheitsminister Spahn zeigten kein Verständnis für die Demonstranten.

Nach den Fotos und Videos zu urteilen, waren Hunderttausende auf die Straßen und Plätze Berlins gegangen. Doch das wollten die Berliner Politiker und die Leitmedien nicht wahrhaben. Am Tag darauf wurde die Teilnehmerzahl in der *Tagesschau* in peinlicher Weise heruntergesetzt und falsch über die Auflösung der Demonstration berichtet: »*In Berlin hatten am Samstag nach Schätzungen der Polizei rund 20 000 Menschen an einer Kundgebung teilgenommen und ein Ende aller Auflagen gefordert. Da bereits während der Demonstration die Hygiene-Regeln nicht eingehalten wurden, stellte die Polizei Strafanzeige gegen den Leiter der Versammlung und löste die Demonstration am Abend auf. Die Veranstalter sprechen von einem Vielfachen an Teilnehmern.*«[402]

---

[401] www.tagesschau.de/inland/reaktionen-corona-proteste-101.html
[402] www.tagesschau.de/inland/nach-corona-demo-101.html

Tatsächlich wurden die Demonstrationszüge von der Polizei ständig behindert, Straßen wurden gesperrt, Teile des Zuges eingekesselt. Mehrmals wurden nach Aussage von Teilnehmenden Provokateure dabei ertappt, wie sie – offensichtlich für Filmaufnahmen – mit einer schwarz-weiß-roten Fahne hantierten. Dasselbe passierte auch in anderen Städten. Einen Beweis gab es zum Beispiel nach einer Corona-Demonstration in Köln, wo zwei Männer – angeblich Rundfunkmitarbeiter – bei ihrem Tun fotografiert wurden.[403]

Einen guten Überblick über den schier endlosen Demonstrationszug vom 1. August gibt ein Video, das von einer S-Bahn-Brücke aufgenommen und bei YouTube veröffentlicht wurde. Es zeigt deutlich, dass Hunderttausende Menschen jeden Alters aus allen Bevölkerungsschichten auf dem Weg zur Kundgebung teilnahmen, wo sich auf der Straße des 17. Juni bereits zahlreiche Demonstrierende versammelt hatten.[404]

Wirtschaftsminister Peter Altmaier forderte noch vor Beginn des Protestzuges härtere Strafen bei Verstößen gegen die Corona-Regeln: »*Wer andere absichtlich gefährdet, muss damit rechnen, dass dies für ihn gravierende Folgen hat.*«[405] Arbeitsminister Hubertus Heil äußerte auf Twitter: »*Angesichts der neuen Infektionszahlen finde ich diese Anti-Hygiene-Demo in Berlin, in der auch Neonazis mitmarschieren, hochgradig abstoßend und unverantwortlich.*«[406] Brandenburgs CDU-Landtagsfraktionschef Jan Redmann kritisierte auf Twitter: »*Wieder 1.000 Neuinfektionen/Tag und in Berlin wird gegen Coronaauflagen demonstriert? Diesen gefährlichen Blödsinn können wir uns nicht mehr leisten.*«[407] Und der baden-württembergische Sozialminister Manne Lucha, der von dem

---

[403] Vgl. www.rubikon.news/artikel/die-fake-reichsburger
[404] Vgl. www.youtube.com/watch?v=E4F8EWdaI7g (20.9.2020)
[405] www.tagesschau.de/inland/corona-demo-polizei-101.html
[406] Zit. wie www.tagesschau.de/inland/reaktionen-corona-proteste-101.html
[407] Zit. wie www.zdf.de/nachrichten/politik/coronavirus-reaktionen-demos-berlin-100.html

Demonstrationsrecht als einem »*hohen Gut unserer Verfassung*« ausgeht, sagte: »*Ich halte das in der derzeitigen Phase für zynisch und verantwortungslos*«.[408]

Die SPD-Vorsitzende Saskia Esken ging noch einen Schritt weiter. Sie twitterte: »*Tausende Covidioten feiern sich in Berlin als ›die zweite Welle‹, ohne Abstand, ohne Maske. Sie gefährden damit nicht nur unsere Gesundheit, sie gefährden unsere Erfolge gegen die Pandemie und für die Belebung von Wirtschaft, Bildung und Gesellschaft. Unverantwortlich!*«[409] Dass sich auch eine SPD-Vorsitzende zu einer derartig primitiven Aussage hinreißen ließ, wird die SPD eine größere Anzahl von Wählern gekostet haben. Aber viele wissen ohnehin nicht mehr, wem sie ihre Stimme geben sollen und nehmen an Wahlen überhaupt nicht mehr teil.

Der Debattenraum wird immer enger. Die Aufforderung zur Distanzierung von Rechtsradikalen dient offensichtlich dazu, von den Kritikpunkten der Demonstrationen abzulenken. Dass Bundeskanzlerin Angela Merkel nach Übernahme der EU-Ratspräsidentschaft den Erhalt der Grundrechte zu einem Schwerpunkt erklärte, kann nur als Heuchelei gewertet werden. Am 8. Juli sagte sie im EU-Parlament: »*Eine Pandemie darf nie Vorwand sein, um demokratische Prinzipien auszuhebeln. ... Die Pandemie hat uns allen nur zu deutlich vor Augen geführt, wie kostbar die Grundrechte sind, wie elementar die Freiheiten sind, die sie garantieren.*«[410] Aber mehrere Grundrechte sind während der Corona-Krise rechtswidrig über Monate außer Kraft gesetzt worden, und die Bundesrepublik Deutschland hat schon lange den Weg in den Überwachungsstaat beschritten, verstärkt noch in der ausgerufenen Krise.

Wenn Politiker von Solidarität, Gemeinschaftssinn oder Verantwortung sprechen, erweist sich das bei genauerem Hinsehen

---

[408] Zit. wie ebd.
[409] Zit. wie ebd.
[410] Zit. wie www.ksta.de/politik/eu-parlament-merkel-pocht-auf-erhalt-der-grund rechte-in-europa-36984898

als hohle Worte. Das Aggressionspotenzial in der Gesellschaft hat zugenommen, Pöbeleien wegen der Nichtbeachtung der Maskenpflicht oder des Mindestabstands waren an der Tagesordnung, in einzelnen Städten konnten Verstöße gegen Corona-Regeln online gemeldet werden – ein Aufruf zur Denunziation.[411] Bußgeldkataloge »zur Ahndung von Verstößen gegen die SARS-CoV-2-Infektionsschutzverordnung« der jeweiligen Länder mit zum Teil erheblichen Strafen wurden erlassen, und Polizei sowie Mitarbeiter der Ordnungsämter und Gesundheitsbehörden verfolgten die Täter.[412]

Wie weit die Corona-Panik ging, wurde deutlich, als eine Umschülerin aus Mecklenburg-Vorpommern folgende Mitteilung ihrer Schule erhielt: »*Da Sie am 1.8.2020 nachweislich an einer Veranstaltung teilgenommen haben (Demonstration gegen die Corona-Auflagen in Berlin), die von der Polizei auf Grund von Verstößen gegen die Corona-Abstandsregeln aufgelöst worden ist, besteht begründeter Anlass, dass Sie sich mit Corona infiziert haben könnten und Gefahr für die Mitarbeiter ... sowie die Teilnehmer Ihres Umschulungskurses besteht.*«[413] Die Umschülerin wurde aufgefordert, den Lehrgängen vierzehn Tage lang fernzubleiben, damit die laufende Umschulung nicht zu einem »Corona-Hotspot« werde.

Drakonische Zwangsmaßnahmen verhängten die Gesundheitsämter in Hessen und Baden-Württemberg. Dort erhielten die Eltern von Kindern, welche in Quarantäne geschickt wurden, amtliche Schreiben folgenden Inhalts: »*Ihr Kind muss im Haushalt Kontakte zu anderen Haushaltsmitgliedern vermeiden, indem Sie für zeitliche und räumliche Trennung sorgen. Keine gemeinsamen Mahlzeiten. Ihr Kind sollte sich möglichst allein in einem Raum getrennt*

---

[411] Vgl. BR24, 26.9.2020; www.br.de/nachrichten/bayern/buerger-melden-eifrig-verstoesse-gegen-corona-regeln

[412] Vgl. www.berlin.de/corona/massnahmen/verordnung/bussgeldkatalog/

[413] Zit. wie Epoch Times, 5.8.2020; www.epochtimes.de/politik/deutschland/und-ploetzlich-schlaegt-dir-der-blanke-hass-entgegen-eine-demo-teilnehmerin-berichtet-a3306666.html

von anderen Haushaltsmitgliedern aufhalten.«[414] Für unvermeidliche Begegnungen in der eigenen Wohnung wurde Maskenpflicht angeordnet und bei Zuwiderhandlungen *»eine abgeschlossene Absonderung aufgrund des Bevölkerungsschutzes in einer geeigneten geschlossenen Einrichtung«* angedroht.

Wen wundert es, dass unter diesen Bedingungen der Widerstand gegen die obrigkeitlichen Zwangsmaßnahmen zunahm, zumal Hundertausenden die Lebensgrundlage entzogen wurde? Durch die Lockdowns im Frühjahr 2020 war nach Angaben der Internationalen Arbeitsorganisation fast die Hälfte aller Arbeitskräfte der Erde in ihrer Existenz bedroht, darunter *»1,6 der zwei Milliarden Menschen, die irregulärer Arbeit nachgehen, also ohne Arbeitsverträge, und die oft von der Hand in den Mund leben«.* Für sie bedeute Arbeitslosigkeit *»kein Einkommen, kein Essen, keine Sicherheit, keine Zukunft«.[415]*

Inzwischen sind zahlreiche Firmen pleite – was allerdings nicht sofort sichtbar wird, weil die Unternehmen durch staatliche Unterstützungsmaßnahmen notdürftig am Leben gehalten werden und die Insolvenzantragspflicht ausgesetzt ist. Insbesondere Kleinunternehmer sowie viele sogenannte Soloselbstständige mussten aufgeben und sind der Armut überlassen.[416] Dass die Betroffenen gegen die ihnen auferlegten Zwänge protestieren, ist allzu verständlich. Doch behaupten die Verantwortlichen für die Lockdowns, dass der Pandemie ohne die Vorsichts- und Verbotsanordnungen sehr viel mehr Menschen zum Opfer gefallen wären – was natürlich nicht nachprüfbar ist. Der Hinweis auf Länder wie Italien, Spanien, Brasilien oder die USA mit hoher Corona-Sterb-

---

[414] Zit. wie www.bild.de/politik/inland/news-inland/bei-corona-verdacht-gesundheitsaemter-wollen-kinder-von-familien-isolieren-72246430.bild.html
[415] Zit. wie. www.heise.de/tp/features/Wirtschaftliche-Auswirkungen-der-Corona-Lockdowns-4842158.html
[416] Vgl. Zeit Online: Wer diese Regeln macht, hat keine Ahnung von Selbständigkeit, 14.10.2020; www.zeit.de/arbeit/2020-10/corona-krise-selbststaendige-hartz-4/komplettansicht

lichkeit ist fragwürdig, weil dort das Gesundheitswesen erhebliche Mängel aufweist. Der Kieler Arzt Claus Köhnlein führt die Übersterblichkeit in anderen Ländern zudem auf eine von der WHO empfohlene falsche Medikation (zum Beispiel mit Hydroxychloroquin und Remdesivir) sowie auf Behandlungsfehler zurück. Er sprach in einem hochinformativen Interview vom 18. September 2020 von einer *»gekauften Pandemie«: »Überall fließt Geld.«*[417]

Zweifel an den drastischen Corona-Maßnahmen kommen bei einem Blick in Länder wie Schweden, Weißrussland, Tansania, Uruguay, Ecuador, Südkorea oder Vietnam auf, die zurückhaltender und gelassener mit der Pandemie umgingen. In Schweden wurde beispielsweise im Vertrauen auf den mündigen Bürger weitgehend von staatlichen Einschränkungen der Grundrechte abgesehen. Es gab weder einen Lockdown noch eine komplette Schließung von Schulen, Kindergärten und Restaurants, noch eine Maskenpflicht. Das führte zu Anfeindungen in Europa und vonseiten der WHO. Als Schweden von Letzterer auf eine Liste mit elf Ländern gesetzt wurde, in denen die Corona-Neuinfektionen rapide stiegen, protestierte der angesehene Epidemiologe Anders Tegnell, es gebe in Schweden mehr Neuinfektionen, weil die Anzahl der Tests erhöht worden sei. Daraufhin musste die WHO einen Irrtum bekennen und das Land noch am selben Tag von der Liste streichen.[418]

Allerdings liegt Schweden nicht auf einer einsamen Insel. Der Rückgang des Bruttosozialprodukts ist zwar bei Weitem nicht so hoch wie in vielen anderen Ländern, aber die Corona-Pandemie ist nicht spurlos an dem Land vorbeigegangen. Das Schweizer Webmagazin *Corona Transition* meldete am 4. August 2020 einen Rückgang des schwedischen Bruttoinlandsprodukts von nur 1,5 Prozent, während es in den USA über 30 Prozent und in

---

[417] www.youtube.com/watch?v=0JcVglSdQ-c (24.11.2020)
[418] Vgl. N-tv, 28.6.2020; www.n-tv.de/panorama/Langfristig-koennte-Schweden-richtig-liegen-article21876864.html

Deutschland 10,1 Prozent waren.[419] Im November 2020 nahmen die Infektionszahlen in Schweden deutlich zu, und es bleibt abzuwarten, ob sich der schwedische Weg langfristig bewährt.

Bei der deutschen Regierung gab es trotz Interventionen namhafter Wissenschaftler keine Besinnung und keinen fachlich kompetenten staatlichen Untersuchungsausschuss. Vielmehr traf sich Angela Merkel am 14. Oktober 2020 mit den Ministerpräsidenten der Länder erneut zu einem »Gipfel« im Kanzleramt, um wegen der Zunahme von Corona-Infizierten Verschärfungen der Maßnahmen zu beschließen.[420] Dass es sich dabei um die Fortführung eines Sonderrechtsregimes handelte, das mit Verordnungen, die keiner parlamentarischen Kontrolle unterliegen, verfassungswidrig in das gesamte gesellschaftliche Leben eingreift, kam erst ganz allmählich einigen Abgeordneten der Opposition zu Bewusstsein – zunächst ohne Konsequenzen.

Nach alldem war und ist also Widerstand aus der Bevölkerung heraus gegen die restriktiven obrigkeitlichen Maßnahmen verständlich und legitim. Aber Demonstrationen stören, und die Teilnehmer werden mit Häme, Diffamierungen und existenzbedrohenden Übergriffen verschiedenster Art abgestraft.

Ein Zwischenruf aus dem Umfeld des Bundestages

Trotz zu erwartender Repressalien meldete sich – nach Oberregierungsrat Stephan Kohn[421] aus dem Bundesinnenministerium – ein weiterer Whistleblower. Der parteilose Berater in Fragen

---

419 Vgl. https://corona-transition.org/schwedens-weg-bewahrt-sich-kaum-neu erkrankungen-keine-wirtschaftskrise
420 Vgl. www1.wdr.de/nachrichten/themen/coronavirus/corona-massnahmen-beherbergungsverbot-merkel-ministerpraesidenten-treffen-100.html
421 Dazu das Kapitel »Panikmache und Aktionismus«

von Wirtschaft und Energie der AfD-Fraktion im Deutschen Bundestag, Sebastian Friebel – er hat kurz darauf gekündet –, wandte sich *»aufgrund der enormen Tragweite der jüngsten Ereignisse«* an die Öffentlichkeit.

In seinem Offenen Brief heißt es: *»Durch meine Tätigkeit im Parlament bzw. in einer Bundestagsfraktion habe ich Kenntnis davon, dass den Menschen in unserem Land Informationen zur Coronakrise, die zur Beurteilung der Situation von entscheidender Bedeutung sind, gezielt vorenthalten werden. ... auch ich bin früher davon ausgegangen, dass uns Bürgern bei großen Ereignissen stets auch alle damit verbundenen Hintergründe vermittelt werden. Doch mittlerweile musste ich, nicht zuletzt durch meine Erfahrungen im Parlament, erkennen, welche Methoden weltweit von Regierungen, Medien und bedeutenden Akteuren der Weltwirtschaft zu unser aller Nachteil angewendet werden und dass die Bevölkerung dem leider häufig zu unkritisch begegnet.«[422]*

Friebel, der das Coronavirus nicht verharmlost, betonte, er schreibe seinen Bericht *»in aufrichtiger Sorge um die Sicherheit, die Freiheit sowie den Wohlstand von uns allen«.* Diese *»tragenden Säulen unserer Demokratie«* seien akut gefährdet, denn die Corona-Krise werde *»von verschiedenen Seiten her instrumentalisiert und unsere berechtigten Sorgen wegen des Coronavirus werden für fremde Ziele ausgenutzt«.* Politik und Leitmedien versuchten, von schwerwiegenden politischen und wirtschaftlichen Veränderungen abzulenken, *»die im Windschatten der Pandemie umgesetzt werden und für die Corona ›wie gerufen‹ kommt«.* Man wolle erreichen, *»dass die Menschen in ihrer Angst vor dem Virus Maßnahmen und dauerhafte Einschränkungen akzeptieren, die angesichts der Situation in keiner Weise gerechtfertigt sind und die den gesellschaftlichen Frieden sowie die wirtschaftliche Existenz von Millionen Menschen bedrohen«.*

---

[422] Zit. wie Peds Ansichten, 28.9.2020; https://peds-ansichten.de/2020/10/bundestag-berater-coronakrise/; vgl. auch die überarbeitete Fassung: https://wie-soll-es-weitergehen.de/files/Wie-soll-es-weitergehen-DIN-A4-small.pdf

In dem jährlich in Davos tagenden Weltwirtschaftsforum (WEF)[423] sieht Friebel das »*Sprachrohr der einflussreichsten internationalen Konzerne und Großbanken*«. Diese überaus einflussreiche Organisation instrumentalisiere die Corona-Krise, »*um eine lange vorbereitete Agenda zur Neuordnung der gesamten Weltwirtschaft umzusetzen*«. Der beabsichtigte »Great Reset« werde der Öffentlichkeit hierbei als Wandel von Globalisierung hin zu einer nachhaltigen Wirtschaft verkauft. Doch das sei eine Täuschung: »*Tatsächlich wollen die Akteure des WEF damit eine weitestgehende Zentralisierung der politischen Macht in überstaatlichen Institutionen wie der UN, EU und dem IWF erreichen sowie völlig neuartige, supranationale Organe schaffen. Über diese Organisationen wollen sie die demokratische Kontrolle der Weltwirtschaft und -politik durch gewählte Parlamente dauerhaft aushebeln.*«

Friebel vertritt die Auffassung, dass die Leitmedien »*durch irreführende Berichterstattung, Aufhetzung der unterschiedlichen gesellschaftlichen Strömungen gegeneinander und das kalkulierte Schüren von Ängsten gezielt einen Keil in die Gesellschaft treiben*«. Insbesondere Angst sei dazu geeignet, »*uns alle zu Maßnahmen zu drängen, die wir unter normalen Umständen niemals akzeptieren würden*«. Weiter schreibt er: »*Die Medien verbreiten je nach politischer Lage wahlweise Angst vor Terror, dem Klimawandel oder aktuell einer Pandemie. Damit erwirken sie eine gesellschaftliche Zustimmung für Veränderungen, die eigentlich gegen die Interessen der Bevölkerung gerichtet sind.*«

Friebel informiert über das, was in der Corona-Krise verschwiegen wurde: »*Die Medien nutzen die Macht der Bilder und setzen diese gezielt ein. Sie schockieren uns mit Aufnahmen von angeblichen Corona-Massengräbern in den USA, verschweigen aber gleichzeitig, dass verstorbene Obdachlose dort bereits seit vielen Jahren in Sammelgräbern bestattet werden und entsprechende Videoaufnahmen bereits 2016 entstanden sind. Sie zeigen uns dramatische Bilder von*

---

[423] Dazu das Kapitel »Warnung vor der Dominanz der Kapitaleliten«

Militär-LKWs, die Särge im norditalienischen Bergamo abtranspor-
tieren, und unterschlagen gleichzeitig die wichtige Information, dass
während der Coronakrise 70 Prozent der Bestattungsunternehmen
in der Region ihre Arbeit niederlegten und deswegen das Militär für
einen einmaligen Transport von 60 Särgen herangezogen wurde.«

Zu dem, was sich im Bundestag, in der Regierung und in den Ministerien abspielt, schreibt der ehemalige parlamentarische Mitarbeiter: *»Wir müssen ernsthaft die Möglichkeit in Betracht ziehen, dass wir in zahlreichen wichtigen Fragestellungen bewusst und vorsätzlich getäuscht werden und dass nicht nur die Medien, sondern auch führende Politiker weltweit dieses Treiben zu unser aller Nachteil mittragen. Wer einmal selbst das abstoßende Duckmäusertum erlebt hat, das im Bundestag und in unseren Ministerien vorherrscht, macht sich keinerlei Illusionen mehr über die Integrität unserer Regierung.«*

Friebel warnt, es bestehe vermutlich nur noch wenig Zeit, *»diese Hintergründe selbst zu überprüfen und sich wirklich eine eigene Meinung darüber bilden zu können«.* Denn längst versuchten Regierungen weltweit in enger Zusammenarbeit mit den Medien und der Digitalwirtschaft, den Bürgern diese Möglichkeit zu nehmen. Das werde mit angeblich gefährlichen »Verschwörungstheorien« begründet, doch das Ziel dabei sei *»keineswegs der Schutz der Bevölkerung vor Falschmeldungen, sondern die dauerhafte Zensur unbequemer Fakten und Meinungen«.* Ein ernüchternder Bericht eines Insiders über das, was kritische Beobachter der politischen Szene schon lange geahnt haben oder sogar wissen! In den Herrschaftsmedien taucht nichts davon auf, Sebastian Friebel wird als »Verschwörungstheoretiker« stillschweigend abgetan.

Was die Einschätzung der Berliner Politiker und der Medien angeht, befindet sich Friebel in weitgehender Übereinstimmung mit den ehemaligen Parlamentariern Willy Wimmer (CDU) und Albrecht Müller (SPD). Wimmer schrieb in einem Artikel vom 17. März 2019 mit dem Titel »Siebzig Jahre NATO: Deutschland ist auf die ›schiefe Bahn‹ geraten«*: »Landauf und landab ver-*

künden uns die Regierenden, dass man darum wisse, was das Beste für das Land und die Menschen sei. Dabei brauche man weder Rat noch Widerspruch. Wer in dieser neuen Welt nicht spurt, dem wird kein Platz in den Medien mit seinen Ansichten eingeräumt.«[424]

Albrecht Müller kommt in seinem Buch »Die Revolution ist fällig. Aber sie ist verboten« zu dem Ergebnis: »*Die Parteien sind zu Vereinigungen von Karrieristen verkommen. Das ist die Beobachtung und These. Wir haben es heute mit einer Entpolitisierung der Parteien zu tun. Wenn jemand mal etwas Außergewöhnliches vorschlägt, wie etwa der jetzige Vorsitzende der SPD-Bundestagsfraktion Rolf Mützenich, als er im Mai 2020 vorschlug, aus der atomaren Mitwirkung der Bundesrepublik Deutschland auszusteigen, und empfahl, die USA sollten ihre Atomwaffen aus Deutschland abziehen, dann stürzt sich eine Meute von Kritikern von außerhalb und innerhalb der Partei auf ihn. Inhaltliche Debatten zu führen und Forderungen zu stellen, ist offenbar ungewöhnlich.*«[425] Zur Situation in den Medien: »*Unsere etablierten Medien haben die Wiederbelebung der Konfrontation zwischen West und Ost, konkret mit Russland, angeheizt und gestützt.*« Es gebe eine Verbrüderung zwischen dem großen Geld und den großen Medien, weswegen von ihnen »*im langfristig angelegten Kampagnenjournalismus jeder niedergemacht wird, der nicht zur richtigen politischen Seite gehört.*«[426]

Expertenmeinungen

Mitte Juni 2020 warnte Christian Drosten im Einvernehmen mit der Kanzlerin, dem Bundesgesundheitsminister und dem Robert Koch-Institut vor dem Ausbruch einer zweiten Coronavirus-Welle und empfahl die Beibehaltung von Sicherheitsmaßnahmen, ob-

---

[424] www.nachdenkseiten.de/?p=50192
[425] A. a. O., S. 94
[426] Ebd., S. 134 f.

wohl sich die Situation seinerzeit beruhigt hatte. Drosten beriet die Bundesregierung seit Anfang 2020 hinsichtlich der von vielen Bürgern als zu drastisch empfundenen Maßnahmen zur Eindämmung der Epidemie und warnte eindringlich vor einer Verharmlosung durch Verschwörungstheoretiker und Wissenschaftler, die *»außerhalb ihres Fachbereichs«* zur Corona-Krise Stellung nehmen.[427]

Damit war unter anderem der Gesundheitswissenschaftler Wolfgang Wodarg gemeint, einer der schärfsten Kritiker aus der Ärzteschaft, der die von Drosten und dem RKI wissenschaftlich begleiteten Regierungsmaßnahmen von vornherein vollkommen infrage gestellt hatte.[428] Er hatte als Lungenarzt gearbeitet, war Leiter eines Gesundheitsamtes und als Mitglied des Deutschen Bundestages (1994 bis 2009) und der Parlamentarischen Versammlung des Europarates für Fragen der Sicherheit, Medizin und Gesundheit zuständig gewesen.

Wodarg ging davon aus, dass Coronaviren nicht gefährlicher sind als Grippeviren und dem *»Corona-Hype«* demnach *»keine außergewöhnliche medizinische Gefahr«* zugrunde liege.[429] Er verursache aber *»eine erhebliche Schädigung unserer Freiheits- und Persönlichkeitsrechte durch leichtfertige und unberechtigte Quarantänemaßnahmen und Verbotsregelungen«.* Für gefährlich halte er, *»den Virologen die Einschätzung von Problemen der öffentlichen Gesundheit zu überlassen«.*[430] Wodarg wurde wegen seiner Äußerungen scharf angegriffen, er verbreite *»gefährliche Falschinformationen«* hieß es.[431] Und das war noch die mildeste Kritik.

[427] Vgl. BR24, 12.5.2020; www.br.de/nachrichten/deutschland-welt/virologe-drosten-uebt-kritik-an-corona-falschinformationen,RynBRE5

[428] Vgl. https://kenfm.de/am-telefon-zur-corona-krise-dr-wolfgang-wodarg; www.nachdenkseiten.de/?p=60455 sowie www.focus.de/gesundheit/news/hamburg-ist-doch-nur-ne-grippe-die-argumente-der-corona-kritiker-und-was-dran-ist_id_11915803.html

[429] Vgl. Flensburger Tageblatt vom 29.2.2020

[430] Webseite Wolfgang Wodarg: www.wodarg.com (22.6.2020)

[431] Vgl. Der Spiegel, 20.3.2020; www.spiegel.de/wissenschaft/medizin/coronavirus-die-gefaehrlichen-falschinformationen-des-wolfgang-wodarg-a-f74bc73b-aac5-469e-a4e4-2ebe7aa6c270

Zurückhaltender äußerte sich der Direktor des Instituts für Virologie und HIV-Forschung an der Medizinischen Fakultät der Universität Bonn, Hendrik Streeck, der die Ansicht vertrat, das Covid-19-Virus sei nicht das »Killer-Virus«, zu dem es manchmal medial gemacht werde. In einer bemerkenswert aufschlussreichen Gesprächsrunde im ZDF bei Markus Lanz am 17. Juni 2020 sagte er, das Virus sei nicht zu bagatellisieren, aber es werde für das Jahr 2020 keine Übersterblichkeit hervorrufen. Es gebe eine Sterblichkeit von 0,4 Prozent, während bei anderen Viruserkrankungen die Sterblichkeit erheblich höher gewesen sei, zum Beispiel 2002/2003 beim ersten Sars-Virus mit 9,6 Prozent.[432]

Streeck plädierte für einen pragmatischen Umgang mit dem Virus und gezielte Maßnahmen für Menschen mit hohem Risiko oder schweren Krankheitsverläufen. Das langfristige Unterdrücken des Virus und das Hoffen auf einen möglichen Impfstoff hielt Streeck für keine sinnvollen Strategien. An anderer Stelle sprach er sich »ganz entschieden« gegen eine Ausgangssperre aus: »Wir tun gerade alles, um unserem Immunsystem zu schaden: Wir gehen weniger an die Sonne, bewegen uns kaum noch, ernähren uns womöglich auch noch schlecht. Wir müssen den Leuten doch die Möglichkeit geben, sich fit zu halten, gesund zu bleiben und ihr Immunsystem zu stärken.«[433]

Die von Streeck genannten Zahlen zur Sterblichkeit für Deutschland korrespondierten mit Angaben der unabhängigen Schweizer Informationsplattform *Swiss Policy Research*: »*Die globale Covid-19-Mortalität liegt derzeit – trotz der heute deutlich älteren Bevölkerung – eine ganze Größenordnung unter den Grippepandemien von 1957 (asiatische Grippe) und 1968 (Hongkong-*

---

[432] Vgl. www.zdf.de/gesellschaft/markus-lanz/markus-lanz-vom-17-juni-2020-100.html

[433] Stern.de, 19.3.2020; www.stern.de/gesundheit/virologe-hendrik-streeck---entschieden-gegen-eine-ausgangssperre--9188488.html

Grippe) und im Bereich der eher milden ›Schweinegrippe-Pandemie‹ von 2009.«[434]

Dementsprechend erklärte der renommierte Wissenschaftler Prof. Sucharit Bhakdi, die Corona-Maßnahmen der Regierung seien »*sinnlos*« und »*selbstzerstörerisch*«, das Covid-19-Virus sei kein »Killer-Virus«, als das es der Bevölkerung vorgeführt werde.[435] Da Bhakdi die obrigkeitlichen Beschränkungen darüber hinaus für extrem gefährlich im Hinblick auf die demokratische Rechtsordnung hielt, schrieb er Ende März 2020 einen Offenen Brief an die Bundeskanzlerin, worin er die These vertrat, »*dass das neue Virus sich von traditionellen Coronaviren in der Gefährlichkeit NICHT unterscheidet*«, und stellte die rhetorische Frage: »*Wurde bei den Hochrechnungen zwischen symptomfreien Infizierten und tatsächlichen, erkrankten Patienten unterschieden – also Menschen, die Symptome entwickeln?*«[436] Außerdem seien die Todesursachen nicht genügend abgeklärt und Vergleiche zum Beispiel mit Italien aufgrund der unterschiedlichen Gesundheitsbedingungen verfehlt. Der Brief wurde jedoch nicht beantwortet.

Bhakdi behauptete, 99 Prozent der Infizierten hätten »*keine oder nur leichte Symptome*«, weniger als 1 Prozent sei wirklich erkrankt. Demgegenüber nannte das RKI unter Verweis auf drei wissenschaftliche Studien einen Anteil von rund 20 Prozent schwer oder lebensbedrohlich Erkrankter. Bhakdi wurde vorgeworfen, seine Thesen seien unwissenschaftlich und seine Zahlen fragwürdig.[437]

Nachdem er kaum mehr zu Wort kam und Videos mit ihm bei YouTube gelöscht wurden, äußerte sich Bhakdi in einem Inter-

---

[434] Swiss Policy Research; Juni 2020; https://swprs.org/covid-19-hinweis-ii/

[435] Vgl. Servus TV, 9.9.2020; www.servustv.com/corona-nur-fehlalarm-talk-spezial-mit-prof-dr-sucharit-bhakdi/ sowie https://kenfm.de/prof-dr-karina-reiss-und-prof-dr-sucharit-bhakdi/

[436] www.youtube.com/watch?v=LsExPrHCHbw (10.9.2020) sowie www.safetyplus.ch/offener-brief-prof-em-sucharit-bhakdi-zur-corona-krise/

[437] Vgl. ZDF-Heute, 23.3.2020; www.zdf.de/nachrichten/panorama/coronavirus-faktencheck-bhakdi-100.html

view mit Ken Jebsen vom 2. Oktober 2020 deutlich besorgt über die Situation in Deutschland: Von der Politik werde eine erschreckende Wesensveränderung der Menschen herbeigeführt. Es könne auf die Dauer nicht gutgehen, wenn so viele ihr Menschsein verlören. Was sich die Regierung, das Gesundheitsministerium und das Robert Koch-Institut erlaubten, sei ein Verbrechen. Eine rote Linie sei überschritten, weil viele Menschen in den Ruin und manche in den Selbstmord getrieben würden. Politiker wie Gesundheitsminister Spahn, Kanzlerin Merkel und Bundespräsident Steinmeier, die anderen sagten, sie seien verantwortungslos, müssten sich fragen lassen, ob nicht sie verantwortungslos seien.[438]

Prof. Bhakdi leitete 22 Jahre lang das Institut für Medizinische Mikrobiologie und Infektionsepidemiologie der Universität Mainz. Zusammen mit seiner Ehefrau Karina Reiss verfasste er das Buch »Corona Fehlalarm?«, das monatelang auf den Bestsellerlisten stand. Prof. Reiss ist auf dem Gebiet der Biochemie, Infektionen und Zellbiologie, tätig und lehrt an der Kieler Universität. Ebenso wie ihr Ehemann vertritt sie die Ansicht, von SARS-CoV-2 gehe keine außergewöhnliche Gefahr aus. Im Vergleich zu anderen Jahren gebe es in Deutschland keine Übersterblichkeit, woraus folge, dass die Panikmache unbegründet sei, aber in der Bevölkerung psychologisch bedeutsame Reaktionen auslöse.

Zur Unterwerfung der Bevölkerung durch Angsterzeugung äußerte sich der Psychologe und Psychoanalytiker Prof. Klaus-Jürgen Bruder wie folgt: »*Eine arglose, nichts ahnende Bevölkerung wird ohne jede Vorbereitung ›über Nacht‹ dazu gebracht, alles zu vergessen, was ihr bisher wichtig gewesen war: alle Ziele, alle Bewegungen, alle Geschäfte, alle Kontakte – sozusagen wie durch einen ›Blitzkrieg‹, an dessen Morgen sie sich die Augen reiben. So schnell war die ›Schwarze Null‹ noch nicht vergessen, wie im atemberaubenden Auflegen der Finanz-Rettungspakete das Etappenziel gesichert*

---

[438] Vgl. https://kenfm.de/prof-dr-karina-reiss-und-prof-dr-sucharit-bhakdi/

worden war und Unterwerfung nur noch als Übersprungshandlung offen stand: als das Annehmen neuer Regeln des (Nicht-)Kontakts, den anderen nicht zu nahe an sich heranzulassen, ja ihn zurückzuweisen, wenn er mir zu nahe kommt, überhaupt misstrauisch gegen jeden, die bisherigen Regeln lauthals zu sanktionieren …«

Und Bruder fuhr fort: *»Es ist ja auch bedrohlich: zu erfahren, zu hören, dass eine ungeheure Epidemie, die bereits in China, Wuhan, viele Opfer gefordert hat, nun auch uns in Europa erreicht. Und verstehbar ist ebenso, dankbar die vorgeschlagenen Schutzmaßnahmen anzunehmen und darauf zu achten, dass auch die anderen diese befolgen.«* Aber verblüffend sei, *»dass dies alles so ohne jede Frage geschieht, dass vereinzelter Widerspruch sofort aggressive Abwehr hervorruft, wie wir sie schon lange nicht mehr erlebt haben, wie wir sie eigentlich nur aus Zeiten kennen, in denen Kritik an den Handlungen des Staates zur Denunziation des Feindes geführt hatte.«*[439]

Zugute hielt Bruder den »Unterworfenen«, dass sie nicht die Anweisung aus dem Bundesinnenministerium kannten, *»in der die Bearbeitung der Bevölkerung durch massive und geschlossene Angstkampagnen vorgeschlagen worden war — denn diese kursierte nur als Verschlusssache für den Dienstgebrauch«.* Er ging auf ein offenbar geleaktes Strategiepapier des Ministeriums vom März 2020 ein, in dem die Rede von einer *»umfassenden Mobilisierungskampagne«* ist, die von der Bundesregierung zu starten sei.[440]

Warnung vor der Dominanz der Kapitaleliten

Unmittelbar nach Bekanntwerden der ersten Covid-19-Erkrankungen haben die deutsche Bundeskanzlerin und Gesundheitsminister Jens Spahn autokratisch quasi den Notstand ausgerufen,

---

[439] www.rubikon.news/artikel/das-gehorsamkeits-experiment

[440] Vgl. https://fragdenstaat.de/dokumente/4123/wie-wir-covid-19-unter-kontrolle-bekommen/

und zwar ohne eine genaue Kenntnis über das Virus und ohne eine gewissenhafte Prüfung der Folgen für die Gesellschaft. Die ohne Einschaltung des Parlaments getroffenen Maßnahmen waren auch nicht auf ihre Verfassungsmäßigkeit geprüft worden. Es herrschte zeitweise ein Ausnahmezustand – mit Lockdowns, Sperrstunden, Ausgeh- und Versammlungsverboten –, als befände sich Deutschland im Krieg. Dazu wurden in aller Hast Rettungsprogramme für die Wirtschaft beschlossen, mit denen der Staat riesige Schuldenberge auftürmte.

In diese Zeit fiel eine »Warnung der Kardinäle«.[441] Vier hohe Würdenträger der katholischen Kirche[442] veröffentlichten Anfang Mai 2020 eine scharfe Kritik an den Corona-Maßnahmen, die jedoch dem großen Verschweigen anheimfiel. Sie warnten: *»Es gibt Mächte, die Corona für den Griff nach der Weltherrschaft missbrauchen wollen.«* Es habe sich gezeigt, so die Kardinäle, *»dass unter dem Vorwand der Covid-19-Epidemie in vielen Fällen unveräußerliche Rechte der Bürger verletzt und ihre Grundfreiheiten unverhältnismäßig und ungerechtfertigt eingeschränkt werden, einschließlich des Rechts auf Religionsfreiheit, der freien Meinungsäußerung und der Bewegungsfreiheit.«*

Die Kardinäle vertraten die Auffassung, die öffentliche Gesundheit dürfe *»kein Alibi sein, um die Rechte von Millionen von Menschen auf der ganzen Welt zu verletzen, geschweige denn um die Zivilbehörden von ihrer Pflicht zu entbinden, mit Weisheit für das Gemeinwohl zu handeln.«* Viele maßgebliche Stimmen aus Wissenschaft und Medizin *»bestätigten, daß der Alarmismus wegen Covid-19 durch die Medien in keinster Weise gerechtfertigt zu sein scheint«.*

---

[441] Vgl. www.altersdiskriminierung.de/themen/artikel.php?id=11313 (20.10.2020). Vgl. auch https://katholisches.info/2020/05/07/die-warnung-der-kardinaele-es-gibt-maechte-die-corona-fuer-den-griff-nach-der-weltherrschaft-missbrauchen-wollen/ (10.5.2020)

[442] Erstunterzeichner: Gerhard Kardinal Müller, Joseph Kardinal Zen, Robert Kardinal Sarah und Janis Kardinal Pujats.

Spektakulär ist, was die kirchlichen Würdenträger – wenn auch vorsichtig formuliert – über eine globale Entdemokratisierung sagten: »*Wir haben Grund zu der Annahme – und das auf der Grundlage offizieller Daten zur Epidemie in Bezug auf die Anzahl der Todesfälle –, daß es Kräfte gibt, die daran interessiert sind, in der Bevölkerung Panik zu erzeugen. Auf diese Weise wollen sie dauerhaft Formen inakzeptabler Freiheitsbegrenzung aufzwingen, die Menschen kontrollieren und ihre Bewegungen überwachen. Diese illiberalen Maßnahmen sind der beunruhigende Auftakt zur Schaffung einer Weltregierung, die sich jeder Kontrolle entzieht.*«

Die Kardinäle vermuten, »*daß in einigen Situationen die Eindämmungsmaßnahmen, einschließlich der Schließung von Geschäften und Betrieben, die zu einer Krise geführt haben, die ganze Wirtschaftssektoren zum Erliegen gebracht haben, ergriffen wurden, um eine Einmischung von fremden Mächten zu begünstigen, mit schwerwiegenden sozialen und politischen Auswirkungen.*« Diese Formen des »Social Engineering« müssten »*von denen, die Regierungsverantwortung tragen, gestoppt werden, indem Maßnahmen zum Schutz der Bürger ergriffen werden, deren Vertreter sie sind und in deren Interessen sie zu handeln haben, wie es ihre ernste Pflicht ist.*«

Des Weiteren fordern die Kardinäle die wissenschaftliche Gemeinschaft auf, die medizinische Behandlung von Covid-19 »*in aufrichtiger Sorge um das Gemeinwohl*« zu fördern, damit »*sorgfältigst vermieden wird, daß zweifelhafte Geschäftsinteressen die Entscheidungen der Regierungen und internationalen Behörden beeinflussen*«. Die Regierenden werden aufgefordert, dafür zu sorgen, »*daß Formen der Kontrolle über Menschen … auf das Strengste vermieden werden*«. Der Kampf gegen die Krankheit, »*so ernst er auch sein mag*«, dürfe nicht »*als Vorwand undurchsichtiger Absichten übernationaler Organisationen und Gruppen dienen, die mit diesem Projekt sehr starke politische und wirtschaftliche Interessen verfolgen*«. Auch müsse den Bürgern die Möglichkeit gegeben werden, »*Einschränkungen der persönlichen Freiheiten abzulehnen* und straffrei sich einer drohenden Impfpflicht zu entziehen und Tracingsysteme oder ähnliche Instrumente nicht zu benutzen«.

Beunruhigend sei, so die Kardinäle, wenn politische Entscheidungen von »Rettern der Menschheit« getroffen würden, die über keine Legitimation verfügen. Die Medien werden aufgefordert, »sich aktiv zu einer genauen Informationsweitergabe zu verpflichten und Dissens zuzulassen«, anstatt Zensur auszuüben. Korrekte Informationsweitergabe bedeute, »daß auch anderen, von der vorherrschenden Meinung abweichenden Stimmen Raum gegeben wird« und die Bürger Fakten selber bewusst bewerten können. Eine demokratische ehrliche Debatte sei »das beste Gegenmittel gegen die Gefahr subtiler Formen der Diktatur, vermutlich noch schlimmere als jene, die unsere Gesellschaft in der jüngeren Vergangenheit entstehen und vergehen sah«.

Dass die Aufforderung an die Medien, korrekt zu berichten, ihre volle Berechtigung hatte, bewies sich in den Reaktionen auf den Aufruf. Wenn überhaupt darüber berichtet wurde, dann nur kurz und abwertend. In der ARD-Tagesschau vom 9. Mai 2020 wurden die Kardinäle regierungskonform als Verschwörungstheoretiker herabgewürdigt: »Mehrere katholische Bischöfe kritisieren die Corona-Maßnahmen und greifen dabei auf weitverbreitete Verschwörungstheorien zurück. Sie sehen den ›Auftakt einer Weltregierung‹.«[443]

Auch aus Kreisen der »Amtskirche« kam scharfe Kritik. »Krude Verschwörungstheorien ohne Fakten und Belege«, hieß es, jeder, der den Aufruf unterzeichnet habe, entblöße sich selbst.[444] Die Deutsche Bischofskonferenz rügte ihre Würdenträger ebenfalls. Dennoch unterzeichneten im Nachhinein noch zwölf Kardinäle, Bischöfe und Weihbischöfe sowie bekannte Journalisten, Ärzte, Juristen und Organisationen den Aufruf. Allerdings zog Kardinal

---

[443] www.tagesschau.de/ausland/verschwoerung-corona-101.html
[444] Vgl. Domradio.de, 9.5.2020; www.domradio.de/themen/corona/2020-05-09/krude-verschwoerungstheorien-ohne-fakten-und-belege-essens-generalvikar-bischoefe-verbreiten

Robert Sarah, ranghöchster Afrikaner der Weltkirche und amtierender Präfekt der Gottesdienst-Kongregation im Vatikan, seine Unterschrift bereits nach wenigen Stunden zurück.[445] Bis zum Herbst 2020 erhielt der Aufruf etwa 60 000 Unterschriften.

Wie immer man die Warnung der Kardinäle wertet: Allem Anschein nach kam die Corona-Krise den global agierenden Finanz- und Wirtschaftseliten sehr gelegen – soweit sie nicht überhaupt inszeniert worden ist –, um das bestehende Gesellschafts- und Wirtschaftssystem grundlegend umzugestalten. Experten wie der Finanzanalyst und Bestsellerautor Ernst Wolff sprechen von einer digitalen Diktatur, in der *»die Entfaltung des Einzelnen von Algorithmen festgelegt, das soziale Zusammenleben überwacht und gesteuert und demokratische Freiheiten nur so weit erlaubt sein werden, wie sie dem Datentransfer von Hochfrequenzrechnern nicht im Wege stehen«*[446]. Wenn zum Beispiel Melinda Gates damit renommiert, dass sie jederzeit mit der deutschen Bundeskanzlerin Angela Merkel oder mit der Präsidentin der EU-Ratskommission Ursula von der Leyen sprechen könne, zeugt das von gefährlicher, absolut inakzeptabler Einflussnahme auf die politische Entscheidungsfindung.[447]

Immer wieder war in den letzten Jahren von einem weltweiten »Great Reset« die Rede, dem eine neue Gesellschaftsordnung folge.[448] In einer Veröffentlichung des Weltwirtschaftsforums (WEF)[449] vom 3. Juni 2020 wurde angekündigt: *»›The Great Reset‹, oder auf Deutsch ›Der Grosse Neustart‹, wird das Thema eines einzigartigen Zwillingsgipfels im Januar 2021 sein, der vom Welt-*

[445] Vgl. Kirche + Leben, 8.5.2020; www.kirche-und-leben.de/artikel/corona-kon servative-warnen-vor-schaffung-einer-weltregierung/

[446] KenFM, 20.7.2020; https://kenfm.de/the-great-reset-was-steckt-dahinter-von-ernst-wolff/

[447] Vgl. World Economy, 3.5.2020; www.world-economy.eu/nachrichten/detail/ anruf-von-melinda-gates-genuegt-kanzlerin-von-was-und-fuer-wen/

[448] Dazu: Paul Schreyer: Chronik einer angekündigten Krise. Frankfurt am Main 2020, S. 93 ff. sowie Wolfgang Effenberger 2020, S. 539 ff.

[449] Vgl. World Economic Forum; www.weforum.org/de/open_forum/pages/ about (21.7.2020)

wirtschaftsforum einberufen wird. Das 51. Jahrestreffen des Welt-wirtschaftsforums wird weltweit führende Persönlichkeiten aus Re-gierung, Wirtschaft und Zivilgesellschaft sowie Stakeholder aus der ganzen Welt in einer einzigartigen Konfiguration zusammenbringen…«[450] Weiter hieß es, der Gipfel – der wegen der Corona-Krise virtuell stattfand – solle dazu dienen, »alle Stakeholder der globalen Gesellschaft in eine Gemeinschaft mit gemeinsamen Interessen, Zielen und Handlungen zu integrieren«. Ein Great Reset sei »notwendig, um einen neuen Gesellschaftsvertrag aufzubauen«. Es geht also um eine neue Weltordnung. Und das Weltwirtschaftsforum ist nur eines von mehreren elitären Zirkeln mit immensem Einfluss…

Aufschlussreich ist ein Blick auf die Selbstdarstellung des WEF: »Im Sinne des ›Spirit of Davos‹ soll das Open Forum den Dialog zwischen Entscheidungsträgern aus unterschiedlichen Sparten und Lebenslagen fördern, um Lösungen zu den dringlichsten globalen Herausforderungen unserer Zeit zu suchen.«[451] »Strategische Partner« sind etwa einhundert Unternehmen von globaler Bedeutung, die den harten Kern bilden und über Programme und Ziele befinden. Um nur einige zu nennen: Allianz, Bank of America, BlackRock, BP, Credit Suisse, Deutsche Bank, Deutsche Post DHL, Facebook, die Gates Foundation, Goldman Sachs, Google, der Pharmakonzern Johnson & Johnson, Mastercard, Mitsubishi Corporation, Paypal, SAP, Saudi Aramco, Siemens oder auch der Medienkonzern Thomson Reuters.[452]

Der Publizist Paul Schreyer schreibt: »Man könnte das WEF als eine Art modernes ›Politbüro des Kapitalismus‹ bezeichnen, wo große Linien für das weitere internationale Vorgehen überlegt und dann gemeinsam umgesetzt werden. Der rote Faden sind die Bemühungen

---

[450] World Economic Forum: News Release; www3.weforum.org/docs/WEF_The_Great_Reset_AM21_German.pdf (21.7.2020)
[451] www.weforum.org/de/open-forum/pages/about (21.7.2020)
[452] Vgl. www.weforum.org/communities/strategic-partnership-b5337725-fac7-4f8a-9a4f-c89072b96a0d (20.10.2020)

zur globalen Verzahnung von Regierungs- und Konzerninteressen, freundlich bezeichnet als ›öffentlich-private Zusammenarbeit‹ (›Public-Private Cooperation‹).«[453]

Der Gründer und Geschäftsführer des Weltwirtschaftsforums, Klaus Schwab, und sein Co-Autor, der Wirtschaftswissenschaftler Thierry Malleret, präsentieren in dem 2020 erschienenen Bestseller »Covid-19: Der große Umbruch« ihre Vorstellungen einer nahen Zukunft. Sie prognostizieren, dass ein radikaler Umbruch eine »neue Realität« herbeiführen wird und »die Welt, wie wir sie in den ersten Monaten des Jahres 2020 kannten, nicht mehr ist«.

Es werde eine »neue Normalität« geben, so die Autoren. »Viele unserer Überzeugungen und Annahmen darüber, wie die Welt aussehen könnte oder sollte, werden in diesem Prozess zerschlagen werden.« Schwab und Malleret verbinden die Corona-Pandemie und die panische Angst vor dem Virus mit den nach ihren Intentionen bevorstehenden grundlegenden globalen Veränderungen. So weit ist also nichts geheim, man kann alles erfahren und sogar nachlesen.

Die bekannte US-amerikanische Journalistin Diana Johnstone schreibt dazu in ihrem Essay »The Great Pretext«: »Dies ist die Stimme der Möchtegern-Global Governance. Von oben entscheiden Experten, was die Massen wollen sollen, und verdrehen die angeblichen Wünsche des Volkes, damit sie in die Profitschemata passen, mit denen sie hausieren gehen. Ihre Schemata konzentrieren sich auf digitale Innovation, massive Automatisierung durch ›künstliche Intelligenz‹ und schließlich sogar auf die ›Verbesserung‹ des Menschen, indem sie ihn künstlich mit einigen Eigenschaften von Robotern ausstatten: z. B. Problemlösung ohne ethische Ablenkungen.«[454] Johnstone warnt vor dem Weltwirtschaftsforum als einer »Kombination aus kapitalistischer Beratungsfirma und gigantischer Lobby«, die eine »vierte Industrielle Revolution« vorbereiten soll.

---

[453] Paul Schreyer 2020, S. 94
[454] Zit. wie www.theblogcat.de/uebersetzungen/the-great-pretext-24-11-2020/ (16.12.2020)

Parlamentarier, Medien und Ärzteschaft formieren sich neu

Die Diskussion um die Corona-Pandemie, deren Ursachen, Auswirkungen und Hintergründe, spielte sich zunächst fast ausschließlich in den alternativen Internetmedien ab, wo auch kritische Meinungen publiziert werden können. In der Folge kam es zu Diffamierungen, Feindseligkeiten, Übergriffen der Polizei bei Demonstrationen und sogar Angriffen auf Gesundheit und Leben. Wohltuend die Stimme des Virologen Streeck, der für einen pragmatischen Blick eintrat: *»Denn eins ist sicher, wir haben keine Alternative, mit dem Virus umzugehen, als es Teil von unserem Alltag werden zu lassen. Und wir müssen bestimmen, wie dieser Alltag aussieht.«*[455] Nach Überzeugung sehr vieler Menschen sollte er jedenfalls nicht so aussehen, wie es Kanzlerin Angela Merkel und Gesundheitsminister Jens Spahn dekretiert haben.

Im Oktober 2020 bemerkten endlich Politiker, dass die Maßnahmen der Bundesregierung zur Eindämmung der Covid-19-Epidemie am Parlament vorbei erfolgten. In einem Interview sagte der CDU-Abgeordnete Andreas Mattfeldt: *»Es ist für die Demokratie ein Armutszeugnis, dass über einen so langen Zeitraum die Abgeordneten nicht richtig in die Entscheidungen bei Maßnahmen über die Pandemiepolitik eingebunden werden.«*[456] Der Bundestag sei bei Entscheidungen, *»die zu einer noch nie dagewesenen Einschränkung der Freiheits- und Grundrechte geführt haben, nahezu entmachtet«* worden, das dürfe über einen längeren Zeitraum nicht hingenommen werden.

---

[455] www.zdf.de/gesellschaft/markus-lanz/markus-lanz-vom-17-juni-2020-100.html

[456] Zit. wie Der Spiegel, 19.10.2020; www.spiegel.de/politik/deutschland/corona-krise-bundestag-will-mehr-einfluss-wie-koennte-das-gelingen-a-5176f7c9-f768-4f5e-94c2-12ad38ddb542

Ähnlich äußerte sich Bundestagspräsident Wolfgang Schäuble in einem Brief an die Fraktionsvorsitzenden. Er verlangte, »*dass der Bundestag seine Rolle als Gesetzgeber und öffentliches Forum deutlich machen muss, um den Eindruck zu vermeiden, Pandemiebekämpfung sei ausschließlich Sache von Exekutive und Judikative*«.[457] Im April war Schäuble für die Bildung eines Notparlaments nach Artikel 53a des Grundgesetzes eingetreten, wie es für Kriegszeiten vorgesehen ist, doch damit stieß er auf erheblichen Widerstand bei den Abgeordneten.[458]

Auch die Medien und die Ärzteschaft begannen sich neu zu formieren und zu Wort zu melden. Am 1. Oktober berichteten die *Berliner Zeitung* und *Bild* (Schlagzeile auf Seite 1) über eine Stellungnahme des Leiters des Frankfurter Gesundheitsamtes, Prof. René Gottschalk, im *Hessischen Ärzteblatt*. Der Infektiologe forderte, die Bevölkerung müsse »*sachgerecht informiert werden*«. Die gemeldeten Fälle nähmen zwar zu, aber es gebe immer weniger schwere Krankheitsverläufe und Krankenhauseinweisungen. Eine Übersterblichkeit sei »*weder in der Gesamtbevölkerung noch in der Gruppe der Hochrisikopatienten (Bewohner von Altenpflegeheimen) zu verzeichnen*«. Die Sterbestatistik zeige im ersten Halbjahr 2020 keine Auffälligkeiten, »*im Gegensatz zu der erkennbar höheren Sterbezahl während der Influenza-Zeiten 2017 und 2018 sowie während der Hitzeperiode im Juli 2018*«. Es bedürfe »*dringend einer breiten öffentlichen Diskussion zu den Zielen und Mitteln der Pandemie-Bekämpfung*«.[459]

Der Präsident der Deutschen Gesellschaft für Infektiologie, Prof. Bernd Salzberger, stimmte Gottschalk zu: »*Die Interpreta-*

---

457 Zit. wie Boerse.de, 19.10.2020; www.boerse.de/nachrichten/Schaeuble-schlaegt-mehr-Beteiligung-des-Bundestags-bei-Corona-vor/31048082
458 Vgl. ZDF-Heute, 6.4.2020; www.zdf.de/nachrichten/politik/coronavirus-bundestag-notparlament-fdp-schaeuble-100.html
459 Zit. wie www.berliner-zeitung.de/news/keine-uebersterblichkeit-trotz-corona-amtsarzt-fordert-diskussion-ueber-die-mittel-der-pandemie-bekaempfung-li.108672

tionen sind solide, die Sterbefallzahlen würde ich genauso interpre-tieren.« Beide Mediziner vertraten die Auffassung, ein PCR-Test allein sage nichts über eine mögliche Infektiosität der Betroffenen aus, und bei niedriger Prävalenz (Rate der Erkrankten) seien die PCR-Tests *»häufig falsch positiv«*. Auch gebe es keine Hinweise, dass *»die schrittweise Wiedereröffnung der Schulen zu einer erkennba-ren Zunahme der Infektionen bei Kindern und Schulpersonal geführt habe«.* Die Schule sei kein *»Hochrisikoarbeitsplatz«.*[460] Allgemein zu empfehlen sei ein häufiger Aufenthalt im Freien, die Einhal-tung des Abstandsgebotes und möglichst das Tragen eines Mund-Nasen-Schutzes.

Eine erste seriöse Sendung zu Covid-19 brachte am 5. Okto-ber 2020 das Erste Deutsche Fernsehen als ARD-Extra mit Kom-mentaren von Fachleuten. Sie plädierten sachlich und kompetent für einen differenzierten Umgang mit den Zahlen der Getesteten und Erkrankten und kritisierten die Panikmache.[461] Ein weite-rer ausgewogener Beitrag war die WDR-Sendung *Ihre Meinung* mit Moderatorin Bettina Böttinger vom 8. Oktober 2020, in der Befragte überwiegend für eine Lockerung oder sogar Aufhebung der nach ihrer Meinung überzogenen Maßnahmen eintraten.[462] Sie bekamen sehr viel Beifall. Doch anschließend gab es einen Shitstorm dagegen, was vielleicht dazu beigetragen hat, dass der WDR seine fragwürdige Berichterstattung nicht änderte.

Schon im Juni 2020 gab es Initiativen der Ärzteschaft. In einer »Aufforderung an die Bundesregierung und alle Landesregierun-gen« von namhaften Medizinern und Wissenschaftlern hieß es: *»Wir fordern Sie hiermit auf, Ihrer Verantwortung, Schaden von der Bevölkerung abzuhalten, nachzukommen und die gegenwärti-gen verhängten Maßnahmen sofort und vollständig aufzuheben.«*

---

[460] Zit. wie Bild, 1.10.2020, S. 3
[461] Vgl. www.youtube.com/watch?v=P32pM0RuxLo (7.10.2020)
[462] Vgl. www1.wdr.de/mediathek/video/sendungen/ihre-meinung/video-lockern-oder-verschaerfen-welche-corona-regeln-sind-richtig-100.html

Die Unterzeichner verlangten einen Corona-Untersuchungsausschuss, »*dem die verantwortlichen Politiker und Berater Rede und Antwort stehen müssen*«.[463]

Zu denken gab auch ein Brief vom 9. Juni 2020, den sechs deutsche Medizinerinnen, die als praktische Ärztinnen arbeiten, an den Deutschen Ethikrat schrieben: »*Einer der renommiertesten Epidemiologen der Welt, Prof. J. Ioannidis von der Universität Stanford, bezeichnete das Ganze als ein ›Jahrhundert-Evidenz-Fiasko‹: das Ergreifen von drastischen folgenreichen Maßnahmen, ohne zu wissen, ob sie nötig sind und ob sie etwas bringen. ... Das einzig aktuell völlig Offensichtliche: Man hat sich in der Einschätzung der Gefährlichkeit des Erregers getäuscht. Es gibt keine Hinweise, dass die Sterblichkeit über der einer saisonalen Influenza-Grippe liegt. Die prognostizierten Krankheits- und Sterbefälle blieben aus, die Intensivstationen fanden sich sogar leerer als sonst, und die Krankenhäuser haben teilweise Kurzarbeit angemeldet. Notwendige Operationen und Therapien wurden abgesagt oder fanden aus Angst vor Ansteckung nicht statt. Eine Untersuchung eines Mitarbeiters des BMI ergab, dass allein die medizinischen Folgen des Lock-Downs deutlich schlimmer waren als die der Pandemie. Für uns völlig unverständlich: Trotz der Bestätigung durch die externen Experten wurde diese als Privatmeinung abgetan und nicht weiter beachtet.*«[464]

Die Ärztinnen kamen zu dem Schluss, »*dass hier grundlos sowohl gegen fundamentale Regeln der menschlichen Ethik als auch gegen im Grundgesetz verankerte Freiheits- und Menschenrechte verstoßen wird*«. Sie verlangten die Einberufung eines unabhängigen Untersuchungsausschusses.

In einem Offenen Brief vom 5. September 2020 forderten belgische Ärzte und Angehörige in den belgischen Gesundheits-

---

[463] Mediziner und Wissenschaftler für Gesundheit, Freiheit und Demokratie, www.mwgfd.de/wp-content/uploads/2020/06/Anzeige_FAZ.pdf

[464] Zit. wie https://ganzheitlich-aerztlich.de/wp-content/uploads/2020/06/Brief-Ethikrat.pdf

berufen eine Untersuchung der WHO, die nach ihrer Meinung eine »*Infodemie*« verursacht habe. Sie verlangten ein Ende aller Maßnahmen und »*eine sofortige Wiederherstellung unserer normalen demokratischen Regierungsführung und Rechtsstrukturen sowie aller unserer bürgerlichen Freiheiten*«. Sie schrieben: »*Der Verlauf von Covid-19 folgte dem Verlauf einer normalen Infektionswelle ähnlich einer Grippesaison. Wie jedes Jahr sehen wir eine Mischung von Grippeviren, die der Kurve folgen: zuerst die Rhinoviren, dann die Influenza A- und B-Viren, gefolgt von den Coronaviren. Es gibt nichts anderes als das, was wir normalerweise sehen. ... Die Verwendung des unspezifischen PCR-Tests, der viele falsch positive Ergebnisse liefert, zeigte ein exponentielles Bild. Dieser Test wurde mit einem Notfallverfahren durchgeführt und nie ernsthaft selbst getestet. Der Ersteller warnte ausdrücklich davor, dass dieser Test für Forschungszwecke und nicht für Diagnosen bestimmt war.*«[465]

Des Weiteren heißt es, der Test messe nicht, wie viele Viren in der Probe vorhanden sind. Eine echte Virusinfektion bedeute »*ein massives Vorhandensein von Viren, die sogenannte Viruslast*«. Wenn jemand positiv getestet sei, bedeute dies nicht, »*dass diese Person tatsächlich klinisch infiziert ist, krank ist oder krank wird.*« Da ein positiver PCR-Test nicht automatisch eine aktive Infektion oder Infektiosität anzeige, »*rechtfertigt dies nicht die ergriffenen sozialen Maßnahmen, die ausschließlich auf diesen Tests beruhen*«. Zudem hätten die meisten Menschen »*eine angeborene oder Kreuzimmunität, weil sie bereits mit Varianten desselben Virus in Kontakt waren*«. Soziale Isolation und wirtschaftlicher Schaden führten »*zu einer Zunahme von Depressionen, Angstzuständen, Selbstmorden, innerfamiliärer Gewalt und Kindesmisshandlung*«. Studien hätten gezeigt, so die Ärzte, dass Menschen umso resistenter gegen Viren

---

[465] Zit. wie www.presseteam-austria.at/belgien-aerzte-beschuldigen-in-einem-unglaublich-offenen-brief-die-who-die-covid-19-pandemie-durch-eine-gezielte-infodemie-erzeugt-zu-haben/; offener Brief vom 5.9.2020 im Original: https://docs4opendebate.be/en/open-letter/

sind, »*je mehr soziale und emotionale Verpflichtungen sie haben*«. Es sei viel wahrscheinlicher, dass Isolation und Quarantäne »*fatale Folgen haben*«.

Mitte September 2020 warnte der Vorstandvorsitzende der Kassenärztlichen Vereinigung Hamburg, Walter Plassmann, vor einer Dramatisierung der Covid-19-Krankheit: »*Permanenter Stress, ununterbrochene Aufgeregtheit und Angst schädigen Körper und Seele eines Menschen. Sie machen ihn krank.*«[466] Das habe zu verantworten, wer die Gesellschaft mit immer neuen Hiobsbotschaften auf immer höhere Bäume treibe. Es sei bezeichnend, dass die Debatte um das SARS-CoV-2-Virus von Medizinern bestimmt werde, »*die nicht mit dem ganzheitlichen Menschen arbeiten*«. Den Ärzten und Ärztinnen sei schon im April aufgefallen, »*dass es eine Diskrepanz gibt zwischen der politisch-medialen Aufgeregtheit und dem, was sie erleben*«. Mehr Gelassenheit statt Corona-Panik sei angebracht.

Umso wertvoller ist eine rechtliche Stellungnahme des ehemaligen Präsidenten des Bundesverfassungsgerichts Hans-Jürgen Papier, der warnte: »*Auch wer die Gesundheit der Bevölkerung schützen will, darf nicht beliebig in die Grundrechte eingreifen.*«[467] Die Politik müsse die Maßstäbe ihres Handelns offenlegen, und das Parlament müsse aus dem Dämmerschlaf erwachen. Der rechtsstaatlichen Demokratie entspreche es, dass alle wesentlichen Entscheidungen zur Ausübung sowie zur Einschränkung der Grundrechte vom Parlament getroffen werden und nicht von der Exekutive unter Berufung auf Naturwissenschaftler. Doch der Parlamentsvorbehalt sei über Monate hinweg vernachlässigt worden.

---

[466] Zit. wie Focus, 14.9.2020; www.focus.de/regional/hamburg/wegen-dramatisierung-von-corona-hamburger-aerztechef-greift-soeder-und-drosten-an-sie-machen-die-gesellschaft-krank_id_12427921.html

[467] Zit. wie Neue Zürcher Zeitung, 20.10.2020; www.nzz.ch/international/hans-juergen-papier-warnt-vor-aushoehlung-der-grundrechte-ld.1582544?reduced=true

Bemerkenswert ist auch die Einschätzung des Psychiaters und Psychoanalytikers Hans-Joachim Maaz, der Chefarzt der Klinik für Psychotherapie und Psychosomatik in Halle war und lange Jahre Vorsitzender der Deutschen Gesellschaft für analytische Psychotherapie und Tiefenpsychologie. Er kommt zu dem Ergebnis, dass ein *»viruszentrierter Blick«* einseitig sei und *»dass es keine gesicherten Hinweise gibt, dass Covid-19 gefährlicher und tödlicher ist als andere Viren, die an Erkrankungen der Luftwege beteiligt sind«.*[468] Die Pandemiepsychose eröffne die Möglichkeit *»für die Herstellung einer neuen totalitären Weltordnung«.* Es müsse nur eine Tendenz initiiert werden, *»zum Beispiel die Rettung der Menschheit durch einen Impfstoff«,* dann laufe massenpsychologisch alles wie von selbst. Wenn die Virusangst längere Zeit geschürt werde, zum Beispiel durch die Entdeckung von Virusmutationen oder »neuen« Viren, dann müssten alle Notstandsgesetze fortdauern.

Maaz schreibt: *»Mit der Infektions- und Todesangst werden jeder Protest und auch alle Gegenbeweise im Keime erstickt und alle schwerwiegenden Folgen, wie Arbeitslosigkeit, Insolvenz, Verarmung, soziale Not, schwere psychische und psychosoziale Erkrankungen, Gewalt, werden den Viren angelastet. Die politischen und ökonomischen Verhältnisse und Ursachen bleiben unangetastet.«* Das Unbewusste habe längst die Führung übernommen, das sei an der *»umfassenden Irrationalität der Maßnahmen und des Verhaltens«* zu erkennen. Das Virus sei *»praktisch die geniale Waffe, eine neue Weltordnung zu schaffen. Ob diese Entwicklung totalitär wird oder demokratische Reife ermöglicht, hängt entscheidend davon ab, wie wir Erkrankungs- und Sterbeangst überwinden.«*

Besonders eindrucksvoll und bewegend war ein Auftritt von Hunderten von Ärzten in weißen Kitteln in Leipzig am 7. November 2020 im Rahmen einer großen Querdenken-De-

---

[468] Rubikon, 18.4.2020; www.rubikon.news/artikel/die-corona-religion

Ärzte zeigen Gesicht gegen die Corona-Maßnahmen, Leipzig, 7. November 2020

monstration.[469] Die Ärzte wandten sich gegen die totalitären Corona-Maßnahmen der Regierung und riefen – wie viele ihrer Kolleginnen und Kollegen – zu einem rationalen Umgang mit der Epidemie auf. Die Medien berichteten über die Leipziger Demonstration[470], an der Zehntausende teilnahmen und zahlreiche Teilnehmer festgenommen wurden, zumeist falsch und abwertend.

---

[469] Vgl. KenFM, 15.11.2020; https://kenfm.de/aerzte-zeigen-gesicht-gegen-die-coronamassnahmen/

[470] Luftaufnahmen: www.youtube.com/watch?v=hp8bMPrOs4w (16.11.2020)

Corona in Permanenz

Im Herbst 2020 begannen einzelne Gerichte, unverhältnismäßige Corona-Maßnahmen wie Reise- und Beherbergungsverbote aufzuheben. Doch als die vom RKI gemeldeten Infektionszahlen wieder stiegen, richtete Bundeskanzlerin Angela Merkel am 17. Oktober 2020 einen dramatischen Appell an die Bevölkerung: *»Wir sind jetzt in einer sehr ernsten Phase der Corona-Pandemie. Tag für Tag steigt die Zahl der Neuinfektionen sprunghaft. Die Pandemie breitet sich wieder rapide aus, schneller noch als vor einem halben Jahr. ... Ich bitte Sie: Verzichten Sie auf jede Reise, die nicht wirklich zwingend notwendig ist, auf jede Feier, die nicht wirklich zwingend notwendig ist. Bitte bleiben Sie, wenn immer möglich, zu Hause, an Ihrem Wohnort.«* Merkel mahnte, wie der Winter verlaufe, *»das entscheiden wir alle durch unser Handeln«*. Es reiche nicht mehr aus, Abstand zu halten und Masken zu tragen, nun zähle jeder Tag: *»Wir müssen jetzt noch weiter gehen. Die Wissenschaft sagt uns klar: Die Ausbreitung des Virus hängt direkt an der Zahl der Kontakte, der Begegnungen, die jeder von uns hat.«*[471]

Merkel berief sich diesmal nicht auf den in die Kritik geratenen Christian Drosten, sondern auf den Physiker Michael Meyer-Hermann vom Helmholtz-Zentrum für Infektionsforschung in Braunschweig. Er versuchte den künftigen Corona-Verlauf anhand der vom RKI gelieferten Zahlen mathematisch zu berechnen – eine umstrittene Methode.[472] Meyer-Hermann war bis dato hauptsächlich dadurch in Erscheinung getreten, dass er schon im Frühjahr 2020 für schärfere Corona-Regeln eintrat. Am 24. Oktober wiederholte die Kanzlerin ihren Appell: *»Das Gebot der Stunde heißt für uns alle: Kontakte reduzieren, viel weni-*

---

[471] Zit. wie ARD-Tagesschau, 17.10.2020; www.tagesschau.de/inland/rki-deutschland-fallzahlen-merkel-101.html

[472] Vgl. Sputnik Deutschland, 17.10.2020; https://de.sputniknews.com/deutschland/20201017328203208-merkels-neuer-corona-experte/

ger Menschen treffen. Wenn wir uns alle daran halten, werden wir alle zusammen die gewaltige Herausforderung auch bestehen.«[473]

Zwar forderten jetzt immer mehr Politiker eine legislative Kontrolle durch den Bundestag und die Länderparlamente, doch die rigiden Maßnahmen wurden nach wie vor von den Exekutivorganen angeordnet. Es traten strengere »Regeln« mit schärferen Sanktionen in Kraft: Abstands-, Kontakt- und Hygienevorschriften, Maskenzwang auch auf der Straße, Sperrstunden, Reise- und Beherbergungsverbote. Ministerpräsidenten nahmen weitreichende Eingriffe in die Bürgerrechte weiterhin per Verordnungen vor.[474] In mehreren Ortschaften in Bayern ordneten Bürgermeister Quarantäne an. Die Einhaltung der Verbote wurde von Polizei, Ordnungsämtern und Gesundheitsämtern streng überwacht, zur Nachverfolgung von Kontakten positiv Getesteter wurden bei den Gesundheitsämtern Soldaten der Bundeswehr eingesetzt, vereinzelt auch in Kindergärten.[475]

Aufschlussreich ist, was Bundespräsident Frank-Walter Steinmeier am 25. Oktober 2020 zum World Health Summit der Weltgemeinschaft der Gesundheitsexperten virtuell mitzuteilen hatte. An den Bildschirmen hatten sich Mediziner, Unternehmer, Politiker, Vertreter internationaler Organisationen usw. versammelt. Die entscheidende Frage bleibe immer noch unbeantwortet, sagte der Bundespräsident: *»Schaffen wir es wirklich, als Weltgemeinschaft zu handeln? Dazu bedarf es mehr als nur der Einsicht! Ich bin der Europäischen Kommission unter Frau von der Leyen und dem WHO-Exekutivdirektor Tedros Adhanom Ghebreyesus sehr dankbar für ihre führende Rolle, eine solche globale Allianz zu schmieden. Ebenso dem*

---

[473] www.bundeskanzlerin.de/bkin-de/mediathek/videos
[474] Vgl. www.merkur.de/bayern/corona-regeln-bayern-soeder-massnahmen-risikogebiet-pendler-oesterreich-zr-90078329.html
[475] Vgl. KenFm, 9.10.2020; https://kenfm.de/was-macht-die-bundeswehr-im-kindergarten-von-bernhard-loyen/

französischen Staatspräsidenten und der Bundeskanzlerin für ihre starke Unterstützung, schon im Frühjahr, zu Beginn der Pandemie, jedenfalls die Weichen richtig zu stellen. Ich bin den 168 Regierungen dankbar, die sich bis heute dem sogenannten Access to COVID-19 Tools Accelerator (ACT-A) angeschlossen haben.«[476]

Der Bundespräsident bedankte sich bei den Ländern, Unternehmen und Stiftungen, die sich in der Covax-Initiative[477] engagieren: *»Covax ist unsere beste Chance, einen weltweit fairen, transparenten und bezahlbaren Zugang zu Impfstoffen, Medikamenten und Diagnostik zu organisieren. Bis Ende 2021 sollen so über neunzig Ländern mit mittlerem und niedrigem Einkommen zwei Milliarden Impfdosen zur Verfügung gestellt werden.«*

Steinmeier blickte auch in die Zukunft: *»Der sogenannte ›Impfstoffmoment‹, der uns im Falle erfolgreicher Forschung bevorsteht, ist – wer wüsste das nicht unter Ihnen – medizinisch und logistisch enorm komplex und herausfordernd. Überdies ist er auch politisch voller Risiken und eine Wegscheide. Es hängt von unserem Handeln heute ab, wie die Welt nach der Pandemie aussieht.«*

Offensichtlich soll auch diese Zukunft von einer koordinierten Aktion gestaltet sein, was auf den vom Weltwirtschaftsforum propagierten »Great Reset« hinausliefe. Selbstverständlich ist Frank-Walter Steinmeier eingeweiht in diese Programmatik, ebenso wie Angela Merkel oder Ursula von der Leyen.

---

[476] www.bundespraesident.de/SharedDocs/Reden/DE/Frank-Walter-Steinmeier/Reden/2020/10/201025-World-Health-Summit.html
[477] Förderung der Entwicklung eines weltweit verfügbaren Corona-Impfstoffs. Vgl. www.forschung-und-lehre.de/politik/china-schliesst-sich-globaler-covax-impfstoff-initiative-an-3172/

Offene Fragen

Ohne Zweifel sind bei der Einhegung der Covid-19-Epidemie sowohl Grundrechtsverstöße, Panikmache und Fehlinformationen als auch ein überbordender Aktionismus der Bundesregierung und der Behörden zu registrieren. Geschürt durch willige Medien, war in weiten Bevölkerungskreisen so etwas wie eine Hysteriewelle entstanden, die nur sehr langsam wieder abebbte. Zeitungen, Hörfunk und Fernsehen brachten fast stündlich Meldungen über Getestete, Infizierte und Verstorbene, aber wesentliche Fragen zu Covid-19 wurden nicht beantwortet.

Zu fragen ist unter anderem, warum die Bundesregierung – wenn sie schon der Meinung war, dass eine Pandemie vorlag – nicht die in den letzten Jahren gewonnenen Erkenntnisse über derartige Katastrophen genutzt hat. Stattdessen wurden von verschiedensten Stellen hastig unterschiedliche Maßnahmen angeordnet, die wesentliche Bürgerrechte außer Kraft setzten und von denen man nicht wusste, ob sie sinnvoll und zweckmäßig waren.

Auch wurde die Frage nicht beantwortet, ob es sich bei SARS-CoV-19 um ein »natürliches« Virus handelt oder um ein Designervirus, also einen biologischen Kampfstoff. Nur für kurze Zeit wurde in den Medien die Frage nach dem Ursprung des Coronavirus erörtert, nachdem Anfang 2020 in der chinesischen Metropole Wuhan eine Epidemie ausgebrochen war. Verbreitet wurde die Legende, dass Fledermäuse, die angeblich auf dem Markt in Wuhan verkauft wurden, das Virus auf die Menschen übertragen hätten. Doch das ist von Fachleuten inzwischen ausgeschlossen worden.[478]

Der Investigativjournalist Dirk Pohlmann schreibt: »*Die Gruselgeschichten, dass Fledermäuse auf dem Markt in Wuhan verkauft wurden, und das Virus dort von Fledermäusen auf Menschen über-*

---

[478] Vgl. News Medical Life Sciences, 8.7.2020; www.news-medical.net/news/20200708/Research-sheds-doubt-on-the-Pangolin-link-to-SARS-CoV-2.aspx

gesprungen ist, sind Fake News. Es gibt in der chinesischen Küche keine Fledermaussuppe.«[479] Pohlmann weiter: *»Die allermeisten Wissenschaftler, so erfahren wir in den staatstragenden Medien, sind der Auffassung, dass das Virus natürlichen Ursprungs sei. Diese Einschätzung wird als ›wissenschaftlich‹ bezeichnet, jede andere als ›Verschwörungstheorie‹. Die Einschätzung nehmen Journalisten vor, die sich die ›richtigen‹ Experten für Interviews aussuchen und darüber entscheiden, welche Experten nicht interviewt werden dürfen…«*

Pohlmann stellt für den Fall, dass es sich bei SARS-CoV-19 um ein Designervirus handelt, die prekäre Frage, ob es unbeabsichtigt aus einem Labor der höchsten Sicherheitsstufe 4 entwichen ist oder, *»und das wäre der schlimmste Fall, wesentlicher Bestandteil der sogenannten ›Politischen Kriegführung‹, die mit der ›Psychologischen Kriegsführung‹ verwandt ist«.* Aber damit ist noch nicht geklärt, wer dann verantwortlich wäre.

US-Präsident Donald Trump sprach vom »Wuhan-Virus« oder dem »chinesischen Virus« und gab China die Schuld am Ausbruch der Pandemie. Sein Sicherheitsberater Robert O'Brien warf China vor, den Ausbruch zunächst vertuscht und damit wichtige Informationen längere Zeit zurückgehalten zu haben.[480] Dagegen erklärte der chinesische Außenamtssprecher Zhao Lijian, US-Militär könnte das Coronavirus nach Wuhan gebracht haben.[481] Für beide Versionen liegen keine Beweise vor.

Tatsache ist allerdings, dass im Oktober 2019 die Militärweltfestspiele in Wuhan stattfanden, an denen Soldaten aus aller Welt teilnahmen, darunter auch deutsche und eine größere Delegation aus den USA. Danach wurden mehrere Sportler krank, und die

---

[479] KenFM, 21.4.2020; https://kenfm.de/tagesdosis-21-4-2020-wuhan-virus-die-zweite/

[480] Vgl. FAZ, 15.3.2020; www.faz.net/aktuell/gesellschaft/gesundheit/coronavirus/usa-geben-china-schuld-an-corona-peking-droht-16679148.html

[481] Vgl. Der Tagesspiegel, 16.3.2020; www.tagesspiegel.de/politik/china-gibt-usa-die-schuld-am-ausbruch-des-coronavirus-wie-desinformation-in-zeiten-von-corona-funktioniert/25649432.html

Symptome wiesen auf das Coronavirus hin.[482] Merkwürdig ist auch, dass in den USA schon lange vor Ausbruch der Krankheit mit Coronaviren (auch in Zusammenhang mit biologischer Kriegsführung) experimentiert und Planspiele zur Eindämmung einer Epidemie durchgeführt wurden, an denen Führungskräfte aus Politik, Wirtschaft, Geheimdiensten und Militär beteiligt waren.[483] Bereits im November 2019 warnte der US-Medizin-Geheimdienst NCMI vor einem *»verhängnisvollen Ereignis«*, das bald geschehen würde, nämlich ein Ausbruch der Corona-Krankheit in Wuhan.[484] Und schon am 16. Januar 2020, als die Corona-Medienkampagne gerade erst begann, lag ein (nicht zugelassener und nach Wolfgang Wodarg ungeeigneter) PCR-Test zum Virusnachweis von Prof. Christian Drosten vor, der von der WHO weltweit empfohlen wurde.[485]

Es ergibt sich eine Gemengelage aus Fakten, Hinweisen und Vermutungen abseits der offiziell genannten Ursachen für die weltweite Corona-Krise. Dirk Pohlmann geht auf den französischen Nobelpreisträger Luc Montagnier[486] ein, der im französischen Fernsehen gesagt hat, er halte es für möglich, dass das SARS-CoV-2 im Labor entstanden sei. Montagnier wies darauf hin, dass in diesem Virus Erbmaterial von HIV enthalten ist, was nicht auf natürlichem Wege entstanden sein könne. Der Virologe sprach von einer hochprofessionellen Arbeit hinsichtlich der Veränderung eines Virus und vermutete, es könnte aus dem Virologischen Institut der Universität Wuhan (WIV) entkommen sein, wo an der Entwicklung eines AIDS-Impfstoffes geforscht wurde. Die Thesen Montagniers wurden jedoch nicht ernst genommen.

---

[482] Vgl. ARD-Sportschau, 8.5.2020; www.sportschau.de/weitere/wuhan-corona-miltaerfestspiele-superspreader-100.html

[483] Vgl. Wolfgang Effenberger 2020, S. 454 f. sowie Paul Schreyer 2020, S. 94 ff.

[484] Vgl. Paul Schreyer 2020, S. 114 f.

[485] Vgl. ebd., S. 115

[486] Montagnier erhielt 2008 den Nobelpreis für seine Forschungen zu HIV und AIDS.

Pohlmann weist des Weiteren auf eine Merkwürdigkeit hin: die nicht vorhandene mediale Aufbereitung von zwei wissenschaftlichen Arbeiten, die sich mit der Verbreitung des Virus beschäftigen: »*Beide teilen die über 50 bekannten Subtypen des SARS COV 2 Virus in verwandte Gruppen ein, die eine Arbeit in 5 Typen, die andere in 3, beide kommen zu dem Ergebnis, dass es nur einen Ausbruchsort gibt, wo alle Subtypen vorkommen: die USA. Bei der Arbeit, die von 5 Haplotypen des Virus ausgeht, ist in China nur 1 Subtyp vorhanden, außerdem nur noch in einem einzigen Patienten ein zweiter Subtyp.*«[487]

Demgegenüber hält ein Bericht der Informationsplattform *Swiss Policy Research* vom Juni 2020 die Frage nach dem Ursprung des Virus offen: »*Der Ursprung des neuen SARS-Coronavirus ist weiterhin unklar. Allerdings konnten Rechercheure mit Zugang zu chinesischen Dokumenten im Mai nachweisen, dass das am nächsten verwandte Coronavirus aus einer Bergbau-Mine in Südwest-China stammte, in der 2012 sechs Minenarbeiter an einer Covid-ähnlichen Lungenentzündung erkrankten und drei von ihnen starben.*«[488]

Die Erkrankung der Minenarbeiter sei mit dem neuen Covid-19 »*klinisch sozusagen identisch*«. Das Virologische Institut in Wuhan habe 2012 und 2013 Virenproben sowohl aus der Mine als auch aus dem Gewebe der verstorbenen Minenarbeiter erhalten, und es sei »*denkbar, dass diese im Herbst 2019 aus dem Labor entwichen*«. Insofern ist diese These identisch mit der Vermutung Montagniers. In der weit von Wuhan entfernten Mine gab es Fledermäuse mit SARS-artigen Viren, aber die Tiere kamen nicht auf den Markt in Wuhan, vielmehr dienten sie der Forschung im Virologischen Institut, wo seit 2011 auch Wissenschaftler der amerikanischen Gesundheitsbehörde CDC (Centers for Disease

---

[487] Vgl. KenFM, 21.4.2020; https://kenfm.de/tagesdosis-21-4-2020-wuhan-virus-die-zweite/
[488] Swiss Policy Research; https://swprs.org/covid-19-hinweis-ii/

Control and Prevention) und des amerikanischen Militärs tätig waren.[489]

Nach den vorhandenen Erkenntnissen ist eine genauere Analyse der Geschehnisse um die Corona-Pandemie 2020/21 bisher nicht möglich. Zu vieles liegt im Dunkeln, manches wird unterdrückt oder verschleiert, und ob in absehbarer Zeit mehr Licht in das Geschehen kommt, ist höchst zweifelhaft. Dirk Pohlmann, der sich unter anderem mit Machenschaften der Geheimdienste und des Militärs beschäftigt und dazu publiziert hat, blickt jedenfalls wenig hoffnungsvoll in die Zukunft. Er rechnet damit, dass die Entwicklungen, die jetzt stattfinden, dazu führen werden, »*dass sich Regierungen, Militärs und Geheimdienste Gedanken über die Einsatzmöglichkeiten neuartiger Biowaffen machen, die große Wirkung haben, aber anders sind als jede Biowaffe zuvor*«. Er geht davon aus, dass sie nicht auf größtmögliche Todesraten zielen, sondern auf Schäden für die Wirtschaft, »*man könnte sie disruptive Biowaffen nennen, bei deren Einsatz unklar bleibt, ob es sich um einen Einsatz handelt und wer dahinter steht*«.[490]

Lockdown-Strategie und Sterblichkeit

Bis Anfang 2021 herrschte relative Ruhe im Land. Die Gesellschaft hat sich 2020 in ihrem demokratischen Selbstverständnis grundlegend verändert, aber es regte sich verhältnismäßig wenig Widerstand. Die weitaus überwiegende Mehrheit der Bevölkerung unterwarf sich unkritisch, gehorchte den Anordnungen und fügt sich weiter (Stand: Januar 2021). Ob es bei wachsendem Leidensdruck so bleibt, ist abzuwarten. Jedenfalls soll die

---

[489] Dazu: Mathias Bröckers, Telepolis, 20.4.2020; www.heise.de/tp/features/pLai3-envLuc2-Wurde-mit-HIV-Pseudovirus-das-Coronavirus-fuer-den-Menschen-gefaehrlich-4705632.html
[490] KenFM, 24.3.2020; https://kenfm.de/tagesdosis-24-3-2020-wuhan-virus/

gesamte Bevölkerung in medizinischen Zentren »durchgeimpft« werden. Aber Experten wie Wolfgang Wodarg warnen vor unausgereiften »gentechnischen« Impfstoffen,[491] die für ungeheure Summen millionenfach eingekauft wurden (bisher hat man für Grippeimpfungen »biologische« Sera verwendet). Einen offiziellen Impfzwang wird es zwar voraussichtlich nicht geben, aber wer sich nicht impfen lässt, wird nicht mehr in vollem Umfang am öffentlichen Leben teilnehmen können, sich also letztlich doch impfen lassen müssen.

Die exponentielle Zunahme positiver Testergebnisse im Oktober, November und Dezember 2020, womit erneut drastische Zwangsmaßnahmen begründet wurden, wird von verschiedenen Seiten infrage gestellt. Wolfgang Wodarg ist nicht der einzige Wissenschaftler, der den PCR-Test, der zugrunde gelegt wird, für untauglich für die Feststellung von Seuchen hält. In einem Interview vom 20. November 2020 erklärte er, warum die Ergebnisse der Tests, die von etwa 180 Labors in Deutschland durchgeführt werden, willkürlich seien.[492] Des Weiteren begründet er, warum er die Corona-Pandemie für eine groß angelegte Täuschung und die staatlichen Maßnahmen für schädlich hält. Damit befindet er sich in weitgehender Übereinstimmung mit dem angesehenen Epidemiologen Prof. John Ioannidis von der Stanford Universität, der die Auffassung vertritt, Massenquarantäne sei *»viel schlimmer als alles, was das Coronavirus anrichten kann«*[493].

Auch in einer Untersuchung vom 14. November 2020 heißt es: *»Die Sterbefallzahlen sagen klar und deutlich: Es gibt und gab im Jahr 2020 keine Pandemie in Deutschland!... Das herausstechende Merkmal einer jeden echten Pandemie ist, dass in einem bestimm-*

---

[491] Vgl. KenFM, 9.11.2020; https://kenfm.de/die-impfaktion-nutzen-fuer-weni ge-schaden-fuer-viele-von-wolfgang-wodarg/

[492] Vgl. https://kenfm.de/kenfm-am-set-dr-wolfgang-wodarg-corona-und-der-pcr-test/

[493] www.youtube.com/watch?v=cwPqmLoZA4s (23.11.2020)

ten Zeitraum auffällig mehr Menschen sterben, als im statistischen Durchschnitt.«[494] Doch dafür gebe es keine Belege. Im Jahr 2020 habe es auch keinen *»signifikanten Anstieg in der Nutzung des Intensivbettenbereichs«* gegeben, wie von offizieller Seite und in den Medien behauptet wird. Das gehe eindeutig aus dem Intensivbettenregister des RKI hervor.[495]

Ende November 2020 warnte der ehemalige stellvertretende Vorsitzende des vom Bundesgesundheitsminister berufenen Sachverständigenrates zur Begutachtung der Entwicklung im Gesundheitswesen, Prof. Matthias Schrappe, in einem Interview vor einem *»unendlichen Lockdown«*. Es sei falsch, die Bevölkerung in Schrecken zu versetzen; der Hinweis auf Bergamo mache ihn fassungslos, weil das deutsche Gesundheitssystem nicht mit dem dortigen zu vergleichen sei.[496]

Zu konstatieren ist, dass die jährliche Sterberate in Deutschland bei durchschnittlich 2500 bis 2600 Toten pro Tag liegt, wie aus einer Sonderauswertung des Statistischen Bundesamtes vom 30. Dezember 2020 hervorgeht.[497] Das wirft die Frage auf, ob die staatlichen Zwangsmaßnahmen, die aufgrund von zweifelhaften Inzidenzwerten und angeblich übermäßig hohen Sterbezahlen getroffen wurden, berechtigt und sinnvoll waren. Denn die Sterbezahlen lagen im Jahr 2020 zumeist unter 2500 pro Tag. Und der Inzidenzwert geht von der Anzahl positiv Getesteter pro 100 000 Einwohnern innerhalb einer Woche aus. Aber je mehr Testungen durchgeführt wurden, desto höher war die Anzahl der positiv Getesteten. Dabei blieb unberücksichtigt, dass positiv Getestete nicht unbedingt mit SARS-CoV-2 infiziert oder krank

---

[494] Zit. wie https://peds-ansichten.de/2020/11/coronavirus-keine-pandemie-divi-rki/

[495] Vgl. ebd.

[496] Vgl. Bild, 25.11.2020

[497] Vgl. www.destatis.de/DE/Themen/Gesellschaft-Umwelt/Bevoelkerung/Sterbefaelle-Lebenserwartung/Tabellen/sonderauswertung-sterbefaelle-pdf.pdf?__blob=publicationFile, S. 28

sind. Daraus ergeben sich ernsthafte Zweifel an dem allen Maßnahmen zugrundegelegten Inzidenzwert und der Zweckdienlichkeit der staatlichen Zwangsmaßnahmen, wie auch überhaupt ihrer Verhältnismäßigkeit und damit ihrer Rechtmäßigkeit.

Der erste Lockdown begann am 23. März 2020 und reichte
bis etwa 15. Mai 2020, ohne dass sich die Lage änderte. Lediglich vom 6. bis 8. April lag die Sterberate insgesamt über 3000
Toten, am 8. April waren es 3157.[498] In der Sommerpause trat
eine gewisse Beruhigung ein, aber bereits am 2. November wurde
wegen erhöhter Inzidenzwerte für zwei Wochen ein sogenannter »Lockdown light« ausgerufen, der jedoch ebenfalls nichts
bewirkte. Nachdem dann am 23. November die Zahl der insgesamt Verstorbenen auf über 3000 gestiegen war, begann am
16. Dezember ein erneuter Lockdown, der in der Folge mehrmals verschärft wurde. Wieder zeigte sich keine Wirkung auf das
Krankheitsgeschehen.

Bezogen auf die Sonderauswertung des Statistischen Bundesamtes vom 20. Dezember 2020 zu den vorläufigen Sterbezahlen
in Deutschland, ergibt sich, dass die Sterblichkeit weit unter der
von 2017 und 2018 lag.[499] Das beweist, dass die Gefährlichkeit
von Covid-19 bei Weitem überschätzt wurde. Dennoch wurde
Mitte Januar 2021 ein weiterer, nochmals verschärfter Lockdown
angeordnet, weil die Inzidenzwerte und Todeszahlen stiegen. Dabei ist allerdings zu berücksichtigen, dass vermehrt getestet wurde, insbesondere die ältere und durch Vorerkrankungen belastete
Bevölkerung, und dass viele alte Menschen aus den Altenheimen
in Krankenhäuser eingewiesen wurden, wo sie starben.

Der Virologe Hendrik Streeck erklärte, die Inzidenzwerte vermittelten ein falsches Bild. Ziel von Bund und Ländern sei, mit

---

[498] Vgl. ebd., S. 10 ff.
[499] Vgl. https://de.wikipedia.org/wiki/COVID-19-Pandemie_in_Deutschland
(9.1.2021) sowie n-tv, 18.12.2020; www.n-tv.de/panorama/Deutschland-meldet-
Tageshoechstwert-an-Corona-Toten-article22246082.html

dem Lockdown die Inzidenz unter 50 zu drücken, also auf weniger als 50 Neuinfektionen pro 100 000 Einwohner in sieben Tagen. Dieser Grenzwert werde als wissenschaftlich vorgegeben wahrgenommen, sei jedoch tatsächlich von der Politik definiert.[500] Die Inzidenzangabe ist also – noch dazu aufgrund eines fragwürdigen PCR-Tests – ein willkürliches Zahlenspiel. Aber trotz aller Einwände verfolgte die Regierung ihre unwirksame Strategie unnachgiebig weiter.

Anfang des Jahres 2021 war die deutsche Bevölkerung in »Corona-Versteher« und »Corona-Kritiker« geteilt, und in Politik und Medien gab es kaum noch ein anderes Thema. Derweil wurde in den alternativen Medien vereinzelt ein Crash des Finanzsystems vorausgesagt: »*Fernab von dubiosen ›Verschwörungstheorien‹ deutet die Faktenlage an, dass eine nicht unübliche Mutation eines Sars-Grippevirus, der zwischenzeitlich in Fachkreisen den offiziellen Sars-Namen ›Sars-CoV-2‹ erhalten hat, dazu dient, Grundrechte ausser Kraft zu setzen, um unter Ausnutzung des staatlichen Gewaltmonopols die Menschen beherrschbar zu halten. Revolten, Banken-Run, Flucht in reale Werte oder Gelder rausschaffen aus der Eurozone kann verhindert werden, wenn die Bewegungsfreiheit der Menschen ausgeschaltet ist. ... Das Finanzsystem steht vor der Katastrophe.*«[501] Diese Ansicht vertraten Wirtschafts- und Finanzanalysten auch schon vor der Corona-Krise, so zum Beispiel der Börsenmakler und Fondsmanager Dirk Müller in seinem Buch »Machtbeben. Die Welt vor der größten Wirtschaftskrise aller Zeiten«.[502]

---

[500] Vgl. Stuttgarter Zeitung, 13.1.2021; www.stuttgarter-zeitung.de/inhalt.coronavirus-in-deutschland-virologe-streeck-inzidenzwert-vermittelt-voellig-falsches-bild.7bfadc7f-2e83-475a-8d50-f855473706bb.html

[501] Internetkanzlei, 4.12.2020; www.internetkanzlei.to/crash-des-finanzsystems-covid-19-lockdown-vs-buergerrevolten/ sowie ARD-Tagesschau, 1.12.2020; www.tagesschau.de/wirtschaft/boerse/banken-boerse-101.html

[502] München 2019, S. 17 und 226 mit weiteren Nachweisen

Teile und herrsche

Divide et impera – teile und herrsche – ist eine schon von den Römern angewandte Herrschaftsstrategie, die eine Gruppe oder ein Volk in zwei oder mehrere verfeindete Lager spaltet und damit leichter beherrschbar macht. Zum Beispiel wurden Deutschland, Korea, Vietnam, Zypern, Jemen und die Tschechoslowakei geteilt, Jugoslawien zergliedert, andere Staaten wie Afghanistan, Irak, Libyen oder die Ukraine wurden destabilisiert und ins Chaos gestürzt.

Insbesondere die CIA ist versiert in der Vorbereitung der sogenannten Farb- und Blümchenrevolutionen zur Herbeiführung eines aus wirtschaftlichen oder strategischen Gründen angestrebten Regimewechsels. Alles von der festgelegten Linie Abweichende, erst recht alles Kommunistische oder Sozialistische, soll als Teufelswerk ausgemerzt werden. Selbst in (sozial-)demokratisch organisierten Staaten wie Chile oder Jugoslawien wurden eigenständige Entwicklungen verhindert.

Die Gesellschaft, ihre Organisationen und sogar die Parlamente sind durchsetzt mit korrumpierten oder ideologisch befangenen Individuen, die nicht das Wohl der breiten Bevölkerung ihrer Länder im Blick haben. Im Hintergrund operiert eine kleine Gruppe von egomanischen Multimilliardären, die sich als Weltelite verstehen. Sie bestimmen weitgehend die überstaatliche Politik der westlichen Welt und sind verbunden mit Militärs, Geheimdiensten, Geldinstituten, Wirtschaftsunternehmen und weltweit gespannten Netzwerken, die alles durchwuchern und auf alles Einfluss nehmen.

Die Bill-und-Melinda-Gates-Stiftung verfügt über ein Kapital von 46,8 Milliarden US-Dollar. In die Open Society Foundations hat der US-Investor George Soros, der mit Börsenspekulationen zu seinem Reichtum gekommen ist, 18 Milliarden US-Dollar eingebracht. Und es gibt weitere sehr einflussreiche Stiftungen und Privatpersonen, die politischen Einfluss nehmen. Das Wirtschaftsmagazin *Forbes* listet einige der reichsten Personen der Welt mit ihren Vermögen wie folgt auf:

Jeff Bezos, USA	189,5 Mrd. Dollar
Bill Gates, USA	115,4 Mrd. Dollar
Bernard Arnault, Frankreich	114,8 Mrd. Dollar
Mark Zuckerberg, USA	98 Mrd. Dollar
Elon Musk, USA	93,5 Mrd. Dollar
Mukesh Ambani, Indien	85,2 Mrd. Dollar
Warren Buffett, USA	80,1 Mrd. Dollar
Larry Ellison, USA	78,9 Mrd. Dollar
Steve Ballmer, USA	72,4 Mrd. Dollar
Amancio Ortega, Spanien	67 Mrd. Dollar [503]

Während viele Menschen arbeitslos wurden oder ihre wirtschaftliche Existenz verloren, stieg das Gesamtnettovermögen der reichsten 638 Amerikaner in der Zeit vom 18. März bis 15. September 2020 von 2,947 Billionen Dollar um 846 Milliarden Dollar auf 3,793 Billionen Dollar.[504] Dass in diesen Kreisen Vorstellungen herrschen, die nicht mit denen der weitaus überwiegenden Bevölkerung übereinstimmen, liegt auf der Hand und zeigt sich immer wieder.

---

[503] Vgl. Handelsblatt, 7.10.2020; www.handelsblatt.com/unternehmen/management/forbes-liste-2020-das-sind-die-reichsten-menschen-der-welt/25725996.html?ticket=ST-4444277-tDuhdt9KCxZxqQJrKHpN-ap5

[504] Vgl. Inequality.org, 18.9.2020; https://inequality.org/billionaire-bonanza-2020-updates/

Offenbar sehen einige dieser »Geldaristokraten«, die nicht einmal 0,001 Prozent der Weltbevölkerung ausmachen, ihr Lebensziel, sozusagen ihren Auftrag darin, die Welt im Sinne ihrer neoliberalen, faschistoiden Ideologie für freien Handel, offene Grenzen und eine Weltbevölkerung unter einer ihnen gemäßen »Direktion« zu verändern. Ihr Garant ist das US-Militär, das den USA die Weltmachtstellung sichert (Full Spectrum Dominance). In diesem Bezugsrahmen ist den abhängigen Medien die Rolle von PR-Agenturen zugewiesen, und Geheimdienste wie CIA und NSA sind mit ihren Zehntausenden Agenten, Mitarbeitern, V-Leuten und Agents Provocateurs die mafiös-kriminelle Exekutive, die für Spaltung, Delegitimation und Unruhe sorgt und Gegner gegebenenfalls eliminiert.

Wahlen oder Volksabstimmungen sind ohnehin nur wirkungslose Spektakel, denn die fest im Griff gehaltenen Medien bestimmen durch ihre Propaganda den Ausgang. Das wird in den USA alle vier Jahre bei den Präsidentschaftswahlen vorgeführt. Viele Menschen dort denken, sie wählten tatsächlich. Aber wer nicht zum System gehört und nicht viel Geld in den Wahlkampf investiert, kommt als Kandidat von vornherein gar nicht infrage. Es findet eine Vorauswahl statt, und zumeist gewinnt, wer von den gesteuerten Medien propagiert wird und letztlich von dem aus 538 Mitgliedern bestehenden Wahlausschuss gewählt wird. Auch in Deutschland und anderen europäischen Ländern findet eine Vorauswahl statt, und die korrumpierten Medien sorgen dann für Mehrheiten.

Dass in den USA Donald Trump, ein ungebildeter, polternder Immobilien-Tycoon Präsident wurde, war sozusagen ein »Ausrutscher«. Er gehört zwar dem Geldadel an (geschätztes Vermögen nach *Forbes*: 2,5 Milliarden US-Dollar), wandte sich jedoch gegen die herrschenden Macht- und Geldeliten, auch Tiefer Staat genannt. Das machte ihn zum Staatsfeind Nr. 1. In einer Rede kurz vor seiner Wahl sagte Trump: »*Unserer Bewegung geht es da-*

rum, ein gescheitertes und korruptes politisches Establishment durch eine Regierung zu ersetzen, die von euch, dem amerikanischen Volk, kontrolliert wird. Das Washingtoner Establishment, sowie die Finanz- und Medienunternehmen, die es finanzieren, existieren nur aus einem Grund: um sich selbst zu schützen und zu bereichern! Die, die in Washington Macht haben, und die Lobbyisten verbünden sich mit Menschen, die nicht euer Glück im Blick haben. Unsere Kampagne steht gegen eine echte, existenzielle Bedrohung, wie sie sie noch nicht zuvor gesehen haben! Hier geht es nicht nur um eine Wahl für vier Jahre. Dies ist ein Scheideweg unserer Zivilisation. ... Die Medien in unserem Land haben nichts mehr mit Journalismus zu tun, sie sind politische Interessenvertretungen ...«[505]

Donald Trump wusste offensichtlich, was vorgeht. Seine Ansicht korrespondiert im Kern mit der »Warnung der Kardinäle«[506] vom Mai 2020 und der Einschätzung des als Verschwörungstheoretiker diskreditierten Investigativjournalisten Ken Jebsen.[507] Der Publizist und Buchautor Werner Rügemer sagte dazu in einem Interview: *»BlackRock & Co arbeiten ja schon lange am großen ›Reset‹. ... Mit den ›Corona‹-Rettungsprogrammen geht das weiter. Im Weltwirtschaftsforum wird eine private globale Gegenmacht aufgebaut, bei der die westlichen Regierungen, die EU, die Weltbank und die UNO lediglich assistieren sollen – so jedenfalls die Absicht.«[508]*

Auch der Rechtsanwalt und Umweltaktivist Robert F. Kennedy jr., Sohn des ermordeten ehemaligen US-Justizministers und Neffe des ermordeten US-Präsidenten John F. Kennedy, sprach in einer Rede am 24. Oktober 2020 vom *»Kampf um die Rettung*

---

[505] Diese Rede wird es so nie in den Medien geben. YouTube, 24.10.2016; www.youtube.com/watch?v=mX19dy5_08o (2.11.2020)

[506] Dazu das Kapitel »Warnung vor der Dominanz der Kapitaleliten«

[507] Vgl. Ken Jebsen: Gates kapert Deutschland!, 4.5.2020; https://kenfm.de/gates-kapert-deutschland/

[508] Deutsche Wirtschaftsnachrichten 23.9.2020; https://deutsche-wirtschafts-nachrichten.de/506472/Der-Great-Reset-wird-von-Blackrock-gesteuert-Die-Staaten-duerfen-nur-assistieren

von Demokratie und Freiheit und um die Freiheit und Würde des Menschen vor diesem totalitären Kartell, das versucht, uns gleichzeitig in jeder Nation der Welt die Rechte zu rauben, mit denen jeder Mensch geboren ist«.[509]

Das alles mag »verschwörungstheoretisch« anmuten. Aber selbst der Begriff »Verschwörungstheorie« ist eine Erfindung der Spindoktoren der CIA. Wer sich nicht anpasst, wird mit schwerwiegenden Folgen als Verschwörungstheoretiker, Antiamerikaner, Antisemit, Russlandfreund, Putinversteher usw. diffamiert. Es dürfte schwer sein, diese seit Jahren systematisch betriebene Entwicklung zu beenden. Doch ohne eine grundlegende Änderung wird die Menschheit – falls sie überhaupt noch eine Überlebenschance hat – kollektiver Lethargie und Unfreiheit verfallen. Eine ernüchternde Analyse! Aber eine andere Perspektive ist unter den gegebenen Verhältnissen nicht erkennbar.

Wie sehr auch die deutsche Bundesregierung in den Prozess globaler Fremdbestimmung einbezogen ist, wird vielen Menschen immer mehr bewusst. Kürzlich wurde bekannt, dass Bundeskanzlerin Angela Merkel auf die Einführung eines neuen globalen EU-Sanktionsmechanismus nach US-Vorbild dringt. Damit wird sie bei der Kommissionspräsidentin Ursula von der Leyen ein offenes Ohr finden.

German Foreign Policy berichtet am 16. Juli 2020 »Aus der Folterkammer des Wirtschaftskriegs«: »*Man wolle sich in diesem Halbjahr dafür einsetzen, ›die Kapazitäten‹ der Union ›zur Verhängung und Umsetzung von Sanktionen zu erweitern‹, heißt es im Programm für die aktuelle deutsche EU-Ratspräsidentschaft. Bereits im vergangenen Jahr hatten die EU-Außenminister die Arbeiten an einem EU-Gesetz auf den Weg gebracht, das offiziell Menschenrechtsverletzungen bestrafen soll. Faktisch richtet es sich nur gegen Funktionsträger gegnerischer Staaten und schont verbündete Men-*

---

509 Zit. wie www.nrhz.de/flyer/beitrag.php?id=27107

schenrechtsverbrecher, dient also, wie sein US-Sanktionsvorbild, als Instrument im globalen Machtkampf. Es ergänzt ein wucherndes EU-Sanktionsregime, das sich schon jetzt etwa gegen Russland, Syrien und Venezuela richtet und mitverantwortlich für die massive Mangelversorgung einiger betroffener Länder ist.«[510]

Während der Corona-Krise hat die EU eine ganze Reihe von Zwangsmaßnahmen verlängert und sie zum Teil ausgeweitet. Das betrifft etwa das EU-Sanktionsregime gegen Russland und Weißrussland. Aber auch im Iran, in Georgien, Mazedonien, Venezuela, Syrien, Myanmar, Hongkong, Nordchina und anderen Orten wird nach Maßgabe der USA intrigiert und gespalten. Vom Internationalen Strafgerichtshof kann kein US-Amerikaner bestraft werden, auch nicht für Kriegsverbrechen, weil die USA dem Gericht nicht beigetreten sind und Urteile nicht anerkennen beziehungsweise verhindern.

Inzwischen hat es die Führungselite der USA mit ihren Handlangern und der NATO geschafft, nicht nur Europa zu teilen, sondern auch die Europäische Union zu spalten. Auf der Seite der US-Bellizisten, die gegen Russland mobilmachen, stehen dessen Anrainerstaaten Polen, Estland, Lettland, Litauen, Bulgarien und Rumänien. In diesen Ländern wird eine gewaltige Militärmaschinerie aufgebaut, die angeblich der Verteidigung dienen soll, in Wirklichkeit jedoch Russland existenziell bedroht und damit – bei einer militärischen Auseinandersetzung – ganz Europa.

---

[510] www.german-foreign-policy.com/news/detail/8336/

Letzte Meldungen

Die britische Labour-Partei hat ihren ehemaligen Vorsitzenden Jeremy Corbyn suspendiert. Nach Aussage einer Parteisprecherin geschah dies wegen seiner Kommentare zu einer Antisemitismus-Untersuchung in der Partei und seinem »Versagen« beim Kampf gegen Antisemitismus. Auch die Mitgliedschaft in der Unterhausfraktion von Labour wurde Corbyn entzogen.[511]

Dazu Albrecht Müller: »*Jeremy Corbyn, der Hoffnungsträger vieler Menschen in Großbritannien und darüber hinaus, darf nicht mehr Mitglied der Labour-Fraktion sein. Zuvor hatte man ihn schon als Labour-Chef mit dem gleichen Antisemitismus-Spiel entmachtet. Dieser Vorgang ist Teil eines grandiosen und weltweiten Spiels: Zum einen werden die sozialdemokratischen und sozialistischen, also die linken Parteien, in den meisten Ländern systematisch umgedreht und ruiniert. Zum andern gibt man sich mithilfe eines ›streitbaren‹ Kampfes gegen Rechts ein linkes Image. Siehe Merkel, siehe Macron und all ihre Unterstützer in den großen Unternehmen, Finanzkonzernen, den Milliardären und Geheimdiensten dieser Welt.*«[512]

Oskar Lafontaine: »*Im Verein mit den Kräften in Wirtschaft, Politik, und Medien, die ein soziales Großbritannien, in dem die wachsende Ungleichheit wieder abgebaut werden soll und Steuergerechtigkeit herrscht, verhindern wollen, sind die Anhänger Blairs unter Führung von Corbyns Nachfolger als Parteichef, Keir Starmer, dabei, die traditionsreiche Labour-Party endgültig zu zerstören. ...*

---

[511] Vgl. ARD-Tagesschau, 29.10.2020; www.tagesschau.de/ausland/corbyn-labour-105.html

[512] NachDenkSeiten, 30.10.2020; www.nachdenkseiten.de/?p=66373

Wenn schon Rauswurf wegen parteischädigenden Verhaltens, dann hätte als erster der Kriegsverbrecher Tony Blair rausgeworfen werden müssen, dem das Volk einst den ›Ehrentitel‹ Bushs Pudel verlieh.«[513]

Die staatlichen Zwangsmaßnahmen, mit denen die Ausbreitung des Coronavirus eingedämmt werden sollten, haben Millionen Menschen in Deutschland den Verlust ihrer wirtschaftlichen Existenz gekostet. Viele mittlere Betriebe sind in die Insolvenz gegangen, Theater, Buchhandlungen, Bibliotheken und sonstige Kultureinrichtungen und Veranstaltungsorte mussten monatelang schließen, sogenannte Soloselbstständige konnten von ihrer Arbeit nicht mehr leben.

Derweil lebt es sich ausgesprochen angenehm im Dienste der öffentlich-rechtlichen Medien. Zu erfahren war, dass Christine Strobl (CDU), die Tochter des Bundestagspräsidenten Wolfgang Schäuble und Ehefrau des baden-württembergischen Innenministers Thomas Strobl, als Nachfolgerin des ARD-Programmdirektors Volker Herres ab 1. Mai 2021 mit einem Monatsgehalt von 33 000 Euro belohnt wird. Das hat sie neun ARD-Intendanten zu verdanken, unter anderem dem ehemaligen Chefredakteur von ARD-aktuell Kai Gniffke mit einem Monatsgehalt von 28 000 Euro. Auf ähnliche Gehälter kommen die übrigen Intendanten. Der ARD-Vorsitzende Tom Buhro verdient sogar rund 33 000 Euro im Monat, der Moderator des Heute-Journals Claus Kleber nach Recherchen der *Süddeutschen Zeitung* rund 50 000 Euro monatlich. Unterdessen sollen die Zwangsbeiträge für den Rundfunkempfang von 17,50 auf 18,36 Euro monatlich erhöht werden.

---

[513] Zit. wie ebd. Drei Wochen später wurde die Suspendierung aufgrund des Drucks aus der Parteibasis rückgängig gemacht.

Der Journalist und Herausgeber des kritischen Internetportals KenFM, Ken Jebsen, hat mitgeteilt, dass er Berlin, wo sich sein Studio befindet, verlässt. Er wurde in den Mainstream-Medien diffamiert, von ihm produzierte Videos, die zum Teil Millionen Aufrufe erhalten haben, wurden von YouTube gesperrt, auf ihn wurde ein Attentat verübt, er und seine Familie werden bedroht. Er begründete seinen Schritt wie folgt: *»Der digitale Raum in der Corona-BRD wird täglich enger. Zensur ist inzwischen alltäglich und macht freien Journalismus zu einem Spießrutenlauf. KenFM gehört im deutschsprachigen Raum zu den reichweitenstärksten Presseportalen und wird in Berlin immer massiver behindert. ... Wenn wir Gäste einladen, werden deren spätere Vorträge im öffentlichen Raum verhindert. Studios zu bekommen, um Gäste vor Publikum zu interviewen, ist nahezu unmöglich geworden. Und zu allen Überfluss löscht und sperrt YouTube willkürlich unsere Veröffentlichungen.«*[514] Am 19. November 2020 wurden KenFM sowie die Internetmedien Sputnik Deutschland, NuoViso und Rubikon von YouTube (Tochtergesellschaft von Google) komplett gelöscht.

Die zweite Corona-Welle kam im Herbst 2020. Sie führte europaweit zu neuen Zwangsmaßnahmen, die von der Bevölkerung nicht mehr mitgetragen wurden, wie zum Beispiel aus der Aussage einer jungen Pariserin über das »confinement 2« hervorgeht: *»Ich verstehe das nicht – ich darf abends mit meinem Freund kein Bier trinken gehen, mit dem ich morgens in der überfüllten U-Bahn zu einem Arbeitsplatz fahre, der nicht ausreichend gesichert ist.«*[515] In ganz Europa wird gegen die »Epidemie-Diktatur« demonst-

---

[514] KenFM, 27.10.2020; https://kenfm.de/kenfm-verlaesst-berlin/
[515] LabourNet Germany, 2.11.2020; www.labournet.de/interventionen/wipo-gegenwehr/eu/das-europaweite-diktat-geht-arbeiten-und-gehorcht-stoesst-auf-wachsenden-widerstand-von-lissabon-bis-ljubljana-europa-rebelliert-gegen-kapitalistische-epidemie-diktatur/

riert. Doch die meisten Menschen in Deutschland befinden sich gegen Ende 2020 nach wie vor in Schockstarre und der Bundestag im Tiefschlaf. Nur vereinzelt regte sich Widerspruch gegen die diktatorischen Maßnahmen der Bundesregierung, die weiterhin Sanktionen gegen die eigene Bevölkerung und andere Staaten aufrechterhält.

Die Kosten der Pandemie werden allein für Deutschland auf etwa 1,5 Billionen Euro geschätzt.[516] Kanzlerin Merkel und ihre Minister geben die Millionen mit vollen Händen aus, als gehörten sie ihnen. Offenbar kann Geld beliebig nachgedruckt werden, es fragt sich nur, wie lange. Die Fakten lassen den Schluss zu, dass Deutschland und die EU zu den großen wirtschaftlichen Verlierern der Post-Corona-Ära zählen werden.

Neue Kampfflugzeuge für die Bundeswehr. Anfang November stimmte der Verteidigungsausschuss des Bundestages der Anschaffung von 38 Eurofightern für etwa 5,5 Milliarden Euro zu.[517] Insgesamt sollen 90 Eurofighter und 45 US-amerikanische F-18-Mehrzweckkampfflugzeuge angeschafft werden. Die F-18-Jets der Firma Boeing sollen die »nukleare Teilhabe« Deutschlands dadurch gewährleisten, dass im Kriegsfall auf US-Atomwaffen zugegriffen werden kann, *»also deutsche Jets US-Nuklearwaffen transportieren könnten«*[518]. Der Verteidigungsetat für 2020 ist um etwa zwei Milliarden Euro auf 45,2 Milliarden Euro gestiegen und soll weiter erhöht werden.

---

[516] Vgl. Zeit Online, 18.10,2020; www.zeit.de/politik/deutschland/2020-10/coronavirus-krise-kosten-gesundheitssystem-konjunkturprogramme-wirtschaft-wiederaufbau

[517] Vgl.www.spiegel.de/politik/deutschland/eurofighter-verteidigungsausschuss-stimmt-fuer-beschaffung-von-38-neuen-kampffliegern-a-72fb270f-1558-4371-97db-5ec0d17fb1c3

[518] ARD-Tagesschau, 21.4.2020; www.tagesschau.de/inland/bundeswehr-eurofighter-f18-101.html

Das Infektionsschutzgesetz wurde am 18. November 2020 – begleitet von Demonstrationen vor den Regierungsgebäuden – vom Bundestag im Eilverfahren durch ein »Drittes Gesetzes zum Schutz der Bevölkerung bei einer epidemischen Lage von nationaler Tragweite« geändert. Der Bundesrat hat noch am selben Tage zugestimmt, und der Bundespräsident stand zur Unterschrift bereit. Eingefügt wurde ein Paragraf 28a. Die umstrittenen Zwangsmaßnahmen zur Eindämmung der Corona-Pandemie sollen künftig per Verordnung zulässig sein, unter anderem Maskenpflicht, Schließung von Geschäften und Betrieben, Betriebs- und Gewerbeuntersagungen, Übernachtungsverbote, Schul- und Kitaschließungen, Einschränkung für die Gastronomie, Erhebung von Kontaktdaten der Kunden, Gäste oder Veranstaltungsteilnehmer, Beschränkungen für Kultur- und Freizeiteinrichtungen sowie Verbote von Sportveranstaltungen.[519] Damit wollte der Gesetzgeber im Nachhinein das, was bisher an Grundrechtseinschränkungen rechtswidrig war, legalisieren. Künftig kann der Normalfall jederzeit zur Pandemie erklärt werden, und zwar mit sämtlichen genannten Eingriffen in die bürgerlichen Freiheiten.

Der Inhalt des Gesetzentwurfs veranlasste die Dortmunder Rechtsanwältin Ivett Kaminski, einen Brief an die Bundestagsabgeordneten zu schreiben, in dem es hieß: »*Die geplanten Maßnahmen sind extrem weitreichend, gehen über 38 Seiten und betreffen nahezu alle Bereiche des Lebens. In dem Text finden Sie Passagen, die an schlimmste Diktaturen erinnern. Wenn dieses Gesetz so durch den Bundestag geht, ist die Demokratie meiner Meinung nach faktisch abgeschafft.*«[520] Der ehemalige Präsident des Bundesverfassungsgerichts, Hans-Jürgen Papier, nannte den Entwurf des 3. Infek-

---

[519] Vgl. ARD-Tagesschau; www.tagesschau.de/inland/infektionsschutzgesetz-105.html. Einzelheiten: NachDenkSeiten, 5.11.2020; www.nachdenkseiten.de/?p=66594
[520] Zit. wie www.ac-frieden.de/2020/11/06/brief-der-ra-ivett-kaminski-an-die-bundestagsabgeordneten/

tionsschutzgesetzes einen »Persilschein« für die Aushebelung der Grundrechte der Bevölkerung.[521] Es wird Klagen vor dem Bundesverfassungsgericht geben.

Der bayerische Ministerpräsident Markus Söder will Querdenken 711 vom Verfassungsschutz überwachen lassen. In einem Interview mit dem *Münchner Merkur* sagte er: *»Es entwickelt sich ein wachsendes Konglomerat von Rechtsextremen, Reichsbürgern, Antisemiten und absurden Verschwörungstheoretikern, die der Politik sogar Satanismus vorwerfen«*.[522] Der Verfassungsschutz müsse diese Entwicklung *»genau unter die Lupe nehmen«*. Er warnte: *»Jeder sollte genau hinschauen, mit wem man demonstriert.«* Offensichtlich sollen damit Demonstrationen schon im Ansatz verhindert werden.

Am 18. November 2020 ging die Polizei bei einer Demonstration in Berlin gegen das dritte Infektionsschutzgesetz mit Wasserwerfern, Tränengas und Kampfhunden gegen Tausende fried-

Berlin, 18. November 2020: Mit Wasserwerfern gegen friedliche Demonstranten, während im Parlament die Ergänzungen zum Infektionsschutzgesetz von den großen Parteien quasi durchgewunken wurde

---

[521] Vgl. https://rsw.beck.de/aktuell/daily/meldung/detail/papier-kritisiert-neues-corona-gesetz-als-persilschein-fuer-regierung

[522] ARD-Tagesschau, 13.11.2020; www.tagesschau.de/inland/soeder-querdenker-verfassungsschutz-101.html

licher Demonstranten vor – angeblich wegen Nichteinhaltung der Auflage, einen Mund-Nasen-Schutz zu tragen.[523] Zugleich wurden von den Medien Polizeieinsätze bei Demonstrationen in Weißrussland scharf verurteilt.

Am 9. Dezember 2020 wurde bekannt, dass Querdenken 711 in Baden-Württemberg bereits vom Verfassungsschutz beobachtet wird. Es gebe erste Anhaltspunkte für eine extremistische Bewegung, erklärte Innenminister Thomas Strobl.[524] Der Initiator von Querdenken Michael Ballweg sieht in den Angriffen *»einen weiteren Versuch der Regierung, friedliche Demonstranten einzuschüchtern«.*[525]

Bundesgesundheitsminister Spahn lässt Corona-Impfzentren einrichten. Es gebe Anlass zu Optimismus, sagte er am 23. November 2020 und fügte hinzu: *»Ich bin überzeugt, wenn wir gemeinsam diesen harten schwierigen Corona-Winter hinter uns gebracht haben, wird auch die Bereitschaft steigen, dieses Impfangebot anzunehmen und sich impfen zu lassen.«*[526] Offenbar mit dem Ziel, mehr Druck auszuüben, wurden die staatlichen Maßnahmen verschärft. Deutschland sicherte sich mehr als 300 Millionen Impfdosen. Die Impfstoffhersteller beantragten EU-Zulassungen, darunter Biontech/Pfizer, Moderna, AstraZeneca und CureVac. Über die Kosten der Impfstoffe und der Investitionen in die Forschung herrscht weitgehend Stillschweigen.

Experten, die nicht mit der Corona-Politik der Regierung übereinstimmen, warnten vor nicht einschätzbaren Nebenwirkungen

---

[523] Vgl. https://kenfm.de/kenfm-am-set-demo-berlin-18-11-2020-teil-2-aufloesung-wasserwerfer-eskalation/

[524] Vgl. ARD-Tagesschau, 10.12.2020; www.tagesschau.de/inland/querdenker-gewaltbereitschaft-steigt-101.html

[525] KenFM, 9.12.2020; https://kenfm.de/pressemitteilung-querdenken-711-stuttgart-stellungnahme-richtigstellung-verfolgung-durch-den-verfassungsschutz-baden-wuerttemberg/

[526] Zit. wie RT Deutsch, 23.11.2020; https://deutsch.rt.com/inland/109560-spahn-optimistisch-harter-corona-winter/

durch genbasierte Covid-19-Impfstoffe mit Notzulassung.[527] Aber kritische Stimmen werden unter Einsatz von Suchmaschinen gelöscht. Wie bekannt wurde, nehmen EU-Organisationen, Militär und Geheimdienste die Corona-Krise zum Anlass, in massiver Weise Zensur auszuüben und zu intensivieren.[528]

Geplant ist ein digitaler Gesundheitspass für den internationalen Flugverkehr, der als Impfpass dienen soll. Die *Deutschen Wirtschaftsnachrichten* berichteten am 25. November 2020: *»Die Reisefreiheit wird voraussichtlich an diesen Pass gekoppelt sein. Ein diesbezügliches Projekt wurde mit Hilfe der Rockefeller Stiftung ins Leben gerufen. Das Weltwirtschaftsforum wirbt für das Projekt.«[529]*

Einen harten Lockdown für Sachsen kündigte Ministerpräsident Michael Kretschmer (CDU) bereits am 11. Dezember 2020 an und erklärte, es brauche nun *»ganz klare, autoritäre Maßnahmen des Staates«,* um die medizinische Versorgung im Land zu gewährleisten.[530] Auch in Baden-Württemberg wurden am 12. Dezember 2020 ganztägige Ausgangsbeschränkungen angeordnet. Ministerpräsident Winfried Kretschmann (Grüne, früher KBW) sagte am 11. Dezember 2020: *»Leute, bleibt zu Hause, es sei denn, ihr müsst etwas erledigen, das wichtig ist!... Es geht zum Schluss auch um Leben und Tod.«[531]*

---

[527] Vgl. KenFM, 26.11.2020; https://kenfm.de/der-covid-19-impfstoff-notfall zulassung-ohne-kenntnisse-ueber-wirkung-oder-gefaehrdungen-von-bernhard-loyen/, mit weiteren Nachweisen

[528] https://norberthaering.de/medienversagen/militaer-geheimdienste-zensur-youbute-impfungitung-der-internet-zensur/

[529] https://deutsche-wirtschafts-nachrichten.de/507796/Reisen-nur-noch-mit-Corona-Impfung-Digitaler-Gesundheitspass-wird-zur-Realitaet

[530] Zit. wie www.bild.de/geld/wirtschaft/wirtschaft/lockdown-in-sachsen-kret schmer-fordert-ganz-klare-autoritaere-massnahmen-74430122.bild.html (14.12.2020)

[531] Zit. wie www.swr.de/swraktuell/baden-wuerttemberg/baden-wuerttemberg-verschaerfung-corona-auflagen-100.html (14.12.2020)

Zu einem Wirtschaftsabkommen der EU mit China kam es überraschend Ende 2020 unter Nutzung des »Interregnums« in den USA.[532] Danach werden europäische Unternehmen künftig leichter in China investieren können, worüber schon seit Jahren verhandelt wurde. Aber der »grundsätzlichen Einigung« sollen weitere Verhandlungen folgen; mit einem endgültigen Abschluss wird erst 2022 gerechnet. Insofern scheint dieses Grundsatzabkommen nur ein erster vorsichtiger Schritt auf dem Wege einer eigenständigen China-Politik der EU zu sein, und es bleibt abzuwarten, wie sich die US-Regierung unter Joe Biden dazu verhalten wird. Immerhin deutete sich hier an, dass die EU in der Lage ist, außenpolitische Entscheidungen unabhängig von den USA zu treffen.

Angela Merkel stellte in einem Onlinebürgerdialog mit Studierenden am 15. Dezember 2020 die rhetorische Frage: *»Wie verabschiedet man sich eigentlich aus der Welt der Fakten und gerät in eine Welt, die sozusagen eine andere Sprache spricht und die wir mit unserer faktenbasierten Sprache gar nicht erreichen können?«* Gemeint waren »Corona-Leugner« und die Querdenker. Deren verschwörungstheoretische Denkweise sei ein *»Angriff auf unsere ganze Lebensweise«.* Das übliche Argumentieren helfe bei Anhängern solcher Denkmuster nicht weiter, da gebe es *»eine richtige Diskussionsverweigerung«.* Sie setzte hinzu: *»Trotzdem sind wir ein tolerantes Land.«* Doch es werde sehr schwer, derartige Realitätsverweigerer wieder in die Welt des gegenseitigen Zuhörens zu führen, das werde *»vielleicht auch eine Aufgabe für Psychologen sein«.*[533]

In ihrer Neujahrsansprache vom 31. Dezember 2020, in der sie hauptsächlich über die Corona-Krise sprach, griff Merkel noch-

---

[532] Vgl. www.zdf.de/nachrichten/wirtschaft/investitionsabkommen-china-eu-100.html (30.12.2020)

[533] www.bundeskanzlerin.de/bkin-de/aktuelles/buergerdialog-studierende-18 29030 (15.12.2020); vgl. auch Spiegel Online, 15.12.2020; www.spiegel.de/wissenschaft/corona-news-am-dienstag-15-12-2020-rki-meldet-14-432-neuinfektionen-und-500-weitere-todesfaelle-a-fc68d04d-0186-4b5a-b993-bf602f0f6f3a

mals die Kritiker ihrer Politik auf intrigante Weise mit scharfen Worten an, ohne auf etwaige Verschwörungen einzugehen: »*Ich kann nur ahnen, wie bitter es sich anfühlen muss für die, die wegen Corona um einen geliebten Menschen trauern oder mit den Nachwirkungen einer Erkrankung sehr zu kämpfen haben, wenn von einigen Unverbesserlichen das Virus bestritten und geleugnet wird. Verschwörungstheorien sind nicht nur unwahr und gefährlich, sie sind auch zynisch und grausam diesen Menschen gegenüber.*«[534]

Der Publizist und ehemalige Offizier der Bundeswehr Wolfgang Effenberger fragt, für wen Merkel 2005 auf der Festveranstaltung zum 60. Geburtstag der CDU »*einen Wechsel zu neuer Freiheit*« gefordert habe: »*Für multinationale Konzerne? Für einen ungebremsten Kapitalismus? Auf jeden Fall nicht für die Normalbürger, denn sie erklärte, Deutschland habe keinen Rechtsanspruch auf Demokratie und soziale Marktwirtschaft für alle Ewigkeit. Das hätte hellhörig machen müssen.*« Der Verdacht liege nah, so Effenberger, dass die Corona-Pandemie »*als Vehikel benutzt wird, einen Überwachungsstaat zu etablieren und Kritiker mundtot zu machen.*« Das sei nicht nur »*ein verdeckter Übergang in eine mögliche Diktatur*«, sondern habe auch noch den Vorteil, »*dass die Maßnahmen von einem Großteil der Bevölkerung mitgetragen werden*«.[535]

Ob die Vermutung, dass Deutschland auf diese Weise an der Seite der USA für einen Krieg gegen Russland mobilgemacht werden soll, eine Verschwörungstheorie ist, wird sich in nächster Zeit erweisen.

Alexej Nawalny hat während seiner »Rekonvaleszenz« im Geheimen in den »Blackforest Studios« in Ibach/Schwarzwald wochenlang an einem Propagandafilm über einen Luxuspalast Putins am Schwarzen Meer gearbeitet, so berichtete der *Schwarz-*

---

[534] www.bundeskanzlerin.de/bkin-de/mediathek/bundeskanzlerin-merkel-aktuell
[535] Cashkurs, 17.12.2020; www.cashkurs.com/demokratieplattform/beitrag/merkels-kampfansage/

wälder Bote am 22. Januar 2021.[536] Das geschah unter Begleitschutz unter den Augen von Politik und Medien mit Unterstützung aus den USA und einem professionellen Mitarbeiterstab. Wie Investigativjournalisten herausfanden, handelt es sich um einen ungeheuerlichen Betrug.[537] Der angebliche Palast Putins mit kostbar eingerichteten Gemächern ist eine noch im Rohbau befindliche Hotelanlage. In dem Film, der in Russland millionenfach gesehen wurde und zu Massendemonstrationen führte, wird Putin unterstellt, er habe sich mit staatlichen Geldern ein »Zarenschloss« errichten lassen.

Die deutsche Regierung und die Geheimdienste haben die Filmproduktion offensichtlich unterstützt, obwohl Nawalny nach deutschem Recht unverzüglich hätte ausgewiesen werden müssen. Die stattdessen erhobenen Forderungen nach seiner Freilassung aus der Haft erscheinen vor diesem Hintergrund gewissenlos, zumal Nawalny zu Recht wegen der Verletzung von Bewährungsauflagen inhaftiert wurde und eine Bewährungsstrafe antreten musste. In voller Absicht wurde eine Propagandakampagne gegen den russischen Präsidenten inszeniert, die umso niederträchtiger ist, als sie darauf angelegt ist, die Bevölkerung gegen Wladimir Putin mit dem Ziel eines Regime Changes in Russland aufzuhetzen.

---

536 www.schwarzwaelder-bote.de/thema/Alexej_Nawalny
537 https://youtu.be/qalJPNmBbhE (17.02.2021) sowie https://youtu.be/0yZeD XnB7tk (29.01.2021)

Resümee und Schlussfolgerungen

Deutschland steht nach wie vor unter Kuratel. 1945 wurden nach der bedingungslosen Kapitulation des Deutschen Reiches die Weichen von den Siegermächten, insbesondere den USA gestellt, das Land zerstückelt und als Frontstaat gegen die UdSSR positioniert. Ein Friedensvertrag fehlt bis heute, und während Russland nach Abschluss des Zwei-plus-Vier-Vertrags vom 12. September 1990 seine Truppen vollständig abgezogen hat, blieben US-Stützpunkte (zum Teil mit Atomwaffen) weiter bestehen.

Auch Besatzungsrecht ist durch Sonderverträge noch immer in Kraft. So haben die USA aufgrund eines Zusatzabkommens zum Truppenstationierungsvertrag zum Beispiel das Recht, die Kommunikation in Deutschland zu überwachen. Davon machen NSA und CIA, um nur zwei der US-amerikanischen Geheimdienste zu nennen, ungehemmt Gebrauch. Ohnehin ist trotz Geheimhaltung evident, dass sie machen, was sie wollen. Ebenso rigoros geht die US-Regierung vor, die sogar Gesetze erlässt, mit denen sie in innerstaatliche deutsche Angelegenheiten eingreift. Es wird schwer sein, sich aus dieser gezielt entwickelten Vormundschaft zu befreien, aber es ist möglich – nur nicht mit der amtierenden Regierung.

Der Einzug der neoliberalen Ideologie und Praxis hat eine grundlegende Umorientierung in der Wirtschafts- und Finanzpolitik bewirkt, darüber hinaus eine Umwandlung der Gesellschaft. Das Schleifen des Sozialstaates mit umfangreichen

Privatisierungen, der Einführung von Hartz 4, zunehmender Leiharbeit, befristeten Arbeitsverträgen, Abschaffung von volkswirtschaftlich sinnvollen Regeln für den Finanzmarkt und anderen »Übeln« hat die Demokratie bereits vor der Corona-Krise der Auflösung preisgegeben. Der Verfassungsgrundsatz, alle Staatsgewalt gehe vom Volke aus (Artikel 20 des Grundgesetzes), wurde außer Kraft gesetzt, denn die Staatsgewalt geht inzwischen vom »großen Geld« aus.[538] Lebensunsicherheit und Angst, Egoismus statt Empathie grassieren und machen es den Regierenden leicht, mit der Bevölkerung nach Belieben umzugehen, was in der Corona-Krise deutlich sichtbar wurde.

Daran wird sich auch nach den nächsten Wahlen nichts ändern, weil zurzeit in den Parteien, die schließlich die Regierungspolitiker stellen, fähiges, unverbildetes und vor allem unabhängiges Personal fehlt beziehungsweise verhindert wird. Daher ist eine grundlegende Umorientierung erforderlich. Genau davon wird in Regierungskreisen zwar gesprochen, jedoch in vollkommen anderer Bedeutung. Die Rede ist von einem weltweiten »Great Reset«, einem Neustart und einer neuen Gesellschaftsordnung nach Corona, dem Thema des 51. Jahrestreffens des Weltwirtschaftsforums 2021,[539] das zum Ziel hatte, »*alle Stakeholder der globalen Gesellschaft in eine Gemeinschaft mit gemeinsamen Interessen, Zielen und Handlungen zu integrieren*«.[540]

Insofern reicht der Blick allein auf Deutschland nicht aus, nachdem die Corona-Krise von den globalen Finanz- und Wirtschaftseliten dazu benutzt worden ist, mithilfe nicht legitimierter Organisationen (»Nichtregierungsorganisationen«) verbriefte Bürgerrechte zu beseitigen und staatliche Lenkung zu übernehmen. Beabsichtigt ist offensichtlich – und das erweist sich immer mehr – die Abschaffung der bisher wenigstens auf dem Papier

---

[538] Dazu: Albrecht Müller 2020
[539] Vgl. Kapitel »Warnung vor der Dominanz der Kapitaleliten«
[540] www.weforum.org/de/open-forum/pages/about (21.7.2020)

noch vorhandenen demokratischen, also bürgerschaftlich organisierten staatlichen Ordnung. Das gilt es mit allen Mitteln zu verhindern.

Ob dies durch einen gewaltsamen Umsturz oder eine wie auch immer geartete »Revolution« geschehen könnte, ist zu bezweifeln, nachdem die Überwachung der Bevölkerung so weit fortgeschritten ist, dass derartige Pläne von illegitimen Autoritäten schon im Vorhinein verhindert werden können. Dennoch wäre es verfehlt, zu resignieren. Ziel muss sein, die Eigenstän-

Klaus Schwab, Gründer des Weltwirtschafts-forums, das alljährlich in Davos tagt und wichtige Protagonisten aus Wirtschaft und Politik zusammenbringt

digkeit Deutschlands in voller Souveränität zu erlangen und zugleich die Erosion der demokratischen, auf dem Mehrheitswillen der Bevölkerung beruhenden staatlichen Organisation zu verhindern.

Ein Patentrezept für Deutschland ist unter den gegebenen Verhältnissen in Politik und Medien nicht in Sicht. Eine völlige Abkehr von der Kooperation mit den immer noch als weltbeherrschende Macht auftretenden, aber sichtlich in einem desolaten Zustand befindlichen USA dürfte allerdings unrealistisch sein. Ebenso unrealistisch ist eine Wiederbelebung des Deutschen Reiches, womöglich mit einem Monarchen an der Spitze, wie es in einigen patriotisch, national oder nationalistisch orientierten Kreisen angestrebt wird. Vielmehr müsste genauestens geprüft werden, welche Möglichkeiten für das heutige Deutschland bestehen, aus der Position eines besetzten Landes herauszukommen und sich politisch neu zu orientieren. Auch wenn das von den deutschen Verantwortungsträgern bisher nicht wahrgenommen wird, sind die Dinge im Fluss, schaut man nur genau hin.

Um ein friedliches, gedeihliches Miteinander in den internationalen Beziehungen herzustellen, ist zuallererst erforderlich, dass Deutschland Abstand von der Aggressions- und Sanktionspolitik der USA nimmt und das Verhältnis zu Russland wie auch zu anderen im Fokus der USA stehenden Staaten normalisiert. Aufgefordert, diesen Transformationsvorgang einzuleiten, sind sämtliche demokratisch organisierten Institutionen, allen voran eine reorganisierte kraftvolle Friedensbewegung, die viele Menschen auf die Straße bringt und gegebenenfalls einen Generalstreik ausrufen kann.

Was also ist zu tun, nachdem die weitaus überwiegende Mehrheit der Bevölkerung indoktriniert und den Vernebelungstechniken erlegen ist sowie den in Endlosschleife verbreiteten Lügen glaubt, wenn viele Institutionen unterwandert und von inhumanem Gedankengut infiziert sind? Wenn von den für die inhumanen Verhältnisse Verantwortlichen ein derartiger Informationswirrwarr veranstaltet wird, dass es immer schwerer wird, Recht von Unrecht, richtig und falsch oder rechts und links zu unterscheiden?

Die große Chance, eine grundlegende Änderung herbeizuführen, besteht heute darin, dass die alternativen Medien immer mehr an Bedeutung gewinnen, sodass eine Aufklärung breiter Kreise trotz erheblicher Widerstände noch möglich ist. Aufklärung würde bedeuten, dass die Farce der von den »Staatsmedien« vorbereiteten Wahlen ein Ende hätte und unabhängige, demokratisch legitimierte Persönlichkeiten Regierungsverantwortung übernähmen. Das könnte allerdings nicht ohne eine grundlegende Umgestaltung der Parteien geschehen.

Der Dramatiker Bertolt Brecht (1898–1956) hat bereits 1935 in schwerer Zeit mit seinen Thesen zur Verbreitung der Wahrheit eine Anleitung gegeben: »*Wer heute die Lüge und Unwissenheit bekämpfen und die Wahrheit schreiben will, hat zumindest fünf Schwierigkeiten zu überwinden. Er muss den Mut haben, die Wahrheit zu schreiben, obwohl sie allenthalben unterdrückt wird; die Klugheit, sie zu erkennen, obwohl sie allenthalben verhüllt wird; die Kunst, sie handhabbar zu machen als eine Waffe; das Urteil, jene auszuwählen, in deren Händen sie wirksam wird; die List sie unter diesen zu verbreiten.*«[541]

Eine – hoffentlich friedliche – Lösung muss sich trotz allem finden lassen, wenn die Menschheit Bestand haben soll. Hilfreich dabei könnte die Charta der Vereinten Nationen sein, in deren Artikel 1 es heißt: »*Die Vereinten Nationen setzen sich folgende Ziele: 1. den Weltfrieden und die internationale Sicherheit zu wahren und zu diesem Zweck wirksame Kollektivmaßnahmen zu treffen, um Bedrohungen des Friedens zu verhüten und zu beseitigen, Angriffshandlungen und andere Friedensbrüche zu unterdrücken und internationale Streitigkeiten oder Situationen, die zu einem Friedensbruch führen könnten, durch friedliche Mittel nach den Grundsätzen der Gerechtigkeit und des Völkerrechts zu bereinigen oder beizulegen; 2. freundschaftliche, auf der Achtung vor dem Grundsatz der Gleichberechtigung und Selbstbestimmung der Völker beruhende Beziehungen zwischen den Nationen zu entwickeln und andere geeignete Maßnahmen zur Festigung des Weltfriedens zu treffen...*«[542]

Künftige Geschlechter vor der Geißel des Krieges zu bewahren, Duldsamkeit zu üben und als gute Nachbarn in Frieden miteinander zu leben, das haben am 25. Juni 1945 in San Francisco Delegierte aus 50 Ländern einstimmig beschlossen. Es ist an der Zeit, diesen Verfassungsgrundsätzen der Staatengemeinschaft, zu der sich inzwischen 193 Mitgliedsstaaten bekennen, endlich Geltung zu verschaffen. Die Völker wollen weder amerikanisch

---

[541] Brecht: Fünf Schwierigkeiten beim Schreiben der Wahrheit. Veröffentlicht 1935 in der in Paris, Basel und Prag erschienenen Zeitschrift Unsere Zeit.
[542] www.unric.org/html/german/pdf/charta.pdf

noch russisch noch chinesisch ausgerichtet sein, sie müssen sich mit all ihren Eigenheiten aus sich selbst heraus in Frieden und Unabhängigkeit entwickeln. Entgegenstehende Absichten müssen benannt und verhindert werden.

Es scheint so, als stehe die Katastrophenuhr, die von manchen auch Atomkriegsuhr oder Weltuntergangsuhr genannt wird, auf kurz vor zwölf. Und die führenden Politiker Deutschlands beteiligen sich an diesem Katastrophenaufbau zum Schaden des eigenen Landes, das für die USA Brückenkopf und Frontstaat ist, anstatt ohne Wenn und Aber für Abrüstung und Verständigung mit Russland und China sowie für die Wahrung der Grundrechte einzutreten. Es ist davon auszugehen, dass sie wissen, was sie anrichten. Sie sollten dafür zur Rechenschaft gezogen werden.

Bildquellen

Seite 16   Gemeinfrei

Seite 20/21   Mercator Institute for China Studies (Merics)

Seite 27   Studio Incendo

Seite 30   U.S. Department of State

Seite 42   usbotschaftberlin/Flickr.com

Seite 47   Bildarchiv zeitgeist Verlag

Seite 51   National Security Archive

Seite 56   Beowulf Tomek/Wikimedia Commons

Seite 61   Frank Vincentz/Wikimedia Commons

Seite 79   Presse- und Informationsamt der Bundesregie-
                     rung, B 145 Bild-00435297, Steffen Kugler

Seite 83   Bundeswehr/Flickr.com

Seite 85   Bundeswehr/Flickr.com

Seite 89   Presse- und Informationsamt der Bundesregie-
                     rung, B 145 Bild-00433309, Guido Bergmann

Seite 113   Hasso Hohmann/Wikimedia Commons

Seite 119   keestorn/Wikimedia Commons

Seite 133   Screenshot RT Deutsch

Seite 146   mid.ru/Wikimedia Commons

Seite 155   Bundesarchiv, Bild 102-00204/CC-BY-SA 3.0

Seite 161   Maurice Pillard Verneuil, gemeinfrei

Seite 165   Bundesarchiv, Bild 146-1970-006-11/CC-BY-SA 3.0

Seite 182   Kremlin.ru

Seite 192   Kremlin.ru

Seite 206   Müller/MSC

Seite 209   Tyler Merbler/Wikimedia Commons

Seite 214   Robert Koch-Institut (RKI)

Seite 224   Hannoversche Allgemeine Zeitung

Seite 232   Statista.com

Seite 235   Stephan Kohn/Referat KM 4 (BMI)

Seite 244   Unbekannt

Seite 273   Dominik Stapf/meine-news.de

Seite 298   Unbekannt

Seite 307   World Economic Forum/Wikimedia Commons

Auch erschienen im Verlag zeitgeist Print & Online:

Wolfgang Bittner

Der neue West-Ost-Konflikt
Inszenierung einer Krise – Hintergründe und Strategien

Klappenbroschur, 320 Seiten, 20 Abb.
ISBN 978-3-943007-25-1 (Buch)
ISBN 978-3-943007-26-8 (E-Book)

www.zeitgeist-online.de/
der-neue-west-ost-konflikt

Wolfgang Bittner

Die Heimat, der Krieg und der Goldene Westen
Ein deutsches Lebensbild

Gebunden mit Schutzumschlag, 352 Seiten
ISBN 978-3-943007-21-3 (Buch)
ISBN 978-3-943007-22-0 (E-Book)

www.zeitgeist-online.de/
heimat-krieg-goldener-westen

Wolfgang Effenberger

Schwarzbuch EU & NATO
Warum die Welt keinen Frieden findet

Gebunden mit Schutzumschlag, 640 Seiten, 116 Abb.
ISBN 978-3-943007-31-2

www.zeitgeist-online.de/
schwarzbuch-eu-nato

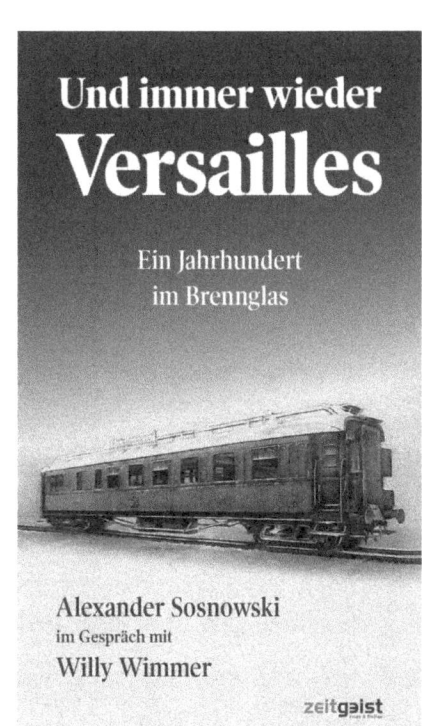

Und immer wieder Versailles

Ein Jahrhundert im Brennglas

Alexander Sosnowski im Gespräch mit Willy Wimmer

Gebunden mit Schutzumschlag, 216 Seiten, 29 Abb.
ISBN 978-3-943007-23-7

www.zeitgeist-online.de/
und-immer-wieder-versailles

Kennen Sie schon unsere Zeitschrift »zeitgeist«?

Probelesen und Informationen zu weiteren
Neuerscheinungen unter

www.zeitgeist-online.de